普通高等院校工程实践系列教材

大学生生产实训教程

主　编　李立明

主　审　陈传伟

科学出版社

北　京

内 容 简 介

本书是根据工厂（国营成都无线电专用设备厂）的生产实际编写的，全书共7章，包括：工厂简介、技术开发、质量控制、生产管理、财务管理、市场营销和附录。本书既有理论介绍又有实际操作，是一本典型的能指导大学生进行工程素质训练的教材。

本书内容覆盖面广、深入浅出，所举实例全部来自于生产实际，适合普通高校各种专业的学生有针对性地进行工程实训。

图书在版编目(CIP)数据

大学生生产实训教程/李立明主编. —北京：科学出版社，2016.6
普通高等院校工程实践系列教材
ISBN 978-7-03-047987-7
Ⅰ. ①大… Ⅱ. ①李… Ⅲ. ①生产实习-高等学校-教材 Ⅳ. ①G642.44
中国版本图书馆 CIP 数据核字（2016）第 064229 号

责任编辑：邓 静 张丽花 / 责任校对：郭瑞芝
责任印制：赵 博 / 封面设计：迷底书装

科学出版社 出版
北京东黄城根北街 16 号
邮政编码：100717
http://www.sciencep.com
北京凌奇印刷有限责任公司 印刷
科学出版社发行 各地新华书店经销
*
2016年6月第 一 版 开本：787×1092 1/16
2024年1月第八次印刷 印张：11 3/4
字数：300 000

定价：39.80 元

前　言

21世纪是充满机遇和挑战的时代，是实现中华民族全面复兴的时代，也是竞争更加激烈的时代。生产实训是每个大学生必须拥有的一段经历，它能使学生在实践中了解社会，学到很多在课堂上根本学不到的知识，能让他们受益匪浅，打开他们的视野，增长他们的见识，将所学的知识具体应用到实际工作中去，为以后进一步走向社会打下坚实的基础。此外，还可以帮助大学生调整观念，正确认识企业以及个人发展方向。

面对当前大学毕业生的就业严峻形势，让大学生提前进入社会，培养个人的价值观、人生观，生产实训显示出其重要作用。

根据当前大学生就业的新形势和就业能力要求，编写一本体系完备、结构科学、内容得当，即融合当前先进理论成果与时代特点，又能体现较强的针对性、实用性和趣味性的大学生生产实训教材，以帮助大学生客观地认识自己的学习和心理特点，科学地规划自己的职业生涯，并帮助他们做好从业前的准备，把价值观同知识的学习、素质的发展和能力的提高协调起来，把个人的追求与社会的需要结合起来，为今后的就业和创业做好准备。

本书是独具特色的地方教材，是根据国营成都无线电专用设备厂（国营第633厂）的实际运营自主开发的课程系统，教学内容更具灵活性和针对性。本书的作者是由国营成都无线电专用设备厂员工和成都工业学院长期从事学生实训的老师组成的，他们总结了自己长期从事实训工作的实际经验，求真务实、潜心研究、博采众长，完成了本书的编写。

本书的编写特点有如下两方面。

（1）本书是基于一个真实的工厂为背景编写的实习实训教材，既有一定的理论高度，又有很强的实践性。适合各种专业的学生有针对性地进行工程实训，既锻炼动手能力又培养大学生的兴趣爱好及工程素养，为大学生提早适应社会奠定了基础，探讨了高校培养应用型人才的一种新模式。利用校办工厂真实的企业运行环境，开展大学生生产实习实训，增强大学生的工程素质。

（2）本书采用模块化的体系结构，按实际的生产组织形式来划分。每一个模块既独立又相互联系。本书的主要内容有工厂概况、技术开发、生产过程、质量控制、市场营销、财务管理和附录等内容。既有理论介绍又有实际操作，是一本典型的能指导大学生进行工程素质训练的教材。

在编写过程中，尽管我们做了一些积极的探索，但由于作者水平有限，加之时间仓促，书中难免有不妥之处，敬请专家、同行和广大读者批评指正。

作　者

2016年3月

目　　录

第1章　工厂概况

1.1　工厂简介

国营成都无线电专用设备厂(国营第 633 厂)，是一家经四川省工商行政管理局注册登记的全民所有制工厂，是经过长期磨炼成长起来的现主要从事军工配套产品生产的企业。始建于 1965 年，是原第四机械工业部所属的汇流环生产专业厂家。生产经营活动属四川省国防科技工业办公室领导。该厂位于郫县中信大道二段 1 号，厂房建筑面积 4000m^2，拥有各类加工设备近 100 台(关键设备 30 台)，主要检测试验设备 16 台，产品零件加工自制配套率为 90%以上。工厂内设机构：综合办公室兼教学部、财务部、技术部、军品发展部、生产部、质量控制部。现有从业人员 56 人，其中：高级职称人员 3 名；中级职称人员 7 名；专业技术人员 14 人；技师 5 人；高级工 18 人；中级工 13 人。主要产品品种有各型号数控电火花线切割机床和军用雷达配套汇流环装置；国营成都无线电专用设备厂生产的线切割机床从技术开发到零件加工、整机装配及销售都自成体系，同时还具有为学生提供实践教学、工程实训和机电整机产品的综合技术开发和生产的能力。为了提高产品的质量，工厂经过努力，在 2006 年取得了 ISO9001-2000 质量管理体系认证合格证书，是多家厂所合格供方。工厂发展历史可追溯到 1913 年。

1913 年至 1956 年间，工厂几度搬迁，但受时代的局限，工厂开设的工种有木工、铸造、锻造、机械加工、钳工、化工、电工等科目。1956 年，工厂全部搬迁至花牌坊街 2 号。1957 年，为了响应中央加快社会主义建设步伐的号召，开始试制生产 450m/m 牛头刨床(图 1-1)。1958 年试制成功，并向"五·一"国际劳动节献礼。同年 9 月，第一机械工业部十局向工厂下达生产 100 台牛头刨床的生产计划。在以后的几年中，工厂又先后研制生产 650m/m 牛头刨床、平行绕线机、135 精密平口钳、微型电动机等产品，至今已运行 50 余年。

1965 年，第四机械工业部出于战略考虑，下文确定工厂接受雷达汇流环的生产任务，并将工厂命名为"国营红专无线电设备厂"，授予"国营第 633 厂"和成都市 305 邮政信箱，这是工厂生产史上又一次重大转折。从这年起，我厂跨入了军工电子行业，成为汇流环产品的定点生产厂家，以及中国雷达学会成员单位。至今仍在这条战线服务。在上级主管部门的协调和国营第 784 厂的大力支援下，开始承担雷达汇流环产品的生产任务。工厂与多家厂所合作交流，共同研制生产 20 余个型号品种、千余部汇流环装置，生产经营业务从未中断，近年来发展更为广泛。

图 1-1　我厂 1954 年自行设计生产的牛头刨床

1971 年，是国营第 633 厂发展的顶峰。厂房面积 11000m^2，职工人数 650 人，生产工艺手段覆盖了机械电子类企业的绝大多数工种。1972 年，工厂组织精干人员，着手研制国内领先产品——电火花线切割机床，1974 年试制成功并投入小批量生产，是当时国内生产此类产品为数不多的厂家之一，并在同行业评比或参展中多次获奖，而且产品还远销国外。由姚永凯高级工程师主持研制的 DK7725TC 型大锥度(±15°)线切割机床的导轮随同偏摆及冷却跟踪装置属国内首创，获得国家专利局颁发的“实用新型”专利。线切割系列机床最高年产量达 180 余台。

1978 年改革开放后，计划经济开始逐步向市场经济转型，加之成都市政规划的需要，工厂开始进行生产工艺布局的调整，逐步实行专业化生产。从 1983 年起先后撤销电镀、热处理、锻工、铸造等工种；厂房面积也开始压缩。1984 年首次拆除金属材料库(现花牌坊 6 号 8 幢教师宿舍处)，以后逐年拆除多幢厂房，建筑面积由 11000m^2 左右压缩到 2010 年的 4200m^2。

1986 年 7 月，为适应生产经营对外业务需要，电子工业部同意将国营红专无线电设备厂改名为国营成都无线电专用设备厂，原命名的国营第 633 厂，成都市 305 邮政信箱继续使用。

1987 年，工厂下放到地方，业务由四川省电子工业厅(四川省信息产业厅)管理，2009 年 3 月，业务划归四川省国防科技工业办公室管理。

1.2 工厂主要产品及其行业地位

工厂以“遵守国家法律，实行社会主义市场经济体制，求实、创新、团结、奋进，努力发展军、民品生产，为繁荣社会主义祖国服务”为办厂宗旨，在几十年为国防事业和电子工业生产产品和培养人才的历程中形成了“团结、务实、开拓、创新”的企业精神。工厂确立了“市场为先，技术立厂，质量为本”的发展理念，规范健全各部门的岗位职责、工厂的工作纪律管理制度、工厂文化活动建设、“6S”管理。

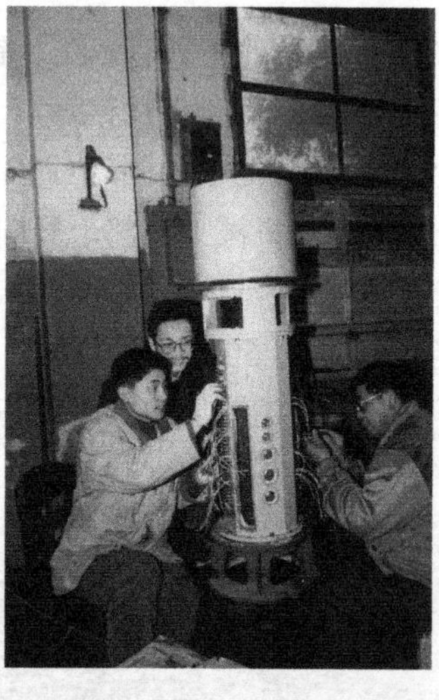

图 1-2 20 世纪 90 年代中期贵州 4110 厂技术人员协同我厂完成军品装配任务

工厂先后共生产了台式车床、牛头刨床、电动机、平绕机、平口钳、拉丝机、平面磨床、单边带控打机等数十种产品。

自 1965 年成为专业汇流环生产厂以来，经过五十余年经验的积累和对行业先进技术的吸收，逐步形成了一支综合素质较高的技术、管理和生产队伍；迄今工厂已完成汇流环生产上千部，先后为航天科工集团、湖北荆州南湖机械总厂、贵州 4110 厂、成都 784 厂、西安 786 厂、南京 14 所、合肥 38 所等多家单位配套生产雷达所用汇流环，是雷达汇流环专业生产厂家(图 1-2)。被中国航天科工集团二院从全国二百多所外协厂家中评为十大优秀供方之一。工厂生产的汇流环装置，在海、陆、空各军种均有使用，研制的新型汇流环作为先进雷达的重要部件，被装备在国庆 60 周年盛大阅兵式和 93 大阅兵的受阅战车上，接受党和国家领导人的检阅。

自1975年，工厂自行研制生产DK77系列数控电火花线切割机床，是国内最早生产线切割机床的厂家之一，为中国机械工程学会特种加工分会理事单位和全国特种加工机床标准化技术委员会委员单位。到目前为止，累计生产销售了3000多台。机床先后多次获得荣誉，其中1986年7月，线切割机床获“四川省微机推广应用奖”；1988年，DK7725微控线切割机床参加北京中国机床工业博览会，获得优秀展品“春燕奖”（图1-3）。

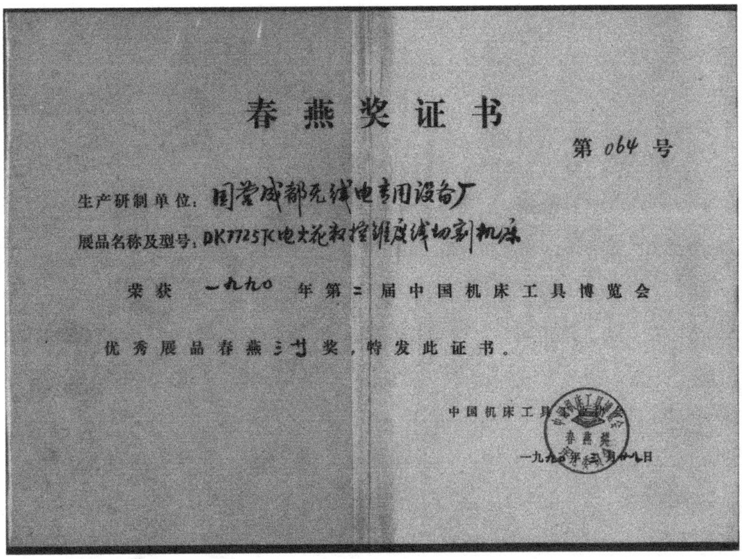
春燕奖证书

第 064 号

生产研制单位：国营成都无线电专用设备厂

展品名称及型号：DK7725TC电火花数控锥度线切割机床

荣获 一九九〇 年第二届中国机床工具博览会

优秀展品春燕三等奖，特发此证书。

中国机床工具

一九九〇年

图1-3　春燕奖

1990年，研制成功DK7725TC型锥度线切割机床并通过省级专家鉴定，其“导轮随同及冷却跟踪装置”获得“实用新型”专利证书（图1-4）。当年该产品参加在北京举办的第二届

实用新型

专利证书

第 56972 号　　共 2 页

实用新型名称：锥度线切割机导轮随同及冷却跟踪装置

设计人：姚永凯

专利号（申请号）：90 2 11853.6

专利申请日：1990年 2月23日

专利权人：成都无线电专用设备厂

该实用新型已由本局依照中华人民共和国专利法进行初步审查，决定授予专利权．

中华人民共和国专利局局长　高卢麟

1990年12月12日

图1-4　专利证书

机床博览会，获得中国机床总公司“金马杯二等奖”、中国机床工具协会“春燕三等奖”。同年11月，该机床获得四川省电子工业厅“四川省电子工业科学技术进步一等奖”。1994年，DK7725TCA型四轴联动锥度线切割机床参加由国家科学技术委员会、四川省人民政府主办的中国新技术新产品(成都)交易博览会获得金奖。2007年，其成果高效高精度线切割机床获得“四川省科技进步三等奖”(图1-5)。

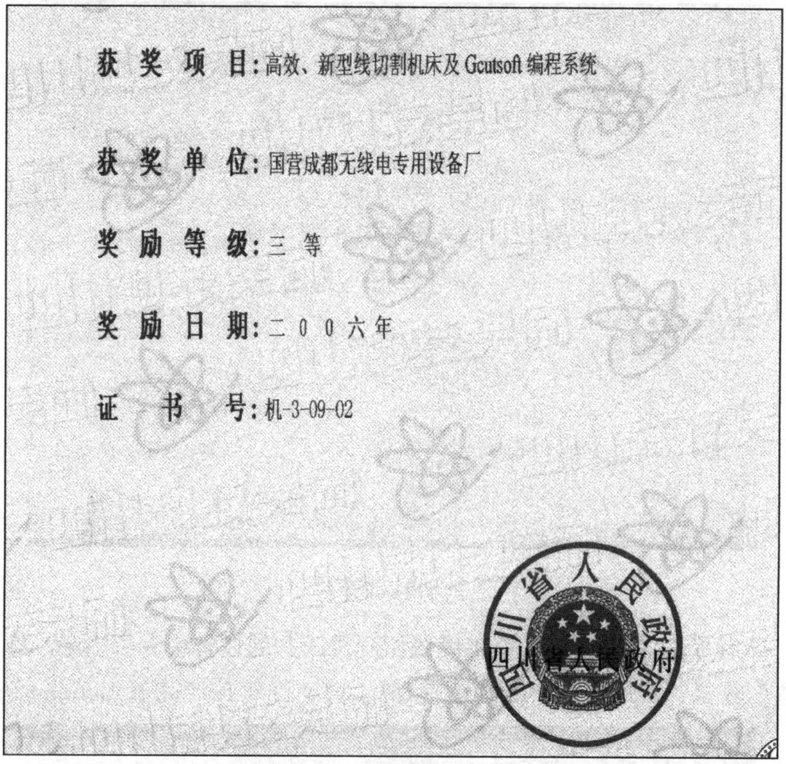
获奖项目：高效、新型线切割机床及Gcutsoft编程系统

获奖单位：国营成都无线电专用设备厂

奖励等级：三等

奖励日期：二〇〇六年

证书号：机-3-09-02

四川省人民政府

图1-5　四川科技进步三等奖

工厂高度重视产品的质量管理工作，2006年通过了ISO9001-2000版质量管理体系认证(图1-6)，拥有“国防计量认证”(图1-7)资质和军工生产保密资格证书(图1-8)。2009年顺利通过了ISO9001-2000版到2008版的换版升级，目前正在积极申领武器装备科研生产许可证。2011年中国航天科工集团二院授予我厂“2010年度型号外协优秀供方”殊荣(图1-9)。

本厂按ISO9001-2000《质量管理体系-要求》，建立、实施、保持质量管理体系并持续改进，采用过程方法对质量管理体系进行了总体策划，确立并编制了工厂的组织机构图和质量管理体系结构图，在工厂内部建立一个统一、协调的质量管理体系，以产品质量为重点，识别过程之间的接口和联系及控制方法，确保过程有效运行。建立了文件化的质量管理体系，确定了质量管理所需过程有效运行和控制所必需的准则和方法。

质量管理体系认证证书

编号：08915Q20043R3M

兹证明

国营成都无线电专用设备厂

注册地址：四川省成都市花牌坊街2号

生产地址：四川省成都市郫县中信大道二段1号

组织机构代码：20180650-2　邮编：611730

其质量管理体系符合：

GB/T19001-2008 / ISO9001:2008 标准

认证范围：

数控电火花线切割机床的开发、生产和服务；汇流环的生产和服务

颁证日期：2015年1月7日　有效期至：2018年1月6日

持本证书组织接受年度监督审核合格，并在国家规定的行政许可有效期内使用有效

公司代表（签名）

体系认证 CNAS C089-Q

图1-6　质量管理体系认证证书

计量认可证书

[1991] 国防计认字(川)第 088 号

机构名称：国营第六三三厂

经国防科学技术工业委员会组织计量认可评定，予以认可。认可范围见计量认可项目表。

有效期至：二〇一六 年 九 月二十六日

发证日期：二〇一一 年 九 月二十七日

发证机构（公章）

国防科学技术工业委员会制

图1-7　计量认可证书

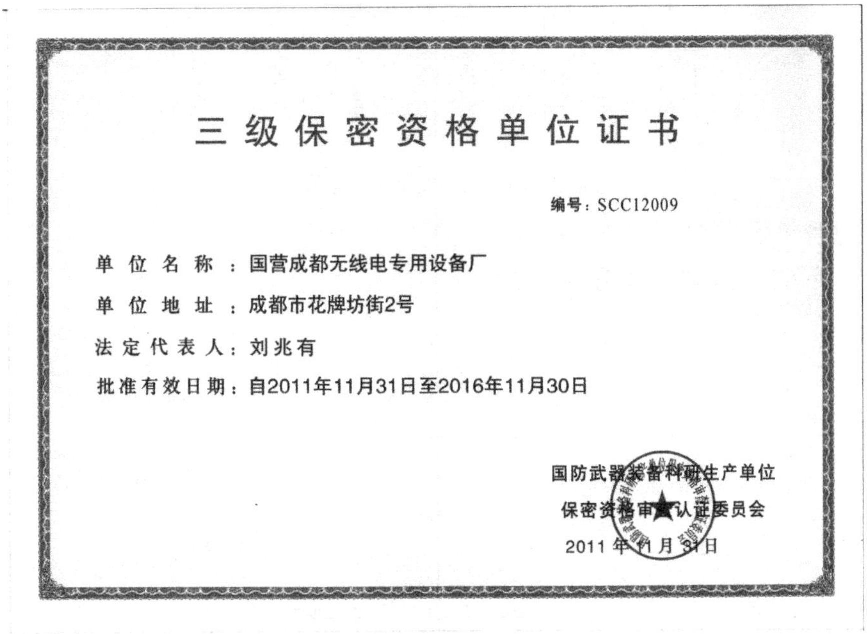

三级保密资格单位证书

编号：SCC12009

单位名称：国营成都无线电专用设备厂

单位地址：成都市花牌坊街2号

法定代表人：刘兆有

批准有效日期：自2011年11月31日至2016年11月30日

国防武器装备科研生产单位

保密资格审查认证委员会

2011年11月31日

图1-8　保密资格证书

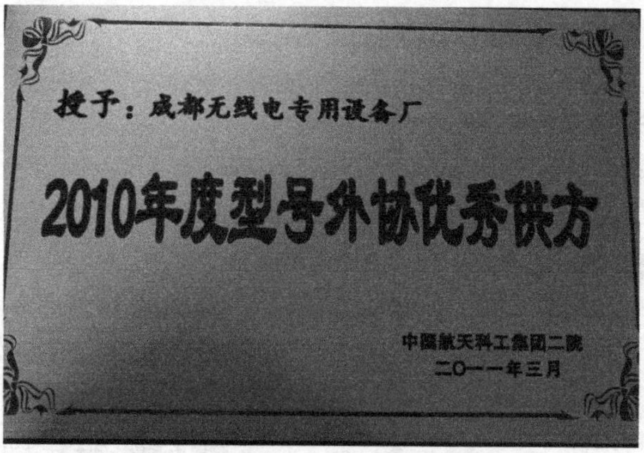

图 1-9　2010 年度型号外协优秀供方

1.3　工厂组织机构和质量管理体系

1．工厂组织机构

图 1-10 所示为工厂组织机构图。

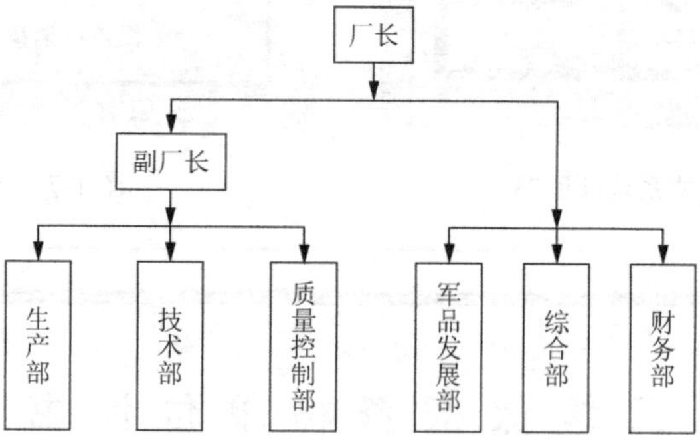

图 1-10　工厂组织机构图

2．质量管理体系结构

图 1-11 所示为质量管理体系结构图。

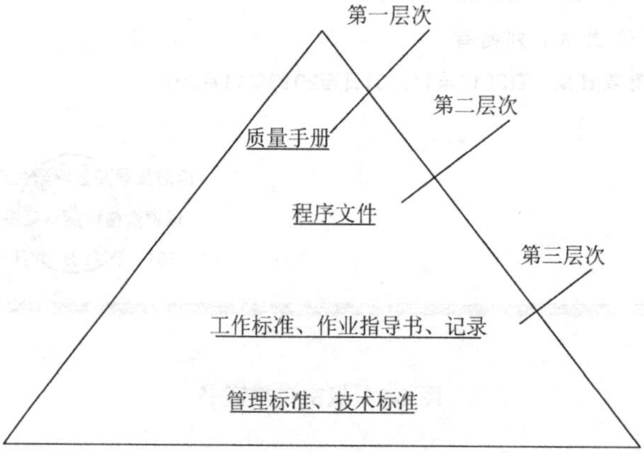

图 1-11　质量管理体系结构图

3. 工厂的质量方针

(1)以市场为先导，创名优产品；

(2)以质量为生命，让顾客满意。

4. 工厂质量总目标

(1)产品一次交验合格率98%；

(2)产品出厂合格率100%；

(3)顾客满意率100%。

为了落实工厂的质量方针和保证生产的安全有序，工厂制定了岗位职责管理制度、生产安全管理制度、设备管理制度等多项规章制度。

第2章　产 品 开 发

2.1　产品开发概论

2.1.1　现代产品开发与设计的概念

在 ISO9000-2000 中简单定义设计与开发——将要求转换为产品规定的特性一组工作过程。

关键词理解：要求——本质指的是市场或顾客的各种需求。特性——主要包括物理属性和功能属性。

(1)物理属性——形状、色彩、气味、重量等特性。

(2)功能属性——达到满足需求的某种使用价值，如相机能拍照、洗衣机能洗衣服。

设计与开发这里包括将顾客对产品的要求转换为设计要求，并确定实现设计要求的原理方案、结构方案、工艺方法、参数及容差的过程，即全部产品设计过程。

2.1.2　现代产品开发与设计的特点

(1)创新性：创新能使产品保持竞争优势，是决定产品生命力的最重要条件。

(2)使顾客满意：开发的出发点和归宿都必须以顾客满意为最高准则。

(3)优化：实现产品要求的方案不是唯一的，最优方案必须从技术经济角度综合考虑，以实现产品预期技术经济指标。

(4)设计开发周期短：开发周期短利于在激烈市场竞争中取得主动权，获得最大效益。

(5)开发手段现代化：计算机的普及应用是现代产品设计一大特点，计算机及信息网络大大提高工作质量及工作效率，能实现开发过程全面及实时管理。

CAD/CAM/CAE/CAPP 的应用具体如下。

CAD(计算机辅助设计，Computer Aided Design)指利用计算机及其图形设备帮助设计人员进行设计工作。

在设计中通常要用计算机对不同方案进行大量的计算、分析和比较，以决定最优方案；各种设计信息，不论是数字的、文字的或图形的，都能存放在计算机的内存或外存中，并能快速地检索；设计人员通常用草图开始设计，将草图变为工作图的繁重工作可以交给计算机完成；由计算机自动产生的设计结果，可以快速作出图形，使设计人员及时对设计作出判断和修改；利用计算机可以进行与图形的编辑、放大、缩小、平移、复制和旋转等有关的图形数据加工工作。随着计算机科技的日益发展，性能的提升和更便宜的价格，许多公司已采用立体的绘图设计。以往，碍于计算机性能的限制，绘图软件只能停留在平面设计，欠缺真实感，而立体绘图则冲破了这一限制，令设计蓝图更实体化，3D 图纸绘制也能够表达出 2D 图纸无法绘制的曲面，能够更充分表达设计师的意图。广泛应用于土木建筑、装饰装潢、城市规划、园林设计、电子电路、机械设计、服装鞋帽、航空航天、轻工化工等诸多领域。

CAE 指工程设计中的计算机辅助工程(Computer Aided Engineering)，是用计算机辅助求解分析复杂工程和产品的结构力学性能，以及优化结构性能等。而CAE软件可作静态结构分析、动态分析；研究线性、非线性问题；分析结构(固体)、流体、电磁等。CAE是用计算机辅助求解复杂工程和产品结构强度、刚度、屈曲稳定性、动力响应、热传导、三维多体接触、弹塑性等力学性能的分析计算以及结构性能的优化设计等问题的一种近似数值分析方法。CAE从20世纪60年代初在工程上开始应用到今天，已经历了50多年的发展历史，其理论和算法都经历了从蓬勃发展到日趋成熟的过程，现已成为工程和产品结构分析中(如航空、航天、机械、土木结构等领域)必不可少的数值计算工具，同时也是分析连续力学各类问题的一种重要手段。随着计算机技术的普及和不断提高，CAE系统的功能和计算精度都有很大提高，各种基于产品数字建模的CAE系统应运而生，并已成为结构分析和结构优化的重要工具，同时也是计算机辅助4C系统(CAD/CAE/CAPP/CAM)的重要环节。CAE系统的核心思想是结构的离散化，即将实际结构离散为有限数目的规则单元组合体，实际结构的物理性能可以通过对离散体进行分析，得出满足工程精度的近似结果来替代对实际结构的分析，这样可以解决很多实际工程需要解决而理论分析又无法解决的复杂问题。其基本过程是将一个形状复杂的连续体的求解区域分解为有限的形状简单的子区域，即将一个连续体简化为由有限个单元组合的等效组合体；通过将连续体离散化，把求解连续体的场变量(应力、位移、压力和温度等)问题简化为求解有限的单元节点上的场变量值。此时得到的基本方程是一个代数方程组，而不是原来描述真实连续体场变量的微分方程组。求解后得到近似的数值解，其近似程度取决于所采用的单元类型、数量以及对单元的插值函数。

CAPP(Computer Aided Process Planning，又称计算机辅助工艺设计)是指借助于计算机软硬件技术和支撑环境，利用计算机进行数值计算、逻辑判断和推理等的功能来制订零件机械加工工艺过程。借助于CAPP系统，可以解决手工工艺设计效率低、一致性差、质量不稳定、不易达到优化等问题。也是利用计算机技术辅助工艺师完成零件从毛坯到成品的设计和制造过程。CAPP 的作用是利用计算机来进行零件加工工艺过程的制订，把毛坯加工成工程图纸上所要求的零件。它是通过向计算机输入被加工零件的几何信息(形状、尺寸等)和工艺信息(材料、热处理、批量等)，由计算机自动输出零件的工艺路线和工序内容等工艺文件的过程。工艺设计是产品开发的重要环节，工艺设计的好坏直接决定零件的生产质量和生产效率以及成本。CAPP系统的实施就是为了缩短工艺编制的时间，优化工艺并实现工艺编制的自动化，减轻工艺编制人员的劳动强度；CAPP 系统的应用还可以使企业的工艺文件实现标准化，实现企业内部数据的高度统一，标准化的工艺文件更加适合企业现代化的生产与管理环境，方便企业应用PDM、ERP等系统。自从1965年Niebel首次提出CAPP思想以来，各应用软件公司和研究所以及高校对CAPP领域的研究得到了极大的发展，主要经历了检索式、派生式、创成式、混合式、专家系统和工具系统等不同的发展阶段，并涌现出了一大批商品化的CAPP系统。但是相对于其他信息管理系统的发展，CAPP的应用水平仍然比较滞后。

CAM(Computer Aided Manufacturing，计算机辅助制造)是指利用计算机来进行生产设备管理控制和操作的过程。它输入信息是零件的工艺路线和工序内容，输出信息是刀具加工时的运动轨迹(刀位文件)和数控程序。CAM的核心是计算机数值控制(简称数控)，是将计算机应用于制造生产过程的过程或系统。1952年美国麻省理工学院首先研制出数控铣床。数控的特征是由编码在穿孔纸带上的程序指令来控制机床。此后发展了一系列的数控机床，包括称为“加工中心”的多功能机床，能从刀库中自动换刀和自动转换工作位置，能连续完成钻、扩、铰、攻丝等多道工序，这些都是通过程序指令控制运作的，只要改变程序指令就可改变加工过程，数控的这种加工灵活性称为“柔性”。加工程序的编制不但需要相当多的人工，而且容易出错，最早的 CAM 便是计算机辅助加工零件编程工作。麻省理工学院于 1950 年研究开发数控机床的加工零件编程语言 APT，它是类似 FORTRAN 的高级语言，增强了几何定义、刀具运动等语句，应用 APT 使编写程序变得简单。这种计算机辅助编程是批处理的。

2.1.3　现代产品开发与设计在现代企业中的作用

1. 企业经营的核心

产品的设计与开发水平，直接关系着企业的前途和命运。产品的技术水平、质量水平、生产效率及利润首先取决于产品设计阶段。当今市场的竞争归根结底是产品研发的竞争。因此为了企业的长远发展，加大研发的投入，加强研发活动的管理是极其重要的。

2. 决定了产品的“先天质量”

产品质量的优劣，能否使顾客满意首先取决于产品的设计与开发过程，产品质量“先天不足”必然导致“后患无穷”。

3. 最重要的预防措施

在产品设计与开发过程，发现质量缺陷越早，付出的代价越小。产品设计中的预防是最有效的预防。

4. 决定产品成本的主导因素

据统计，产品成本的 70%～80%取决于产品设计，所以在产品设计和开发过程中设法降低成本具有决定性意义。设计所采用的原理方案简易与复杂；结构的工艺性；容差的合理确定；标准化、通用化、系列化水平；能耗、耗材水平；材料价值及利用率都直接影响着产品成本。

2.1.4　现代产品开发与设计的十大原则

1. 需求原则

一切设计都是为了满足客观的需求，这是设计最基本的出发点。切忌“闭门造车”，应通过市场调研，准确把握市场脉搏及顾客需求。

2. 信息原则

设计开发过程实质上也是设计内部空间与外部空间进行不间断信息交流的过程。设计人员必须全面、充分、正确和可靠地掌握与设计相关的信息，只有这样才能保证设计工作质量。

3. 系统原则

任何一项产品设计，都可以视为一个待定的技术系统。系统的输入为物质流、能量流和信息流。系统的输出为满足一定要求的功能。

4. 继承原则

任何技术进步，均是集前人的经验和个人的努力而成的。继承是创新的基础与前提。在产品设计与开发过程中，要全面进行分析研究，尽可能保留老产品中比较先进合理的部分，扬弃其落后的部分，开发具有潜力的部分，这样就能加快新产品研发的步伐。

5. 效益原则

任何设计都要讲效益，包括经济效益和社会效益。因此在设计与开发过程中，设计人员应时刻把设计与预期的效益密切联系起来，同时必须兼顾社会效益与生产经济性。

6. 简化原则

大量的设计实践证明，在确保产品功能及质量前提下，应力求简化设计，这是降低成本、保证质量、提高可靠性的重要措施之一。因此简化比复杂更有优越性。

7. 定量原则

定量的分析和评价显然比定性分析和判断更具有科学性和说服力，科学技术的飞速发展，特别是计算机技术的广泛应用，使得在更多领域进行定量的分析处理成为现实，定量评价对于设计管理科学化有着重要意义。

8. 时间原则

为抢占市场，必须尽可能缩短设计和开发周期。

9. 合法原则

合法是指符合法律、法规的规定，符合国家的政策及遵守标准化原则等。

10. 审核原则

产品设计与开发过程，在某种意义上说就是一种信息加工、分析、处理、判断、决策和修正的过程。为实现高效优质经济地设计，必须对每一设计阶段随时进行审核，决不允许错误的设计信息流入下面的设计过程。实践证明，这种审核是保证设计质量的关键步骤。

2.1.5 现代产品设计的类型和开发可行性分析

1. 产品设计的类型

根据所设计产品的特点，可将产品设计分为以下类型。

按产品用途划分，可分为通用产品设计和专用产品设计，前者如电机、标准件等，后者如专用机床及专用测试设备等。

按产品设计技术特点来划分，可分为研发型设计、变型设计、改进型设计、测绘仿制型设计和引进型设计。

2. 产品开发可行性分析

将理论联系实际，要求学生在学习过程中，以学校工程素质训练中心大锥度电火花线切割机为例做一定产品技术及市场调研，运用所学理论知识，完成产品开发可行性分析报告。

2.1.6 产品开发与设计的输入与输出

1. 设计输入

1) 设计输入的概念

作为产品设计依据的有关要求的信息或文件 设计输入主要包括：

(1) 产品主要功能、性能要求。

(2) 适用的法律法规要求，对国家、行业强制性标准一定要满足。

(3) 以前类似设计提供的适用信息。

(4) 设计和开发所必需的其他要求。

2) 设计输入的控制

设计输入是确定所设计产品的质量目标，开展产品设计和开发活动的依据，也是以后验证产品设计和开发是否能达到规定的要求，评定设计和规范质量优劣程度的依据。因此，在设计和开发之前，必须对设计输入实施有效的控制。

对于新产品的设计和开发过程，设计输入控制的一般原则有以下几点。

(1) 详细：针对具体的设计和开发项目，应尽可能地列出全部设计要求，包括市场调查预测以及顾客提出的对功能和性能的全部要求和期望，以及关于使用环境、法律、法规、目标成本等方面的全部约束条件。还必须特别注意，不应遗漏任何重要的设计要求。为此，通常需要编制一份设计要求明细表。

(2)明确：要做到“明确”，应满足以下两个要求。

① 定量。对设计和开发的要求尽可能定量化。例如，生产率、极限工作能力、可靠性、预期维修周期等。设计目标的定量化，为后续的方案、结构、参数、容差的优化提供了必要的条件。

② 区分要求的重要程度。对于运行至关重要的要求，应列为必达要求，如汽车的功率、最高车速、最小转弯半径、制动距离和百公里油耗等。对于必达要求，若不能满足，则设计方案根本不能采纳。

(3)合理：对设计提出的要求要适度、要实事求是。设计要求定得低，产品设计很容易达到，但产品的实用价值和竞争力也相应低；定得过高或是制造成本大幅度激增，或是受技术水平的限制而达不到要求。

(4)先进：与国内、外同类产品相比，在产品功能和技术性能和经济指标方面应具有一定的先进性。只有这样，产品才具有竞争能力。

2. 设计输出

设计输出是以图样、规范、说明书和分析报告等文件形式表述的设计结果。

(1)指导生产、服务等活动的图样和文件，如零件图、总装图、生产工艺及使用说明书等。

(2)引用验收准则，标准件，外协、外购件清单，质量重要度分级明细表及采购物资分类明细。

(3)产品应用的技术规范或企业标准等。

2.1.7 现代产品开发与设计的基本过程

产品设计是一个将某种要求变为产品实现的过程，而且是尽可能要以最优的方案实现提出的要求。从数学的观点看，设计就是一个求解的过程，是充分运用现有的科学知识和技术条件寻求设定的技术要求的解。在这样一个过程中，必然要按一定的步序，经历若干个阶段，采用科学的方法来进行。现代产品开发与设计主要由四个阶段组成：产品开发决策→设计阶段→试制阶段→定型生产阶段。

1)产品开发决策

信息是决策的基础。产品开发决策成功与否主要取决于信息的收集、准确性及对信息的分析。

2)设计阶段

(1)第一阶段系统设计即方案设计：提出初始设计方案，确定产品基本结构，使产品功能达到要求。

(2)第二阶段技术设计即参数设计：在于探求结构系统参数最佳搭配，既降低产品成本又提高产品性能。

(3)第三阶段工作图设计：完成全部部件及零件图结构设计产品的各种明细表清单等技术文件。

3)试制阶段

完成对样机或样品试制，并通过使用发现缺陷并不断改进。

4)定型生产阶段

只有在产品结构和加工工艺两方面稳定后，才能组织设计及工艺评审进行产品定型。

2.2 产品设计和开发的策划

2.2.1 策划原则

1. 最高管理者支持、重视和参与策划活动是产品设计和开发成功的关键

2000年版ISO9000系列标准更进一步强调了领导的重要性，从制订质量方针、建立质量管理体系，到质量管理体系的运行以及管理评审等，无不贯穿着领导的重要职能和作用。同样，产品设计和开发策划活动需要最高管理者的支持、重视和参与，以确保企业的全体成员对企业即将开展的新产品设计和开发活动的目标予以充分的理解。在产品研制程序——质量策划、设计、开发、试制、鉴定、投产和改进的各阶段，明确市场需求，组成小组并确定其职责，为新产品设计和开发提供必要的资源，包括资金、培训、计算机软硬件设施、试验装备和市场调研资料等。世界许多国家产品设计和开发的成功经验表明：产品质量策划成功关键之一是高层管理者对此工作的兴趣、承诺和支持；在每个策划阶段结束时将新情况报告给管理者使其保持兴趣并促进他们的承诺和支持；管理者参加产品质量策划会议对确保产品质量策划成功极其重要。

2. 信息是设计策划的基础

产品质量策划正确、合理、有效与否，主要取决于信息的收集、准确性与信息的分析。

1)产品信息

设计和开发部门应会同销售等部门，采用抽样调查法、试验设计法、频数分布法或排列图法等科学方法收集设计和开发所需的以下产品信息。

① 顾客方面信息。

② 环境方面信息。

③ 科技方面信息。

④ 市场方面信息。

⑤ 同行业企业的信息。

2)与顾客有关的信息

顾客方面信息(含顾客需求)可由以下途径收集。

① 对顾客进行采访。

② 向顾客征询或调查意见。

③ 市场调查与预测报告。

④ 新产品质量和可靠性的研究。

⑤ 竞争产品质量的研究(包括价格、规格、质量、成本、产品动向、组织素质、管理和设备等)。

⑥ 产品交付给顾客后的情况。

⑦ 保修记录和质量信息。

⑧ 过程能力报告。

⑨ 问题解决报告。

⑩ 顾客退货和废品报告。

⑪ 现场退货产品分析。

为便于评估产品设计和开发、制造、安装和使用中发生不合格的可能性，企业销售部门应制订一份以往顾客关心或需求的请求，作为产品设计和开发的参考。

3)统计分析

根据掌握的产品信息内容和本企业的工程能力，整理以往类似产品的索赔报告，也是很重要的。利用统计方法，来整理分析这些数据，就能得到十分重要的、有效的信息。

3. 组织质量策划小组

1)质量策划小组组成

为了有效地进行策划，质量策划小组可包括设计、工艺、生产、材料控制、采购、质量、销售现场服务、供方(分承包方)和顾客的代表，由8～12人组成。

2)质量策划小组任务

① 确定每一代表方的作用和职责。

② 确定内部和外部的顾客。

③ 确定顾客的要求(运用质量功能展开技术)。

④ 理解顾客的期望。

⑤ 评定设计要求和创新的可行性。

⑥ 确定成本、进度和约束条件，如使用环境、目标成本、时间和空间尺寸等限制。

⑦ 确定是否需要顾客的帮助。

⑧ 确定文件化的过程或方法。

3)小组之间联系

为使设计和开发活动能顺利进行，设计和开发活动往往分成若干小组，分别负责某方面的活动，应规定质量策划小组与设计小组及其他有关小组(如FMEA小组、可靠性小组)之间的联系方式。宜采用小组直接对小组形式，这样做可以避开部门之间协调的低效率，从而缩短设计和开发周期。

4. 预防原则

ISO9000 标准的一个突出的思想就是以预防为主，即要预防不合格的发生。设计控制的目的就是要确保影响产品设计和开发的质量的技术、管理和人员等因素始终处于受控状态，将影响产品设计质量的潜在原因以及可能造成的设计失误及早消除，预防不合格的发生，确保产品设计和开发能满足顾客的需要和期望。在进行设计和开发策划时，主要是策划设计过程、确定设计活动并对每个设计和开发项目编制计划。而设计计划则主要是从过程、组织、接口和程序等方面考虑。

5. 运用同步技术(并行工程)

传统的产品研发通常按顺序工程法进行，即从顾客需求分析、产品设计、过程设计到试制一步步地进行。这种方法的缺点是产品开发周期长，而且在设计阶段不能考虑产品加工过程和质量保证等方面问题。在科学进步和市场竞争日益激烈的今天，应用这种方法，已不能适应现代产品研发的要求。为避免以往设计和开发过程中多个环节之间缺乏沟通、协调致使产品不能达到最佳效果和缩短产品开发周期的缺点，应尽早考虑产品的制造、装配及使用的全寿命周期中所有因素，需要在设计过程中同时开展过程设计、样机模拟等活动，实施并行工程。

6. 系统策划

产品开发过程包括由最初识别市场需要，到最终满足顾客和市场要求的设计确认，以及投产后设计改进的所有过程。因此，设计和开发活动受到人员、技术和管理的综合影响。为此，在进行策划时应对产品设计和开发的全过程进行系统策划。系统策划应包括产品(或项目)策划、产品设计和开发策划、过程设计和开发策划、产品与过程确认策划、投产以及反馈、评定与设计改进等。产品设计和开发过程是力求确保产品符合规范、满足顾客要求过程。产品质量取决于以下四个方面。

(1)与确定产品需要有关的质量。

(2)与产品设计有关的质量。

(3)与产品设计的符合性有关的质量。

(4)与产品保障有关的质量。

因此，在产品设计和开发策划时，应考虑达到上述四个方面要求的过程。产品研发的质量目标是追求顾客满意，即从顾客需要出发，设计出顾客期望的满意产品，并保证制造出的产品符合设计要求。因此，在产品设计和开发时，不仅对设计过程和阶段进行策划，而且对设计的方法也应加以确定，不仅规定技术设计还应进行质量设计，包括系统设计、价值设计、参数设计、容差设计等内容。在策划时，还应对产品的先期试验和制造过程的样件制订控制计划。此外，要对参与设计和开发人员的职责、要求以及培训等进行策划。通过培训使他们明确顾客需求和期望，并具备设计和开发技能等。

7. 制订控制计划

控制计划是控制零件和过程的系统的书面描述。在产品质量策划时应考虑三个独立阶段的控制计划。

(1)样件控制计划。该计划是针对样件制造过程，对尺寸测量、材料和性能试验的描述。

(2)投产前(试生产)控制计划。该计划是针对小批生产试制，对尺寸测量、材料和性能试验的描述。

(3)批量生产控制计划。该计划是针对生产阶段，对提供产品(过程)特性、过程控制、试验和测量系统描述的综合文件。

8. 问题的解决

策划过程中，将遇到产品设计(或过程)的问题，这些问题可利用规定职责和时间的矩阵表来解决，如表2-1所示。在困难的情况下，应使用“多方论证”(即横向协调)的解决方法，或运用分析技术如变差分析、因果图、关键路径法、可制造性和装配设计、尺寸控制计划、防错技术和失效模式分析等方法。

表2-1 问题解决责任表

序号	问题	责任部门/人	要求完成日期	备注

9. 制订进度计划

产品质量策划小组在完成组织活动后，首要工作是制订进度计划，用于指导设计和开发活动。

1)产品质量的进度计划

产品质量进度计划应根据产品类型、复杂性和顾客期望列出各项工作及其任务分配和时间进度安排。进度计划形式可多种多样，本书推荐国外常采用的Gantt图，其格式如表2-2所示。Gantt图提供了下列信息。

(1)相互关系。

(2)对问题的后果预测。

表 2-2 Gantt 图（项目设计阶段）

项目名称：产品设计与开发								负责人：	策划：													项目号					批准：日期：						
主要阶段：A.目标 B.设计 C.开发 D.设计 E.生产准备 F.销售 G.生产 H.使用								D：决策者 P：参加者	修改：													部门					修改：日期：						
									实施													设计部门											
									方法						星期数							竖划表示更改					修改：日期：						
阶段	活动子项目	评价设计评审	销售部门	设计部门	质量部门	财务部门	生产部门	计划部门	天数																							
									1	2	3	4	5	6	7	8	9	10	11	12	1	2	3	4	5	6	7	8	9	10	11	12
A	目标，指南，建议	DR.A 评价	D	D																												
B1	确定思路起草计划	评价	D	P	P	P																										
B2	可行性分析		D	D	P	P																										
B3	设计输入	DR.B	P	D	P	P																										
C1	项目计划和预算	审批	P	D	P	D	P	P																								
C2	基本设计规划			D	P		P																									
C3	产品规范		P	D	P																											
C4	质量规范、程序和作业指导书	评价		P	D		P	P																								
C5	实验室试验结果	评价		D	D		P	D																								
C6	基本决定	DR.C																														
D1	样机结果	评价	P	D	D		P	D																								
D2	最终检验规范			D	P		P	P																								
D3	设计审批	DR.D		D	P		P																									
E1	产品规范	评价		P	P		D	P																								
E2	试生产结果			P	P		P	D																								
E3	首批检验	DR.E		P	D		P	D																								
F1	技术状态	批准		D	D		D	D																								
G1	对过程、控制和结果进行评价			D	P		D	P																								
G2	对生产全面验证	关键特性		D	P	D	D	P																								
H1	对质量和可信性进行评价	统计技术		P	D			D																								
H2	对提议的更改进行评价		P	D	P	P	P	P																								
H3	收集建议	归档	D	P																												

(3) 责任的识别。

(4) 资源识别、分配与平衡。

(5) 表示期望时间和完成的任务。宜列出起始日期并记录进展情况，以便对各项任务实施监控。

2) 设计进度计划

为有效控制各阶段和产品设计质量，在进行产品质量策划时，制订设计进度计划和过程设计、试制与进度计划。

(1) 对设计进度计划的要求。根据产品的类型及设计和开发的类型，按照产品设计和开发工作程序规定，制订设计进度计划。其中应列出设计和开发的阶段与步骤，根据产品用途、复杂性、技术创新程度、标准化程度以及设计继承性等因素，确定每阶段的设计工作内容。制订进度计划时，应将设计的分包计划(外部组织)与企业计划结合一体，计划应表明分包的责任。设计分包的控制应符合 ISO9000 中关于采购的规定。当制订分计划时，这些计划应在总计划中作出说明，以便对所有活动进行控制。 标准要求“设计计划随设计进展加以修改”。设计是反复的过程，所以设计计划遇到的问题会随更进一步的设计进展而出现，可能要逐步完成。很可能随设计进展到下一阶段，碰到问题需进行修改、改变原有计划。因此，应定期对计划进行评审和修订。 设计计划应按“文件管理程序”进行控制，并分发至有关人员，当计划更改时应按规定履行批准手续，但手续宜以便于更改为原则。

(2) 设计进度计划内容。设计进度计划应包括以下内容：①设计活动和时间安排。②设计工作小组及成员。③设计工作结构图，设计小组之间的关系。④设计评审活动安排。⑤设计过程中需控制项目的计划说明。

(3) 设计进度表。设计进度计划的形式如表 2-3 所示，该表格应由设计小组组长填写。

表 2-3 设计进度表

产品：

序号	项目	设计	校对	审核	工艺	标准化	进度要求（月）											
							1	2	3	4	5	6	7	8	9	10	11	12

制表人： 批准：

2.2.2 设计人员资格的控制

设计是创新活动，是根据顾客要求，运用国内外科技成果、先进经验进行创新思维的过程。它体现价值工程思想和市场观点，是将顾客要求通过研发变成现实的过程。产品的设计体现了设计者的思想，它取决于设计人员的知识、经验、创造能力和综合素质。ISO9001 标准要求：“设计和开发活动应委派具备一定资格人员来完成。”从事设计和开发活动的人员由于学历、专业、技术水平、工作经验和管理方法的差异，设计出的产品质量水平也不一致。为确保产品的设计和开发的质量，应对设计人员的资格加以控制。控制的方式主要是对各类设计人员的职责、资格和培训予以明确规定，并通过培训使设计和开发人员的资格符合要求。对设计人员的要求如下。

1) 设计人员应具备专业知识和相关知识

涉及产品设计方面的知识技能，包括制造工艺学、材料学、机械结构学(测量及检验)、信息技术(IT)、可靠性工程、价值工程、系统工程、人机工程学、工程美学、心理学以及管理、法律、营销和外语等各个方面。只有比较全面了解这些知识的人员，才有可能创造性地运用这些知识，甚至能在学科边缘上融会贯通或有所创新。

2)创造能力

设计是创造活动，设计人员应具备创造能力，熟悉创新思维的规律和方法。

3)熟悉企业的工程能力

为使设计达到经济可行，设计人员必须对企业的工程能力做到心中有数。当工程能力不能满足设计要求时，应采取措施或对设计质量水平进行部分修正，或要求工艺部门(或制造部门)改善工程能力。

4)协作能力

现代产品不可能由某一单位、部门和个人单独完成，需要许多单位、部门或人员共同努力互相协作完成。为此，设计人员的协作共事能力是十分重要的。

1. 设计人员的职责

1)设计人员

所有设计人员均应履行下列职责。

(1)根据任务要求和安排的工作计划，认真负责，精心设计，保证设计质量和进度。

(2)搜集有关设计资料，进行必要的调查研究，根据技术经济分析和吸收国内外生产实践和科研成果，积极采用先进技术和方法选好方案进行分析和比较，经评审和批准确定后进行设计工作，使其符合顾客要求以及生产、安全、维修、施工、制造和安装等方面的要求。

(3)认真贯彻执行国家、行业标准和企业有关技术规范。

(4)正确应用基础数据、计算方法、计算机程序做好计算。

(5)按规定进行设计，制图比例合适，视图投影正确、图面清晰；尺寸、数字、符号、图例正确无误；文字规范，叙述通顺，内容简练。

(6)设计完毕经校对、审核后，按校、审意见进行修改。

(7)做好设计图样、计算书和说明书的整理、存档工作。

(8)对承担的任务负责到底，根据计划安排进行设计交底，认真处理在施工和试运转中涉及的设计问题。

2)专业负责人

专业负责人应履行下列职责。

(1)负责本专业(如焊接、热处理、计算机等)领域的技术决策。

(2)向其他有关人员说明本专业的特点和要求，并负责答复有关咨询。

(3)负责校审有关本专业内容的设计输出文件。

3)项目负责人

设计和开发项目负责人(项目经理或项目组长)应履行以下职责。

(1)本项目的目标和实施符合顾客需求，符合企业的质量方针、目标的要求。

(2)负责领导和协调有关本项目的各项工作、人员和资源。

(3)对项目的技术方案、关键技术问题、设计验证和设计确认的正确有效性负责。

(4)审查或审定与本项目有关的设计更改。

4)设计部门负责人

(1)在总工程师领导下，负责产品设计工作，确定各项目组或专业设计组任务和职责，明确其接口关系及信息传递方式，并对产品的设计质量负责；负责设计计划的制订、实施和监督。

(2)组织制订并形成设计输入文件。组织设计人员对产品规范、产品验收准则、产品及零部件的质量特性及产品结构进行调研、计算及设计，开展编制设计输入文件工作，并对设计输出的准确性、完整性负责。

(3)开展可靠性设计，实施可靠性管理，组织制定产品的可靠性保证大纲。

(4)负责产品的技术状态管理工作，对技术状态更改控制负责。

(5)协助总工程师组织设计评审和设计验证，并负责处理计划及评审中的技术问题。

(6)负责产品设计质量改进的实施。

(7)负责开发产品的不合格品处置。

5)总工程师职责

(1)主持新产品方案论证、大型试验技术鉴定及产品定型，并对产品技术、经济性能作出全面评价。

(2)主持产品设计评审、工艺评审。

(3)审核产品标准，批准试验大纲、总体结构设计、技术状态更改、产品质量特性分级及关键件工艺设计。

(4)批准定型产品的关键、重点工艺技术状态的更改。

(5)负责产品的质量策划。

6)校核(校对)人

校核人的职责如下。

(1)校核人应与设计人员共同研究设计方案和设计原则，对设计中的假设条件、设计目标和约束条件以及设计成品进行全面校核，对所校核的设计图样和设计文件质量负责。

(2)图样、表格和文字说明校核，例如，比例、视图的选用是否合适；图面布置是否整齐紧凑；坐标、标高、尺寸、数字、符号、图例、图签、投影是否齐全，正确无误；文字是否规范，叙述是否通顺，内容是否简练、切题；设计条件是否完整、无误。

(3)计算书的校核，例如，计算书采用的设计条件、基础数据、计算公式、计算方法、电算程序、电算方法、各类系数选取和计算结果是否正确，并计算、复核全部计算。

(4)其他内容的校核，例如，设计是否符合生产、操作、安全、维修、施工、制造、安装等方面的要求；设计图样和文件是否完整，无漏项，内容是否符合设计技术规范；材料选用、结构是否先进可靠、经济合理。

(5)校核的设计图样和文件应按规定作好设计文件校审记录并进行质量评定。

(6)校核中发现的问题应与设计人员充分讨论、妥善处理。意见不能统一时提请审核者或总工程师决定。

7)审核人

审核人的职责如下。

(1)审核人应参与设计原则和主要技术问题的讨论，并作出决定，帮助设计和校对人员解决疑难问题，对技术问题和设计方案的确定负责。

(2)审核设计图样及设计文件，主要内容有以下几方面。

① 设计原则、结构方案是否做到技术先进、经济合理和安适用。

② 结构和材料选用是否正确可靠。

③ 基础数据、设计依据、计算公式和计算方法、电算程序选用是否正确。

④ 选用技术条件是否正确。

⑤ 设计内容是否齐全、无漏项；采用的标准、规范是否正确；是否符合工程统一规定的要求。

⑥ 处理设计与校对人员的技术分歧意见。

⑦ 认真做好中间检查记录和设计文件校审记录并做好设计质量评价。

8)审定(批准)人

审定人的主要职责如下。

(1)主持重大设计原则和设计方法的讨论，并作出决定；组织设计中间检查，填写中间检查记录，负责组织工程设计回访。

(2)对重大原则问题负主要责任，例如，设计指导思想、技术路线、重大设计原则和技术方案是否符合国家方针政策和顾客要求、审批文件的要求，是否做到切合实际、技术先进、经济合理、安全适用和成本控制等。

2. 各类设计人员的资格

1)一般要求

(1)应具备与设计专业有关的基础技术知识，如机械原理、机械制图、互换性与技术测量、金属材料及热处理和电工学等基础理论知识，了解现代设计方法。

(2)熟悉本专业产品的原理、方案设计、结构设计、强度设计、性能计算、可靠性设计及CAD。

(3)掌握公差配合、合理选择设计基准和材料。

(4)了解工艺基本知识。

(5)掌握产品设计工作程序、工作内容及要求。

(6)了解企业管理、质量管理等知识。

(7)善于借鉴以往设计的经验和教训，具有创新意识。 应该指出，上述要求为设计人员应具备的知识和能力，但遗憾的是，相当多的设计人员距此尚有很大差距，因而只能“照葫芦画瓢”，搞模仿设计，难以创新。

2)设计员

(1)具有大学本科或同等学力的基础理论和专业知识水平。

(2)基本达到对设计人员的一般要求。

3)设计工程师

(1)具有本专业工程师资格。

(2)达到对设计人员的一般要求。

(3)具有3～5年专业设计工作实践经验。

4)专业负责人

一项复杂的设计往往涉及很多专业，如机械、电气、液压、自动化、仪器仪表、计算机等。作为一个项目的专业负责人则在本专业领域应有更高的要求。

(1)一般应具有高级工程师资格。

(2)达到对设计人员的一般要求。

(3)在本专业领域内，有较深入、熟练的知识、技能和丰富的实践经验，能独立处理复杂的专业问题。

5)项目负责人

除满足对设计人员的一般要求外，应具有如下方面的要求。

(1)担任过专业负责人的经历。

(2)两个以上较大项目完整的设计过程实践经验。

(3)较强的组织管理能力、协调能力。

6)设计校核人员

除具备设计员的资格要求外，应达到以下要求。

(1)有多年的设计经验、实践经验、系统的设计方法和设计理论知识。

(2)掌握设计产品适用的各种变换计算方法及其应用软件。

(3)熟练掌握本企业和行业有关的标准。

(4)了解国内外本专业技术水平及发展状况。

7)设计审核人员

(1)应有丰富的设计实践经验和系统的现代设计方法和设计理论知识。

(2)熟悉本专业的国家、行业、企业标准和有关技术法规、法令。

(3)掌握国内外专业产品设计技术水平及发展趋势。

(4)对设计原则、设计方案等重大问题有决策能力。

8)设计评审人员

宜由未参加该项目设计的各类有经验的人员组成设计评审组。其职责是发现设计中的可疑问题并提出建议，通知职能部门要求设计人员对设计进行改进。 设计评审人员应具备以下能力和条件。

(1)是未参加该方案设计的人员。

(2)善于识别设计中薄弱环节和错误并提出建议。

(3)具有一定专业技术知识和技能。

(4)具有丰富的设计、制造、安装、维护经验和判断力。

9)设计部门负责人

除担任过一个以上项目的负责人，还应具备下列条件。

(1)具有相当丰富的基础理论知识、现代知识和技能以及设计实践经验。

(2)具有五年以上的设计经验。

(3)能够胜任设计审核工作。

(4)具有相当强的组织管理能力、协调能力。

10)总工程师

除担任过设计部门负责人外，还应具备下列条件。

(1)具有较高的设计造诣，有重大设计问题的决策。

(2)具有十年以上设计实践经验。

(3)熟悉企业管理，具有很强的组织管理能力、协调能力。

2.3　资 源 配 置

资源是设计和开发的保障。为适应市场竞争的需要，一些工业发达国家的企业非常重视资源的配置，不但增加设计人员，而且研究开发经费投入高达销售额的 10%～15%。而我国企业与此差距很大，甚至许多企业连国家规定可以计入成本的研发经费都不能保证。投入不足是产品研发不力的重要原因。资源包括人才资源和其他资源，如信息、软件、基础设施、工作环境和资金。ISO9001 标准要求：设计和开发活动应委托具备一定资格的人员去完成，并为其配备充分的资源。为完成开发任务应配备足够的、具有完成设计和开发需要的技能和受过培训、能胜任设计和开发的各类专业人员。同时，不断对设计人员进行提高技能的培训，例如，现代设计方法培训，以求个人能力的提高。前面已对设计人员的控制进行了介绍，这里主要介绍其他资源的配置。

1. 信息资源

信息是设计和开发决策的基础。任何设计都是在前人基础上进行创新的过程。因此，设计和开发需要收集、使用、储存、检索和处置信息。了解前人或他人已达到的水平，以及有待进一步解决的问题是一个研发项目的起点。信息来源是否广泛、是否迅速、是否准确，都会在很大程度上影响研发活动的效果。

2. 基础设施

基础设施是组织运行的基础。在 ISO9001-2000 标准中基础设施包括：①加工设备。为确保符合质量要求，产品研发不仅要满足顾客使用要求，而且要考虑加工能力是否能达到设计要求，以及在经济上是否合理。往往由于过高的容差要求导致生产成本的上升，使产品价格提高，失去竞争力。加工能力由工人素质、设备先进与否决定，产品研发是以现代最新技术为基础的。这就需要以现代的生产物资为基础。随着工业的发展，企业的加工设备的自动化程度越来越高，先进的设备对生产能力越来越重要。为竞争的需要，企业应该根据设计要求配备必要的加工和检测设备。②检测手段。在产品研发时，往往需要进行一些先期试验，或进行 DFMEA 产品保证计划，这些活动均需进行必要的检测，同时在设计评审时也可能提出新的设备设施要求，因此要对研发提供必要检测设备，并保证及时供货(在试生产前完成)。现代产品往往需要先进的测试手段，运用这些手段可以扩大人们对自然界的认识范围和提高认识深度，并提高准确程度。

3. 工作环境

工作环境是指企业人的因素和物理因素的组合。这些因素将影响人的工作动力、满意度、发展和表现，也会影响工作状态、情绪和能力。应为设计和开发提供良好的工作环境，例如，为设计人员提供必要的设计工具(如计算机及其软件)和工作条件。

4. 资金

在产品设计和开发中，对样件进行加工、为试验需要采购外购件、或者委托进行试验等活动都需要资金。企业为确保设计和开发的质量和开发的进度，应按计划的要求配备必要的资金并予以保证。资金是进行产品设计和开发的必要条件，它在很大程度上决定了研发的空间、规模和时间。应根据经费情况决定产品研发工作深度和广度。费用不足、盲目上马、摊子过大可能经费不足而使研发工作受到影响或受到重大经济损失。

2.4 产品设计及工艺评审

2.4.1 产品设计评审

1. 设计评审概念

设计评审：为确定设计达到规定目标的适宜性、充分性和有效性所进行的活动。

2. 一般要求

设计评审是在研制过程决策的关键时刻，全面、系统地检查设计输出是否满足设计输入的要求，发现设计中存在的缺陷和薄弱环节，提出改进措施建议，加速设计成熟，降低决策风险，设计评审能影响设计决策，但不代替设计决策，不改变规定的技术责任制。

(1)承担军工产品研制的组织应根据武器系统研制总要求、设计书、研制任务书和(或)合同要求，严格按产品研制程序所划分的研制阶段及产品的功能级别和管理级别实行分级、分阶段的设计评审。需要时，进行可靠性、维修性、安全性、保障 性以及元器件选用和软件等专题设计评审。设计评审的结论是产品研制管理决策的重要依据。产品研制未按研制计划规定进行设计评审或评审未通过，不允许转入下阶段工作。

(2)设计评审由承担军工产品研制的组织实施，该组织的质量管理部门和上级主管理部门负责监督。设计评审的参加者应包括与所评审的产品设计阶段有关的职能部门的代表，非直接参与设计工作的同行专家。合同要求时，应邀请顾客或其代表参加。

(3)设计评审作为产品研制程序中的组成部分，应纳入研制计划，从时间、经费、工作条件等方面予以保证。

(4)设计评审应有完整的记录，评审结论应形成文件。设计评审的有关文件及评审结论应及时归档。

(5)设计评审中应充分发扬技术民主，保护不同意见。评审中确认的问题及改进措施建议，应作为待办事项，制订改进计划，由产品研制组织的有关职能部门负责组织分析处理，实行跟踪管理；对没有采取措施的问题，应进行分析、论证，在下一阶段评审时用书面文件说明。合同要求时，应将设计评审结论和跟踪的结果向顾客或其代表通报。

3. 详细要求

1)设计评审类型

(1)按产品研制阶段，设计评审可分为以下方面。

① 方案阶段的设计评审；

② 工程研制阶段的设计评审；

③ 定型阶段的设计评审。

(2)按产品的功能级别或管理级别，设计评审可分为以下方面。

① 系统级设计评审；

② 分系统设计评审；

③ 设备或整机级设计评审。

不同级别的设计评审，由于产品特点不同，评审的具体内容也不同。应根据产品所处的研制阶段和评审点的位置，结合产品的特点，参照标准规定的评审内容，规定相应级别的设计评审具体要求。

(3)专题设计评审。根据研制工作的实际需要，可组织专题设计评审。专题设计评审是为了降低风险，对产品质量、研制进度和经费有重大影响的专业技术进行的评审。例如，可靠性、维修性、安全性、保障性设计评审，系统试验评审，设计复核复算评审和软件、标准化、元器件选用及电磁兼容性设计评审等。专题评审的内容和要求可参照相应的国家军用标准或行业标准进行。

2)设计评审主要内容

(1)方案阶段的设计评审。方案阶段的设计评审应根据批准的武器系统研制总要求、协议书和(或)合同的要求，对承担军工产品研制的组织优选的系统方案的正确性、先进性、适用性、可行性和经济性进行评审。方案阶段的设计评审一般应在完成方案论证和方案设计工作后转工程研制阶段前进行。

方案阶段设计评审的主要内容一般包括以下内容。

① 不同方案优先的依据和优先结果；

② 所选方案的正确性、先进性、适用性、可行性和经济性；

③ 方案的各项技术性能指标和要求(包括可靠性、安全性、维修性、保障性等)满足协议书或合同的情况；

④ 系统分解结构和功能原理图；

⑤ 系统可靠性、安全性、维修性、保障性大纲和质量保证大纲及标准化大纲；

⑥ 重大技术、关键新技术、新材料、新工艺攻关项目进展和采用情况；

⑦ 元器件的选用情况；

⑧ 设计的继承性及所采用新技术的比例；

⑨ 可生产性分析；

⑩ 系统验证试验方案；

⑪ 系统对分析系统可靠性、安全性、维修性、保障性及耐久性分析试验要求；

⑫ 研制程序和计划；

⑬ 全寿命周期费用预算及技术风险分析；

⑭ 工程研制技术状态或初步设计任务。

(2)工程研制阶段的设计评审。工程研制阶段的设计评审应根据研制任务和(或)合同要求对产品的设计、试制及鉴定试验是否满足产品技术要求进行评审。
工程研制阶段设计评审的主要内容一般包括以下方面。

① 产品设计的功能、理性特性、生物特性满足研制任务书和(或)合同要求的程度；

② 产品功能、性能分析、计算的依据和结果；

③ 系统与各分系统、各分系统之间、分系统与设备之间的接口协调性；

④ 可靠性、安全性、维修性、保障性大纲和质量保证大纲及标准化大纲的执行情况；

⑤ 采用的设计准则、设计规范和标准的合理性和执行情况；

⑥ 故障模式、影响及危害性分析，确定的关键件(特性)和重要件(特性)清单；

⑦ 安全性分析确定的残余危害清单；

⑧ 人机工程和生物医学等方面的分析；

⑨ 系列化、通用化、组合化设计情况；

⑩ 设计验证情况及结果；

⑪ 计算机软件的测试结果；

⑫ 前一次设计评审遗留问题的解决情况；

⑬ 元器件、原材料、零部件控制情况及结果；

⑭ 设计的可生产性、工艺的合理性、稳定性；

⑮ 多余物的预防和控制措施执行情况；

⑯ 环境适应性分析的依据及结果；

⑰ 质量问题归零执行情况；

⑱ 价值工程分析；

⑲ 设计定型技术状态以及技术风险分析和采取的措施；

⑳ 制订的定型鉴定试验方案；

㉑ 其他需要评审的项目。

(3) 定型阶段的设计评审

定型阶段的设计评审应根据研制任务书和合同的要求，在经过定型鉴定试验后，对产品是否具备设计定型或设计鉴定的条件进行评审。

定型阶段设计评审的主要内容一般包括以下方面。

① 产品设计的可靠性、维修性、安全性、保障性、环境适应性、电磁兼容性等分析验证结果满足任务书或合同要求的程度。

② 产品技术性能指标和结构设计评定结果全面达到研制任务书和合同要求的程度。

③ 设计输出文件(含生产和使用)的成套性及实施标准的程度、满足产品设计定型要求的程度。

④ 多余物的预防和控制措施的有效性。

⑤ 研制定型过程中质量问题归零处理的有效性。

⑥ 产品的工艺稳定性分析。

⑦ 最终鉴定设计、工艺文件。

⑧ 鉴定专用工艺设备的定型情况。

⑨ 质量评价。

⑩ 鉴定试验的情况及结论。

⑪ 遗留问题的结论及处理意见。

⑫ 元器件、原材料、外协件、外购件的定点及定型情况。

⑬ 包装、搬运、储存及维护使用保障。

⑭ 研制成本的核算及定型批生产成本的预算。

⑮ 研制总结及定型申请报告。

2.4.2 产品工艺评审

1. 定义

为了评价工艺设计满足设计要求及其合理性与经济性、可生产性与可检验性的能力，对工艺设计所做的正式、全面和系统的并形成文件的审查。

2. 一般要求

(1) 工艺评审是承制方及早发现和纠正工艺设计中缺陷的一种自我完善的工程管理方法，在不改变技术责任制前提下，为批准工艺设计提供决策性的咨询。

(2) 对产品的工艺设计，承制方应根据管理级别和产品研制程序，建立分级、分阶段的工艺评审制度。

(3) 承制方应针对具体产品确定产品的工艺设计阶段，设置评审点并列入型号研制计划网络图，组织分级、分阶段的工艺评审。未按规定要求进行工艺评审或评审未通过，则工作不得转入下一阶段。

(4) 承制方的每一工艺评审，应吸收影响被评审阶段质量的所有职能部门代表参加，需要时，可邀请使用方或其代表及其他专家参加；在各项工艺设计文件付诸实施前，对工艺设计的正确性、先进性、经济性、可行性、可检验性进行分析、审查和评议。

(5) 工艺评审的依据包括产品设计资料、研制任务书和合同、有关的法规、标准、规范、技术管理文件和质量体系程序，以及上一阶段的评审结论报告。

(6)工艺评审的重点对象是工艺总方案、工艺说明书等指令性工艺文件、关键件、重要件、关键工序的工艺规程和特殊过程的工艺文件。

(7)工艺评审的结果应形成文件。

3. 评审程序

1)准备工作

(1)申请工艺评审的单位写出“工艺设计工作总结”。

(2)由工艺项目负责人提出“工艺评审申请报告”，经工艺评审归口管理部门审查后，报技术负责人批准。

(3)申请报告经技术负责人批准后，由工艺评审归口管理部门组织评审组。

(4)工艺项目负责人提前向评审组提供评审依据和工艺设计的有关资料和文件。

(5)评审组成员按照评审工作计划准备意见。

2)组织评审

(1)工艺项目负责人在评审时介绍“工艺设计工作总结”，并对有关工艺文件进行说明。

(2)评审组成员根据相关工艺评审标准文件中的评审依据和评审内容进行工艺评审。

(3)评审采取汇报、审议、答辩、分析和现场抽样跟踪的方式，找出工艺设计上的缺陷，对存在问题提出改进建议。

(4)评审组组长在集中评审意见的基础上，提出存在的主要问题及改进建议，从技术和质量保证的角度对该项工艺设计做出评价，并做出可否付诸实施的评审结论。

(5)指定专人整理、保存评审记录。编制“工艺评审报告”。评审组成员对“工艺评审报告”的评审结论有不同意见时，应写在评审报告的保留意见栏内并签字。

3)结论处置

(1)承制方的工艺部门认真分析“工艺评审报告”提出的主要问题及改进建议，制定措施，完善工艺设计，经技术负责人审批后组织实施。

(2)工艺项目负责人对评审意见若不予采纳，应阐明理由。经技术负责人审批，记录存案。

(3)质量部门应对评审结论的处置意见和审批后的措施实施情况进行跟踪管理。

4)工艺评审文件资料的管理

各阶段工艺评审活动形成的文件资料应作为质量记录按规定归档和保存。

2.5 设计验证与确认

1. 设计验证

为有效实施设计控制，必须开展设计验证工作。按照ISO 9000：2000基本原理和术语的定义，验证是“规定要求已得到满足的客观证据的认证和提供”。设计验证也就是指对设计结果的检查和提供客观证据，以证实设计输出满足设计输入的要求。

设计验证的目的是验证设计输出是否满足设计输入的要求，这种验证是在设计的适宜阶段进行的。

验证活动包括以下内容。

(1)变换计算方法进行设计计算。

(2)将新设计与已证实的类似设计进行比较。

(3)对性能和强度进行试验和证实。

(4)对不同设计阶段的设计成果进行评审。

(5)设计评审也是一种验证，作为对设计输出是否满足设计输入要求的一种评价。

应该指出，在设计输出前的验证对于保证设计一次成功至关重要。

2. 设计确认

设计确认是在设计完成之前，对最终产品进行的确认。设计确认是批准设计生效，进入生产制造阶段的先决条件，目的是确保设备的生产制造能够满足顾客所要求的功能和使用价值。

因此，设计确认通常是在成功的设计验证之后，对最终产品在特定预期的条件下进行。如果无法或很难在最终阶段对某些特性进行确认，则需要在产品开发的早期阶段进行设计确认。相反，在某些情况下，只能以通过在产品的最初使用阶段对其观察的方式进行设计确认。

设计确认中所进行的检查、试验和证实的结果应包含在设计记录中，并且必须按顾客的项目时间要求进行设计确认。对于无特定预期用途的设备产品，可以只进行设计验证而无须设计确认。把鉴定会当成设计确认的必要方式是不合适的。

2.6 设计变更控制

在项目的实施过程中，由于项目所要求的设备的技术及工艺复杂性以及其他方面的影响，可能需要对所要求设备的设计进行变更或修改。这些原因可能是以下方面。

(1)设计评审、设计验证或设计确认要求变更。

(2)业主或分承包商对产品的性能或可靠性有新的要求。

(3)在设计初期由于失误或误解所造成的问题，在随后的设计过程中也没有得到改正。

(4)希望设计结果更加有利于生产、检验、试验、服务或维护的进行。

(5)有关健康、安全、材料使用方面的法规要求发生了变化。

(6)纠正措施或预防措施要求更改。

设计变更应依据文件按程序进行，对设计变更应加以标识形成文件，而且要由相应的授权人员进行评审并批准。设计变更控制的基本要求如下。

(1)设计变更不得违反必须贯彻的有关标准和安全、环保等政府法令与条例，不得背离业主(用户)的质量要求和降低产品的质量。

(2)设计变更应按规定的程序进行。

(3)只允许指定的设计负责人对其负责的图样及设计文件进行变更。

(4)正式生产的产品设计变更，必须开具变更单作为变更凭证，经工艺及有关部门会签，标准化部门审查及主管部门审核批准后才能生效。在变更单上必须明确写明实施变更日期，必须凭变更单具体实施图样及文件的变更工作。

(5)凡属于影响互换性的设计变更，必须附加或变更零部件编号(图号)的修改识别码，以利于技术状态管理和生产管理，保持正常生产秩序。

(6) 对通用零部件的设计变更方法和步骤应作出专门的规定。

(7) 产品图样及设计文件变更时必须注意有关联的设计文件同步修改，以保证图样及设计文件的正确统一。

(8) 当产品设计作重大变更或变更部位较多对产品质量有较大影响时，应再次进行设计的评审和验证。

(9) 所有变更活动都应予以记录。

2.7 产品定型生产程序

产品的定型工作分为设计定型和生产定型，先进行设计定型，后进行生产定型。

1. 设计定型

(1) 设计定型的定义：产品设计定型审查小组对产品的技术指标和使用性能进行全面审核，确认其达到批准的研制总要求和规定标准的活动。

(2) 设计定型的程序：设计定型的程序流程图如图 2-1 所示。

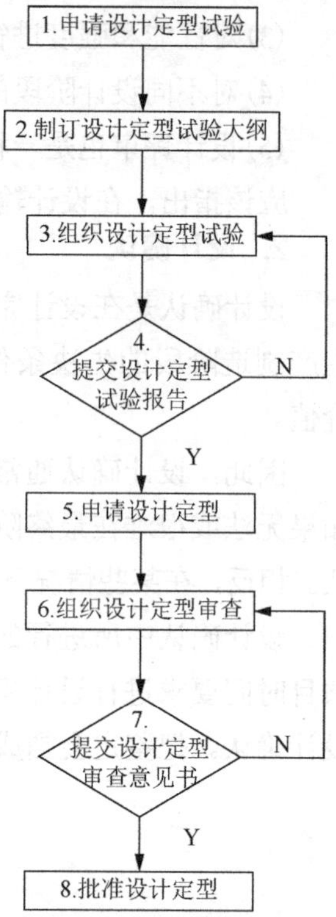

图 2-1　设计定型的程序流程图

2. 生产定型

(1) 生产定型的定义：产品生产定型审查小组对产品批量生产的质量稳定性和成套、批量生产条件进行全面考核，确认其达到批量生产要求的活动。

(2) 生产定型的程序：生产定型的程序流程图如图 2-2 所示。

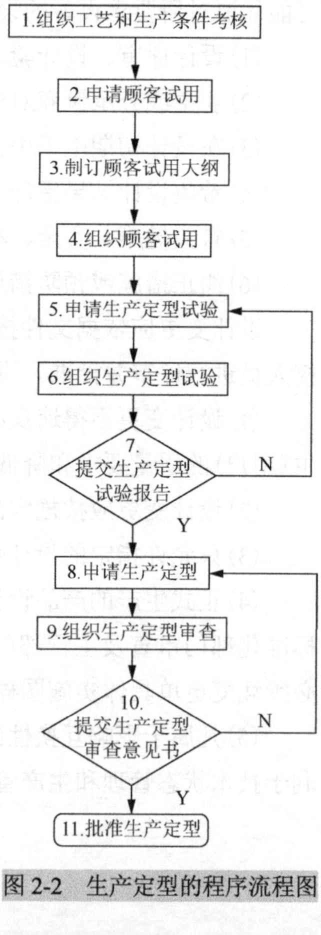

图 2-2　生产定型的程序流程图

2.8 设计中的创造性思维和方法

2.8.1 综述

产品的质量在很大程度上取决于设计质量，而要提高设计质量就要开发设计人员的创造力。所以，我们要强调设计人员的创造性思维。特别是对于研发性的产品设计，缺乏创造性思维就很难设计出创新的新产品来。即使在变型性的产品设计上也要不断地积累创造性的点滴更新，最终使产品在质量上和经济效益上有较大的突破，给企业带来更大的利益。

应该说，在生产实践中，为了满足市场的需要，目前大量的是常规性的变型设计，利用成熟的产品结构和设计方法去满足实际的需要，不能做到在每一个设计上都出创新思维成果。但对设计人员而言，应随时闪现创造性思维的火花，在改进老产品、研制新产品、改进工艺性、降低材料和能源消耗上下工夫，使不断的设计创新成为推动企业前进的动力。

设计本身是一种创造性的劳动，强调创造性思维也应贯穿到整个设计过程之中。开发工程技术人员的创造力的要点，首先是技术人员本身应有自信，虽然各人的智力条件有差异，但创造发明不只是少数聪明人的专利，人人都具有创新和革新的潜能；再则是随时都应保持创新的冲动和欲望，从观察思考中去发现问题和琢磨新的解决方案。有了创新的意识，还要加强对创造性思维的训练，就能在创造性劳动中一展身手。对企业管理层而言，更应建立激发技术人员创造性思维的激励机制及良好的创造性氛围。

创造性思维与常规性思维的区别在于它不能仅依靠已掌握的知识、经验和方法来解决问题，而必须有所突破。这就要求进行富于想象力的思索，将头脑中的各种信息进行再分析和组合，从而形成思维的升华。创造性思维就方式而言，是各种思维类型的复合体，是对各种思维类型的综合运用，包括那些成对的思维类型，例如，形象思维与抽象思维；发散思维与集中思维；逻辑思维与非逻辑思维；直达思维与旁通思维等。

形象思维是指思维中不是用一些抽象的概念，而是形成形象化的“概念”。例如，在设计机件之前，脑子就可浮现出它的形状、零件间的组合情况等，运用形象思维可以激发人们的想象力和联想、类比能力。抽象思维则是以抽象的概念和推论为形式的思维方式。抽象的过程可降低思维的复杂程度，又易于找到重要的特征标志，形成系统化的思维。两种方式都以感性认识为基础，都可以认识事物的本质，在大多数情况下，二者是相互渗透，交互作用的。

发散思维是根据问题提供的信息，将其沿各种可能的答案拓展开去，例如，扩展超声、激光技术的用途，可将它用于切削、测量、探伤、焊接、雷达定向、医学上的碎石等，从而促使很多新产品问世。集中思维则是收敛式的思维。它是以目标状态为出发点，在大量的设想或方案的基础上进行分析比较，找出最佳答案，犹如编制一个零件的工艺一样，为了一个加工目的，可能会找出很多方法，就要根据实际可能和经济可行来选定一种。这两种思维是相互补充、相辅相成的。发散的思维能力越强，提供的可能越多，越能为集中思维进行正确有效地判断奠定基础。先发散后集中才能确定主攻方向。在设计中可能要经过多次的从发散到集中。

逻辑思维是严格按照逻辑规则的思考方式进行思维。当然，逻辑规则本身也是人们在总结思维活动经验和规律中概括出来的。其操作方法主要是分析和综合、归纳和演绎。逻辑思维有其成熟性，往往可用以判别非逻辑性思维的缺陷，但它所预期的结论一般都已蕴涵在前提之中，因而缺少新颖性。非逻辑性思维是不严格遵循逻辑格式，却极具灵活性的自由思维，但成果往往能突破常规，具有鲜明的新颖性。其基本形式是联想、想象、直觉和灵感。非逻辑性思维的基本功能在于能启迪心智、扩展思路。应当注意，灵感是一种非常重要的创造心理现象，它在创造活动中起着十分重要的作用。

直达思维是直接解决问题的思维方式，另外则是将问题的情景和条件进行分析、辨识。将问题转换为另一等价的问题或通过某一中介的问题人手去间接地解决问题，就称为旁通思维。例如，司马光砸破水缸救人，要解决人离开水的问题，将人救出水是一种直达思维，司马光想到用砸缸放水，可认为是旁通思维。旁通思维在创新性活动中，是一种非常有用的思维方式，可通过对问题的转换、类比、模拟、移植、置换、转向等的思维方法解决存在的问题。旁通思维仍是为了达到直达思维的目的。

要完成一项创造性的活动，运用创造性思维是基础。同时，还要采用一些创造方法和技巧。这样可破除传统思维的约束，克服思维定势和阻碍创造性思维的各种消极因素，并应群策群力，发挥团队的思维优势，从相互的启迪中激活个人的创造性思维。

2.8.2 创造性的基本原理

任何事物的发展，都有其基本原理，掌握与遵循这些客观存在的基本原理，人才能自由，人才能创造。可将创造性原理分为以下5种。

1. 压力原理

在100℃以上，一般认为生物不可能存在，但在高压下，超过100℃的环境却能产生全新的生物，且比一般微生物要大。人不能在高压中生活，但可利用高压来为人类服务，如高压氧舱对某些患者相当有效。人类面临环保与生态平衡的压力，于是环保型汽车应运而生。压力意味着一种迫切的需求。压力原理实际也反映了抗压性。即敢于锐意创新，否定旧框框，怀疑现有结论的独到性。莱特兄弟不相信权威“比空气重的物体不能飞起来”的结论，最终发明了飞机。压力有自然压力、社会压力、经济压力、工作压力、自我压力等各种形式。只要有压力，就会有更大的动力。怠惰就不可能有所创造，这样天长地久下去，人的意志就会衰退，智慧就会枯竭，才干就会丧失。压力能有效地驱散怠惰，激发强烈的事业心、求知欲和探求精神。人们的智力只有在各种主客观因素构成的强大的压力场内，才能迸发出来。

2. 发散原理

搞机械设计的多数人员往往被绘图、计算等烦琐的收敛性工作所束缚，尤其是成千上万个机械零件的设计以及现代多种多样计算程序编制工作，使设计人员在一项项事务性工作中不能自拔，经常从事重复性、局限性的劳动，以致很少宏观地、发散地考虑整体、全局问题。只有发散性思维才能创造新方法、新领域，因为发散性思维不拘泥于一得一失，而是多向流动、多元交叉、逆向思考；亲缘出劣种，流水才不腐就是这个道理。例如，对古老的机械传动来说，虽尚有潜力可发挥，但只有在跨越自身传统的范畴之后，液动、气动、磁动、电动等才会出现。在既定的框架内只能不断改善，而不能“天外有天”地作出开拓。这里特别要提到的是“逆向思考”，例如，行走是不是非要用延续千年的轮子？水面上的小虫行走无轮，却速度很高。按照这种思路，气垫船、气垫车就创造出来了。

3. 激励原理(触发原理)

从控制论可知，任何系统(包括人)都是在不断绝将输入信号进行改造、转换变成所需的、能级更高的输出功能。这些输入信号对机器来说是人为的，而对人来说，其必须“跟观六路，耳听八方”，才能从输入的大量信号中，激励或触发出来新思想、新理论、新成果。美国工程师杜里埃创造汽化器，就是从妻子喷香水中得到触发信号的，“心有灵犀一点通”就是这个道理。所以，设计人员要经常从各种信息载体(书刊、会议、资料、专家与日常生活现象等)中获取激励信号，建立头脑中的“信息库”，以便届时取用。

4. 轰击原理

这里是指信息爆炸的轰击作用，人的智力要用信息去触发。因此，增加信息量、提高信息的质量、加快信息的传递速度，提高信息的准确率具有重要意义。Internet网的出现，引起了信息革命。充分利用互联网，及时、准确地用高质量、高速度的信息来轰击大脑，让大脑释放出潜在的能量，就会出现更丰硕的创新成果。

5. 流动原理

“一潭死水”，人被固化在一个环境中，极易导致智力的“僵化”。人只有在相对稳定和流动之中，才能体现其价值，外在相应的能级结构中，充分发挥自己的智力，这也是当前“人才流动”政策应导致的结果。“故步自封”，如何谈得上创造。学术交流是智力流动的重要形式。在学科日益细化和交叉的今天，学术交流可以启迪科技人员的创造性思维，甚至有利于创建新学科。

2.8.3 创造性方法

创造性方法，是极为丰富多彩的，据国内外统计，自称为创造法的有数百种。这些方法，绝大部分属于“技法”，即属于方法论范畴中的“具体技巧”。所谓“方法”，则指普通的、通用的解决问题的途径，它具有可聚类的哲理。技巧是多种多样的，但方法却是基于一定科学原理的有限量。技法与方法是低级与高级的关系，技法是方法的运用，只有通晓方法论，才能派生出各种各样的技法，当前，对创造性方法众说纷纭的局面，原因就在于此。

由于创造性的研究和开拓，使这类创造技法达三、四百种之多，下面将简要地介绍几种简便易行又行之有效的创造技法。当然，这些方法绝不是孤立的，而是可以联合运用的。

1. 群体集智法

群众集智的三个基本思想如下。

(1)人人都有创造能力，群众的智慧大于个人的智慧。

(2)创造性思维需要引发，由相互的激励而活化思路。

(3)摆脱思想束缚，有助于新奇思维的出现，所以，要求尽可能来自不同经验领域而能接受外来思想的人参加，产生无偏见的主意。因组织形式或过程的不同，常用的有智暴法、635法、特尔菲(Delphi)法等。关键是所选的群体本身是由负责的、有使命感的、善于创新思维的人所组成的。更需要一个有利于创新的氛围和环境，让人人都能畅所欲言，充分展示每个成员的创新思维，这是一个激发直觉思维的方法。目前在工厂中的设计审查会，一般均是在厂内各方面技术人员中进行，不能充分发挥群体集智法的特点，因而有较大的局限性。

(1)智暴法。智暴法就是召开一个集思广益的小组会，类似我国的诸葛亮会。它成功的要点在于，选择有能力的与会人员及主持者善于引导，贯彻只阐述自己的观点而不批评别人意见的精神，充分保护少数人甚至某个人的意见。

(2)635法。635法常用于解决问题方案的征集，它特别适用于原理方案和结构方案的构思。这种方法实际上是由6个人参加的小组方案构思活动。进行时，由每个人提出3个解决方案，然后依次传递5轮。在每次传递后，每人对其他人提出的方案，进行补充和完善，这样每个人都有机会对所有的方案发表意见。最后，再从经过小组集体补充、完善后的方案中择优选择。

(3)特尔菲(DelPhi)法。这种方法实际上是一种专家调查表法，向有关专家发出调查表，然后将其汇总，进行数据处理和分析，从中找出多数专家的倾向性意见。

2. 设计探求法

设计探求法就是有目的提问法，又称检查表法。可用系统的提问方式来扩展设计思路。例如，对研制的新产品提出能否转化引申、变动、放大、缩小、颠倒/替代、重组、组合、增加；减少、一体化、分割，等等，借助这些操作性动词启发、提示人们对产品设计进行改进和完善。也可提出能否增加功能、提高性能、降低成本、促进销售等问题来深化思维。常用提问方式和问题有以下方面。

1)按设计问题提问

(1)现有产品有无新方法来使用？改进后有无新的用途？

(2)与此类似的有什么？它们的设计思想是什么？能否比较？哪些可以借鉴？哪些可以

赶超？

(3)有无新的方法或技巧可用？能否作些改变，如改变功能、性能、运动形式、零件形状、颜色等？

(4)能否增加一些东西，如扩大、延长、加强、增厚、提高、加重、加宽等，增加后有无额外的价值？

(5)能否缩小、减少、简化、更紧凑、降低、减薄、减轻、变窄、分开等，以省去一些东西？

(6)能否替代，如能否替代人的工作？能否更换结构、参数、材料、成分、工艺、方法、动力等？

(7)能否重新布置，如零部件互换，改变次序、节拍、因果关系等？

(8)能否颠倒，如上下调换、里外调换、正负调换、工作原理倒换等？

(9)能否组合，如目标组合、功能组合、设计思想组合、零部件组合、装配件组合、产品组合、材料组合等？

2)按功能提问

针对所设计的具体问题，一般可问以下方面。

(1)有哪些可以采用的工作原理？

(2)每种原理有哪些结构形式？

(3)能否改变几何形状？

(4)能否改变尺寸？

(5)能否改变数量？

3. 列举分析法

本法在于尽可能详细列举出各种特性或存在的所关心的缺陷，这可能就是创新的希望，迫使设计者按一定的规则或要求，去思索解决问题的方法。关键是应将要解决的问题列举得很全面，以避免思维的片面性。结构设计中采用特性列举法，可分解已知结构，明确各组成部分的本质特征，再逐个分析所有的特性，试用取代、替换、简化、组合等方法找出可能改进的地方，新的结构就可能诞生了。这种方法也称为系统变异法。

4. 联想法

通过对事物的联想容易激活我们的思维。联想可以是多种多样的，如接近联想、类似联想、对比联想、因果联想、从属联想等。关键是要丰富自己的知识和经验，掌握联想的思维规律，就不难激发联想的思潮。复杂的联想不能一步到位，还要参考若干中间事物才能达到。利用联想得出的发明创造的实例是不少的，如从血液循环的联想发明了新式锅炉；从扇子联想到等腰三角形而发明任意角等分仪等。全国青少年科学创造一等奖“充气雨衣”的发明者经两种对应联想，才创造下雨时不贴身的雨衣。一种联想为张开的舞裙；另一种为充气游泳圈。有时，也称这种方法为相似类比法。例如，要设计一种残废人用的能爬台阶、上楼梯的坐车，首先讨论如何解决“爬高、上台阶的问题”。人们可从人登高、山羊爬山、猴子上树、蛇爬树、青蛙跳跃等自然现象中提出各种仿生的联想。然后，集中到原题，如何将两种似乎无义的山羊爬山和蛇爬树的设想结合起来，运用科学原理产生一种新的设计思想，从而形成能爬台阶、上楼梯的残疾人车的创新设计。 将设计问题与自然界类比，以及设计人员和设计对象类比，往往会导致原来自己熟悉的问题变得不熟悉了，而原来不熟悉的一些概念变得能理解了。从而开拓了思路，易于达到深入事物的本质，促进创新构思。这实际上是一种运用联想的对应论方法。它通过抽象类比、仿生和借用、组合等手段来形成创新构思。在这方面成功的例子是很多的，例如，仿照螃蟹的动作研制的蟹式海底捕捞器；仿照人的步行动作研制的步行机；借助雨伞和气球原理设计的尿道结石取出器；仿照响尾蛇对热辐射敏感制成的响尾蛇导弹；模拟人体动作的机械手、机器人等。

5. 抽象法

1) 抽象的作用

抽象化在于要消除个性和偶然性，力求突出普遍适用的和本质的东西。应避免思维停留于先入之见或传统观念之中。例如，将要解决的问题的关键词、词义或定义变换为一般的词或一般的陈述，暂时地摆脱特定标志或词的联系(有些特定标志或词往往会是一个虚拟的限制线)。这样就可以扩展思路而得出创新思维，例如，将“设计迷宫式密封”抽象为“转轴无接触方式密封”；将“用浮子计测液面高度”抽象为“连续测量液量”。实践证明，完成同一设计任务往往会有许多差异很大的方案。迄今为止，许多设计人员习惯于先画几个总体方案图，从中选择一个，便进行详细设计。这种做法的弊端是带有很大盲目性，无法判别方案是否最佳，同时画了一些并不必要的总图，增加了设计本身的耗费。 应该指出，设计人员的知识和经验都有一定的局限性，很容易使其在原理方案构思之前就形成了某种框框，因而妨碍了思维，束缚了创造力。通过抽象化的方法，可以放开视野，从而有利于寻求更为理想的设计方案。设计要求明细表相当繁杂，不从中理出个头绪，很不利于思维。暂时摒弃那些偶然的情况和枝节问题，突出一般的、必要的基本的要求，并用较为抽象的形式加以表达，就便于抓住设计的核心问题。通过抽象化，无须涉及具体解决方案，就能清晰地掌握所设计的产品的基本功能和主要的约束条件，从而突出了设计中的主要矛盾。这样，设计人员就可以把思维注意力集中到关键问题上来，容易有所突破和创新。

2) 黑箱法

在现代产品设计中，常用黑箱法来进行设计问题的抽象化。对于所设计的产品来说，在求解之前，犹如一个看不清其内容结构的“黑箱”。每个功能，尤其是总功能，都可以用“黑箱”的形式来抽象地表达。通过“黑箱”可以明确所设计的产品与输入、输出量及外界环境的关系。这就便于摆脱具体的东西而按功能来思考，因而要比过早地确定某种原理方案更有利于启发设计人员寻找新的、更好的方案。图 2-3 所示为一般产品的“黑箱”示意图。作为输入、输出量只涉及物料、能量和信号。下面举例说明其含义。

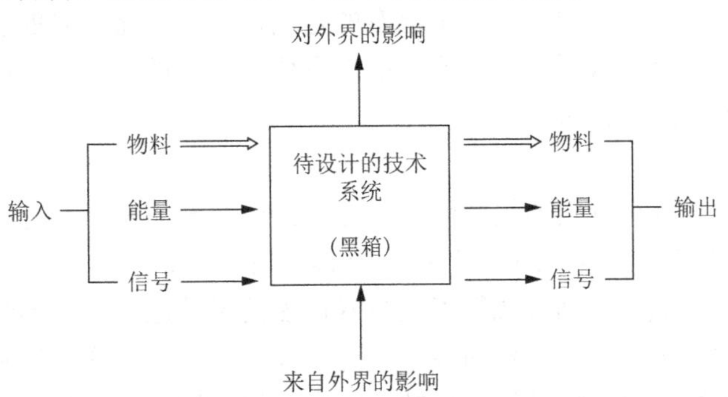

图 2-3 一般产品的“黑箱”示意图

(1) 物料：毛坯、半成品、成品、构件、液体、颗粒、各种物体……

(2) 能量：机械能、热能、电能、化学能、光能、核能……

(3)信号：测量值、数据、指示值、控制信号、波形……

物料流、能量流、信号流都有量(例如，数目、体积、质量、通过量、消耗量、功率等)和质(例如，给定值允许偏差、质量等级、性能、效率以及特殊性能，如耐蚀、耐热、抗振等)的差异。对此，在设计时均需加以明确。但在“黑箱”中，只对上述三种流进行定性的描述，从而使问题简化，便于构思原理方案。图 2-4 示出了一台车床的黑箱示意图。图中左边的输入量和右边的输出量都有能量、物料和信号三种形式。图下方的灰尘环境、温度、湿度和地基振动都是对车床工作性能有影响的环境干扰因素。图上方是车床工作时产生的对环境条件有影响的切屑、无功热、振动、噪声；黑箱法的特点是通过“黑箱”与输入、输出量及周围环境的信息联系，了解其功能、特性，进一步探求系统的机理和结构，逐步使“黑箱”透亮，直至方案拟订。

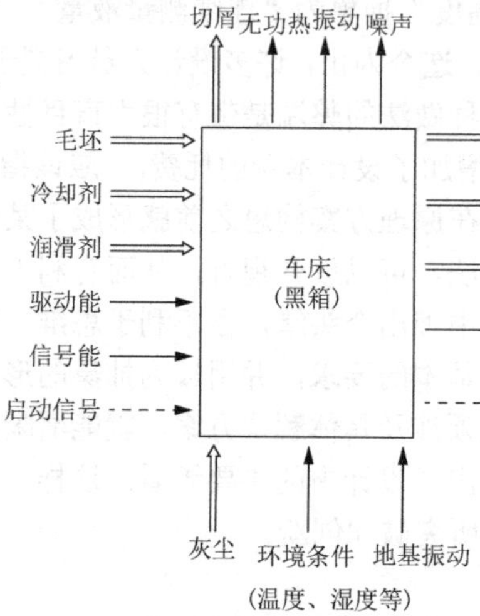

图 2-4　一台车床的“黑箱”示意图

6. 逆向思维法

即始终从反面去思考问题，例如，电视为什么不能用反画面？自行车为什么不能倒退？衣服为什么不能两面穿？齿轮为什么不能用活齿？化学能为什么不能变成电能？声音既是振动，那么振动为什么不能复现原声呢？根据这些反问，相继发明了反画面电视、电池、活齿传动、留声机等。逆向思维就要敢于否定已有的定论，例如，将正确的看成错误的；现实已存在的，设想若不存在会怎么样；将“旋转的”看成“静止的”等。这样能最大限度地拓展思维空间，易形成独特的创新思维。

7. 组合创新法

它是通过用两个或两个以上的技术因素进行巧妙的组合而获得具有统一整体功能的新技术产物的创新技法。“技术因素”的含义很广，可以是技术原理、技术手段、工艺方法，也包括材料、结构、动力形式、控制方式等表征技术性能的条件因素。因为组合形式多种多样，组合应用的单元技术一般是已较成熟的技术，这就保证了组合的成功率和经济性。组合的类型很多，常用的有性能组合、原理组合、功能组合、结构组合、模块组合等。在单件、小批量生产的电子产品、汽轮机、压缩机、水泵中，常常采用零部件的积木式模块组合方式，把一些零部件设计成标准模块或区域，设计不同的机型时只需将这些模块或区段进行不同的组合，既可节省设计工作量，又可减少生产周期。

2.9 机床实例：大锥度数控电火花线切割机床产品介绍

1. 电火花线切割加工机床的用途

凡是能导电的材料数控电火花线切割机床都能够加工，尤其对其他加工方法难以切削的超硬和超软的材料，更能显示出它“软硬通吃”的独特本领。由于数控电火花线切割机床具有软硬兼备的功夫，所以在航空航天、军工、汽车、模具、冶金、机械、电子、轻纺、交通等工业领域中得到广泛应用，主要用来完成其他加工方法难以制造的金属材料和半导体材料零件的切割加工，是现代工业生产不可缺少的机床设备。

2. 电火花线切割加工的原理

电火花线切割加工的基本原理是基于电极间脉冲放电时的电火花腐蚀原理，实现零部件的加工，是利用移动的细金属丝(钼丝或铜丝)作为工具电极，工件按照预定的轨迹运动，“切割”出所需的各种尺寸和形状。图 2-5 为高速走丝电火花线切割工艺及装置的示意图。工件接高频脉冲电源的正极，电极丝接负极，即采用正极性加工，电极丝缠绕在储丝筒上，电机带动储丝筒运动，致使电极丝不断地进入和离开放电区域，电极丝与工件之间浇注工作液介质。当电频脉冲电源通电后，随着工作液的电离、击穿，形成放电通道，电子高速奔向正极，正离子奔向负极，于是电能转变为动能，粒子间的相互撞击以及粒子与电极材料的撞击，又将动能转变为热能。在放电通道内，正极和负极表面分别成为瞬时热源，达到很高的温度，使工作液介质汽化、热裂分解、金属材料熔化、沸腾、汽化。在热膨胀、局部微爆炸、电动力、液体动力等综合作用下，蚀除下来的金属微粒随着电极丝移动和工作液的冲洗而被抛出放电区，于是在金属表面形成凹坑。在脉冲间隔时间内工作液介质消电离，放电通道中的带电粒子复合为中性粒子，恢复了工作液的绝缘性。由于加工过程是连续的，步进电机受控制系统的控制，使工作台在水平面沿两个坐标方向伺服进给运动，于是工作就逐步被切割成各种形状。

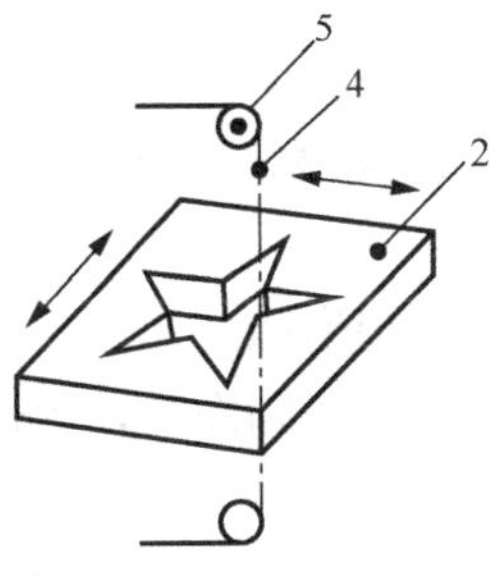

(a)

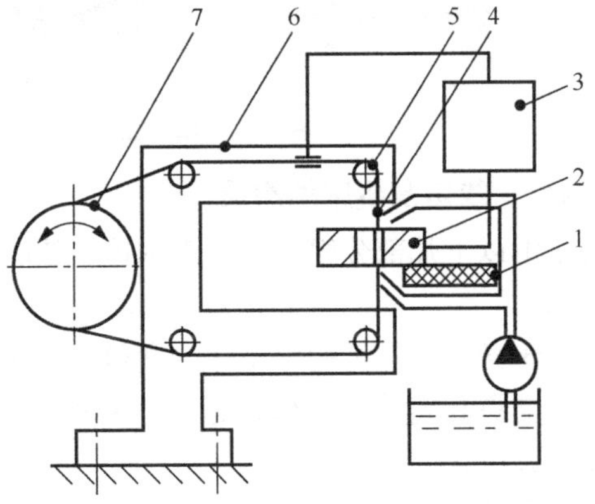

(b)

图 2-5 电火花线切割原理

1-绝缘底板；2-工件；3-脉冲电源；4-钼丝；5-导向轮；6-支架；7-储丝筒

3. 线切割机床分类

根据加工特点和机床结构不同分为两类：高速走丝电火花线切割机床(HIGH—SPEED

WEDM)；低速走丝电火花线切割机床(LOW—SPEED WEDM)。

图 2-6 所示为线切割机床加工的零件样品。DK7725 电火花线切割机床的实物图如图 2-7 所示。

图 2-6　线切割机床加工的零件样品

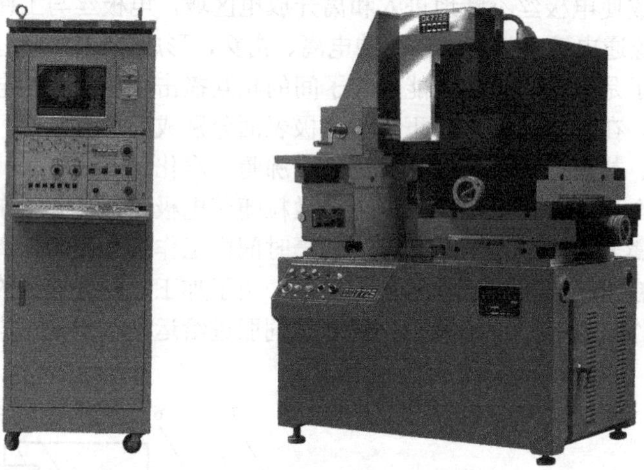

图 2-7　DK7725 电火花线切割机床

4. 数控电火花线切割机床的组成

线切割机床由以下几部分组成：机床本体、脉冲电源、微机控制装置和工作液循环系统。

1) 机床本体

机床本体由床身、运丝机构、工作台和丝架组成，如图 2-8 所示。

床身：用于支撑和连接工作台、运丝机构等部件，正面安装控制面板，内部安放机床电器和工作液循环系统。

运丝机构：电动机带动储丝筒交替作正、反向转动，带动电极丝按一定的线速度移动，通过线架导轮将旋转运动转变为往复直线运动，并将电极丝整齐地排绕在储丝筒上。

工作台：工作台分为上下两层，分别与 *X*、*Y* 向丝杠相连，由两个步进电机分别驱动。步进电机每接受到一个电脉冲信号，就旋转一步距角，使工作台在相应的方向上移动 0.001mm。分别控制两步进电动机，可运行预定的轨迹。

丝架：用来支撑电极丝，并使电极丝工作部分与工作台平面保持一定的几何角度。

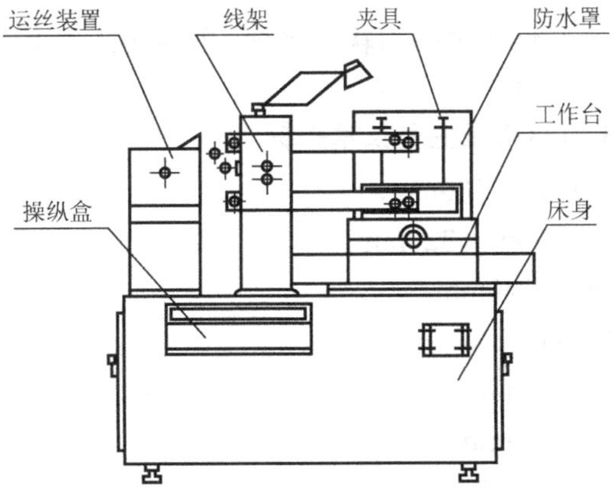

图 2-8　机床本体结构图

2) 脉冲电源

脉冲电源又称高频电源，其作用是把普通的 50Hz 交流电转换成高频率的单向脉冲电压供给火花放电能量。脉冲电源是影响线切割加工工艺指标的主要因素之一。线切割脉冲电源是由脉冲发生器、推动级、功放及直流电源四部分组成的。加工时，电极丝接脉冲电源负极，工件接正极。

3) 微机控制装置

微机控制装置的主要功用是轨迹控制和加工控制。

4) 工作液循环系统

工作液循环系统包括：工作液箱、工作液泵、流量控制阀、进液管、回液管及过滤网罩等。工作液起冷却电极丝和工件、排除电蚀产物、提供一定绝缘性能的工作介质的作用。

5. 大锥度线切割机的技术关键

1) 四坐标导轮随动机构(图 2-9)

上下导轮用连杆机构连接，随 U、V 向拖板运动，实现随动偏转。上下导轮如果不随动偏转，必将影响锥度切割精度。

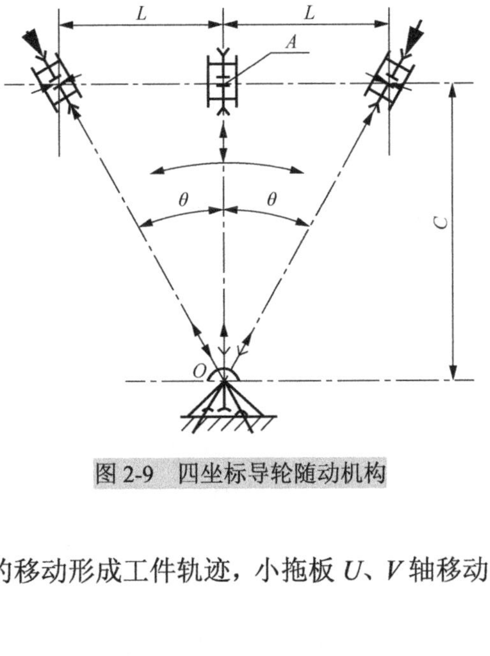

图 2-9　四坐标导轮随动机构

2) 四轴联动控制软件

工作台的 X 轴、Y 轴的移动形成工件轨迹，小拖板 U、V 轴移动带动上导轮形成锥度。X、

Y、U、V四轴的轨迹合成及线性化由控制软件解决，即给出工件上下端面的程序，给出锥度，由控制软件合成加工出锥度零件。

6. DK7725大锥度线切割机床主要技术指标

(1)工作台面尺寸：450mm×500mm。

(2)工作台运动行程：250mm×320mm。

(3)U、V轴行程：40mm×40mm。

(4)加工工件厚度：300mm。

(5)最大切割锥度：15°/40mm。

(6)最大加工速度：100mm/min。

(7)加工表面粗糙度：$Ra \leqslant 2.5\mu m$。

(8)加工精度：3°∶0.03mm。

第3章 生产过程

生产过程是指从投料开始，经过一系列的加工，直至成品生产出来的全部过程。在生产过程中，主要是劳动者运用劳动工具，直接或间接地作用于劳动对象，使之按人们预定目的变成工业产品。在机械加工生产过程中是将原材料转变为机械产品的全部过程。工业企业作为一个系统，它的基本活动是供、产、销；系统的主要功能是生产合格的工业产品，创造产品的使用价值和增加价值，并作为商品出售满足社会需求。生产管理的对象是生产过程。生产过程是指围绕完成产品生产的一系列有组织的生产活动的运行过程，所以生产管理就是对生产过程进行计划、组织、指挥、协调、控制和考核等一系列管理活动的总称。

3.1 概　　述

人们在一定的生产关系下生产物质资料的过程。物质资料的生产是人类社会最基本的实践活动，是人类社会赖以生存和发展的基础。人们要生存，就必须有吃、穿、住、行等各方面的物质生活资料，而要获得这些生活资料，就要进行生产。任何社会如果不从事生产活动，人类就无法生活下去，更谈不上进行政治、文化、教育、科学、艺术和其他社会活动。

物质资料的生产过程包括必需的原材料的储备阶段，劳动者使用生产工具作用于劳动对象的劳动过程，以及自然力对劳动对象独立发挥作用的过程(如酿酒的发酵)等。

生产过程，不但是物质资料的生产过程，而且是生产关系的生产和再生产过程。因为，人们在进行物质资料生产时，不仅要与自然界发生关系，而且人们之间也必然要以一定的方式结成相互关系，而绝不可能脱离社会，孤立地、同别人毫无联系地进行生产。这种在生产过程中结成的相互关系就是狭义的生产关系。马克思说：“社会生产过程既是人类生活的物质生存条件的生产过程，又是一个在历史上经济上独特的生产关系中进行的过程，是生产和再生产这些生产关系本身，因而生产和再生产这个过程的承担者、他们的物质生存条件和他们的互相关系即他们的一定的社会经济形式的过程”(《马克思恩格斯全集》第25卷，第925页)。也就是说，在一定的社会形态中，生产过程是物质资料生产过程和生产关系生产过程的统一。

不管生产过程的社会形式如何，每一个生产过程从连续的角度看，都是再生产过程。再生产过程，或称社会生产总过程，包括生产、交换、分配、消费四个环节。生产这个环节，就是直接生产物质资料的过程。在再生产过程中，生产处于首要地位，是决定性的环节。一定的生产决定一定的交换、分配和消费。这是因为，交换、分配、消费这三个环节的物质内容都是产品，必须从直接生产过程中生产出来；同时，分配、交换和消费的性质也是由人们在直接生产过程中所形成的相互关系决定的。但反过来，交换、分配、消费对于生产也发生重大的反作用。

3.1.1 生产结构

按照生产过程组织的构成要素，可以将生产过程分为物流过程、信息流过程和资金流过程。

(1)物流过程：采购过程、加工过程或服务过程、运输(搬运)过程、仓储过程等一系列过程既是物料的转换过程和增值过程，也是一个物流过程。

(2)信息流过程：生产过程中的信息流是指在生产活动中，将其有关的原始记录和数据，按照需要加以收集、处理并使之朝一定方向流动的数据集合。

(3)资金流过程：生产过程的资金流是以在制品和各种原材料、辅助材料、动力、燃料设备等实物形势出现的，分为固定资金与流动资金。资金的加速流转和节约是提高生产过程经济效益的重要途径。

3.1.2 生产分类

企业的生产根据各部分在生产过程中的作用不同，可划分为以下三个部分。

(1)基本生产过程：是指构成产品实体的劳动对象直接进行工艺加工的过程。例如，机械企业中的铸造、锻造、机械加工和装配等过程；纺织企业中的纺纱、织布和印染等过程。基本生产过程是企业的主要生产活动。

(2)辅助生产过程：是指为保证基本生产过程的正常进行而从事的各种辅助性生产活动的过程，如为基本生产提供动力、工具和维修工作等。

(3)生产服务过程：是指为保证生产活动顺利进行而提供的各种服务性工作，如供应工作、运输工作、技术检验工作等。

上述三部分彼此结合在一起，构成企业的整个生产过程。其中，基本生产过程是主导部分，其余各部分都是围绕着基本生产过程进行的。

3.1.3 生产组成

狭义的生产过程指产品生产过程，是对原材料进行加工，使之转化为成品的一系列生产活动运行过程。

广义生产过程是指企业生产过程或社会生产过程。

企业生产过程包含基本生产、辅助生产、生产技术准备和生产服务等企业范围内全部生产活动协调配合的运行过程。

产品生产过程由一系列生产环节所组成，一般包含加工制造过程、检验过程、运输过程和停歇过程等。有一些产品生产过程中还包含自然过程。

3.1.4 生产原则

生产管理的对象是生产过程。组织好生产过程是企业能否有效地利用生产资源、以合理的消耗水平为社会提供优质产品，并取得最佳经济效益的基础。

企业生产过程的组织原则是要满足生产过程运行的连续性、平行性和节奏性(均衡性)、生产过程构成的比例性及其对生产对象(产品)变化的适应性。以上这五个特征是反映生产过程组织的先进性、合理性的主要标志，也是合理组织生产过程所追求的目标。

1. 生产过程的连续性

生产过程的连续性应包括生产过程在空间上的连续性和在时间上的连续性。

空间上的连续性是要求生产过程的各个环节在空间布置上合理紧凑，使加工对象所经历的生产流程路线短，没有迂回往返的现象。

时间上的连续性是指生产对象在加工过程各工序的安排上紧密衔接，消除生产中断和不应有的停顿、等待现象。

2. 生产过程的平行性

生产过程的平行性是指加工对象在生产过程中实现并行交叉作业。提高生产过程的平行性可以缩短整个产品或整批产品的生产周期。

3. 生产过程的比例性

生产过程的比例性是指生产过程各环节的生产能力要保持适当比例，使其与承担生产任务所需求的能力相匹配。

4. 生产过程的均衡性(节奏性)

生产过程的均衡性是指企业的生产任务从投料到最后完工能够按预定计划均衡地完成。所谓“均衡”是要求在相等的时间间隔内完成大体相等的生产工作量。

均衡性一般取月均衡、旬均衡、日均衡，而节奏性则以小时和分、秒计。所以“节奏性”一般用于大量生产。

5. 生产过程的适应性

生产过程的适应性是指当企业产品进行更新换代或品种组成发生变化时，能够由生产一种产品迅速转到生产另一种产品的应变能力。

3.2 物 资 管 理

3.2.1 物资管理简述

物资是生产资料和生活资料的总称，也是物质资料的简称。工业企业中的物资则是指生产资料，一般包括原料、材料、燃料、工具、设备以及机械配件等。工业企业要进行生产，就必然要消耗一定数量的物资。因此，工业企业的生产过程，同时也是各种物资的使用和消耗的过程。

物资的供应和管理，是保证企业生产和各项经济技术指标和生产计划完成的重要条件。企业所需物资现阶段实行市场经济管理模式，要搞好物资的计划采购、供应、保管和发放、储备和降低消耗工作。必须严格控制储备和消耗定额，以减少积压，杜绝浪费，合理使用资金，加速企业内部资金周转，充分利用现有物资，促进生产发展。

3.2.2 物资管理的基本任务

物资管理的基本任务主要有下列5点。

(1)组织物资供应。根据工厂生产计划所需，保证按品种、按规格、按质量要求、按数量、按期限均衡地供应生产和经营、维修、改造所需的各类物资。

(2)降低物资消耗。协同生产部门，依靠群众，搞好物资节约和合理使用，充分挖掘物资潜力，加强物资消耗定额管理，实行限额发料，积极组织修旧利废，节约代用，使企业用尽可能少的物资，生产尽可能多的产品。

(3)加速物资流转。在保证物资供应的前提下，合理地组织物资的订购、运输、储备等工作，加强物资储备定额管理，尽量以市场资源为主，缩短物资周转时间，减少储备资金，防止超出、积压，并积极组织多余积压物资的处理。

(4)确保物资安全。严格组织物资验收、保管、发放等工作，做到入库物资数量准确，质量合格，保管科学，堆放整齐，不变质，不丢失，不毁损。

(5)加强物资核算和统计。这是物资管理工作中的一项主要基础性工作，通过核算和统计，能全面反映物资的收入、发出和结存情况，从而为物资管理的其他方面工作提供及时确切的数据。

3.2.3　物资供应岗位设置

主要有计划采购员和库房管理员相关的职责。国营成都无线电专用设备厂物资供应岗位分设在不同的部门，计划采购岗位设置在技术部，库房管理岗位设置在生产部。

1. 计划采购人员工作职责

国营成都无线电专用设备厂将计划采购的职能划归技术部来管理，主要目的是减少部门之间的协调环节，并在技术部与生产部之间形成既合作又相互制约的关系。

(1)掌握“生产计划”对物资供应的各项要求，负责本厂产品的原材料，辅助原材料、外购件和配件等的采购；及时供料，保证生产需要；

(2)严格执行《合同法》的有关规定，在合格供方名单中进行选择，并签订购货合同；

(3)了解市场行情，熟悉为我单位提供物资的产地、供货单位价格等基本情况，按“生产计划”进行储备；及时掌握库存物资的进出，对反映出来的临时缺料应及时解决，严格按照《合同法》要求履行合同条约，到厂物资应及时送检、入库，对不合格材料应及时退货或换货；

(4)负责向供方索取“质量保证书”及“合格证”等技术文件；

(5)负责提供供方产品质量状况或来自有关方面的信息(如供方其他用户对其产品质量的反馈)，并及时报相关部门；

(6)协助相关部门对进场物资的抽样检测工作。

2. 库房管理员工作职责

(1)遵守国家有关法律法规和单位有关规定，认真贯彻资产供应管理相关制度，加强责任心，严把验货质量关；

(2)认真做好进出物品的账物登记，严格领用审批手续；

(3)做好入库、出库单据的保管，定期整理账物，建档备查；

(4)每月对库房物品进行盘存，核对账物，做到账账相符，账物相符；

(5)根据库存及用量情况，及时给计划采购员提供相关库存信息，保证常备物资的供应；

(6)物品存放归类有序，保持库房整洁，确保库房安全，非库房工作人员禁止入内；

(7)做好防盗、防火、防爆等安全防范工作，正确掌握消防器材的使用，确保消防器材处于良好状态；

(8)积极做好废旧物资的回收及安全处理工作；

(9)完成领导交办的其他工作。

3.2.4　物资供应工作流程

现代生产型企业要实现规范与科学的物资管理，必须有良好的物资管理流程，如图 3-1 所示。

1. 编制企业物资供应计划

物资供应计划是控制企业成本的重要环节。物资计划是在参考上年实际完成的基础上，根据企业的生产能力和市场需要，对企业所需各种物资做出预算，并经计划、生产技术等部门专业审查后编制出的计划，以杜绝盲目采购。物资供应计划主要包括：计划期物资需用量；计划期末的合理储备量；计划期初的库存量；计划期的物资采购量。

物资采购量(申请量)＝物资需要量＋期末合理储备量－期初库存量

物资需要量＝产品计划投入量×单台(单件)消耗定额

通过加强物资供应计划的编制工作，让生产、管理等部门对仓库物资的储存现状有个全面了解，从而杜绝盲目采购。

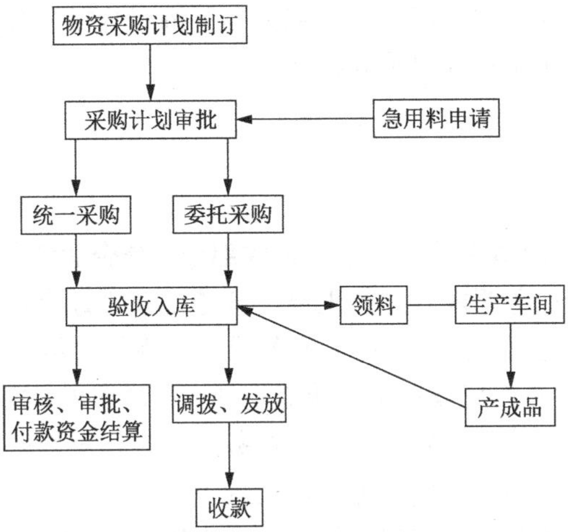

图3-1 物资管理工作流程图

2. 按计划做好物资采购工作

物资采购工作是物资管理的关键环节，它不仅是保证企业产品质量的需要，更是堵住企业经营“成本漏洞”和消除利润隐形流失的需要。在实施物资采购过程中，着重抓好以下工作。

(1)加强采购人员的职业教育和管理，提高采购人员的自身素质，培养出一批既敬业爱厂，又有责任心、有能力的高素质采购人员，以采购人员的素质来保证物资采购的质量，杜绝采购人员个人为吃回扣拿好处而损害企业利益的不正之风。

(2)加强对物资供应商的管理，降低采购风险。物资供应部门应建立客户档案，并根据其资信程度、生产能力、技术水平、供货价格、供货质量、售后服务、协作关系等实行分类管理。选择信誉好、配合能力好、价格适宜的供应商并与之建立良好的合作关系，保证产品的质量和产品的及时供应。

(3)控制价格。对采购物资应本着“择优布点、质比三家、货比三家、先近后远、合理定价”的原则，减少中间环节，以降低物资的采购成本。重大设备、大型配件、生产工艺需要的关键材料，采取招标方式确定供应商，实行高质量、低价格、讲效率的最佳方案。一般采购制定“比价管理”制度，避免盲目选择供应商造成损失，杜绝暗箱操作。物资采购较多的企业成立价格管理部门，赋予其采购的审批权和付款审批权，有效地将采购的审批和采购的执行、采购的执行和付款的审批等不相容职务分离开来，能够保证物资采购在数量、价格上的合理性，杜绝吃回扣现象。

(4)合理确定采购量。采购部门要提倡“多存信息，少存实物”的新观念，严格执行材料采购计划，合理确定采购批次和采购数量，防止盲目采购和无计划采购。

(5)加强对采购合同的管理。建立合同台账、做好合同汇总是加强合同管理，控制合同风险的一个重要方面。

3. 强化物资储备管理，降低材料存储成本

物资储备管理是企业保证正常生产的必要手段。为保证生产的正常运行，必须做好仓储管理工作，使企业的物资储备管理科学化、条理化、规范化。其具体措施如下。

(1)物资验收入库必须严格按采购计划对物资的品种、规格、数量严格检查、验收，质量不合格的物资予以退货。

(2)仓储物资储存过程中要采取良好的保养手段，以科学的方法做好物资保养工作。对仓库中的物资要根据物理性能、化学成分、体积大小等进行分类，分别加以妥善保管，并有相应的保管养护手段，确保在库物资的质量和价值。

3.2.5 物资管理

1. 仓库

(1)仓库是企业物资供应体系的一个重要组成部分，是企业各种物资周转储备的环节，同时担负着物资管理的多项业务职能。它的主要任务是：保管好库存物资，做到数量准确，质量完好，确保安全，收发迅速，面向生产，服务周到，降低费用，加速资金周转。

(2)根据工厂生产需要和厂房设备条件统筹规划，合理布局；内部要加强经济责任制，进行科学分工，形成物资分口管理的保证体系。业务上要实行工作质量标准化。国营成都无线电专用设备厂根据生产需要和厂房设备等条件设置了三个库房：金属库、外购商品库、成品库。为确保所有原材料的储存、防护和交付及管理工作能满足生产和顾客的要求，分别制定了原材料库房、成品库房管理制度，并严格按照制度要求展开日常库房管理工作。

2. 物资入库管理

(1)凡采购回厂的各种物资(我厂具备检验条件和手段的)，进厂后由技术部通知质量控制部按“进货实验和检验规程”的要求实施验收，凭检验人员出具的合格证及采购计划单由采购员办理入库手续。其他本厂不具备相关的检验条件和手段的物资，由采购员依据生产方出具的“合格证”或“材质证明书”，验证其型号、规格、数量、重量等无误后办理入库手续。保管员要亲自同交货人交接手续，核对清点物资名称、数量是否一致，按物资交接本上的要求签字，应当认识到签收是经济责任的转移。

(2)对采购回厂的各种物资，若在验证过程中发现质量、数量等不合格项，必须及时通知技术部，由技术部有关人员及时向供方反映提出处理意见，与供方协商解决处置办法。物资入库时，应先入待验区，未经检验合格不准进入货位，更不准投入使用。例如，物资已到库房而未开具发票的情况，库管人员应向经办人反映查询，直到消除财务挂账。

(3)物资验收合格后，保管员应与采购员当面交接。按照采购员填写的入库单所开列的名称、型号、计量单位、数量核对清点实物，在入库单上签字，并随同托收单交财务部记账。

(4)不合格品，应隔离堆放，严禁投产使用。若工作马虎，混入生产，保管员应负失职的责任。

(5)验收中发现的问题要及时通知技术部部长和经办人处理。

3. 物资的储存、保养、维护管理

(1)物资的储存保管，原则上应以物资的属性、特点和用途规划设置仓库，并根据仓库的条件考虑划区分工，凡吞吐量大的落地堆放，周转量小的货架存放，落地堆放以分类和规格的次序排列编号，上架的以货架、层数、列数三位号定位编号。

(2)物资堆放的原则是：在堆垛合理安全可靠的前提下，推行五五堆放，根据货物特点，必须做到过目见数，检点方便，成行成列，文明整齐。库存物资要做好标识，并按不同规格、型号将成品分类堆放，以便盘点存取，做到账、卡、物相符。

(3)对库房物资要定期检查，对易变形、易变质物资应做好防护，对有时效期限要求的物资，应先进先出，后进后出，保证发出物资满足生产及顾客要求。对库房物资应定期盘点，发现物资短缺应及时向技术部提供清单，以便及时采购，保证生产进度。

(4)仓库保管员对库存、代保管、待验材料以及设备、容器和工具等负有经济责任和法律责任。因此坚决做到人各有责，物各有主，事事有人管。仓库物资如因仓库保管员管理不善造成的损失、贬值、报废等现象发生，要追究仓库保管员相应的责任。

(5)保管物资要根据其自然属性，考虑储存的场所和保管常识处理，加强保管措施，达到“十不”要求，勿使国家财产发生保管责任损失。同类物资堆放，要考虑先进先出，发货方便，留有回旋余地。

(6)保管物资，未经负责人同意，一律不准擅自借出。

(7)仓库要严格保卫制度，禁止非本库工作人员擅自入库。仓库严禁烟火，明火作业需经厂领导批准。保管员要懂得使用消防器材和必要的防火知识。

4. 物资发放

(1)按“推陈出新，先进先出，按规定供应，节约用料”的原则发放材料 。发料坚持一盘底、二核对、三发料、四减数的原则。对贪图方便，违反发料原则造成物资失效、霉变、大料小用、优料劣用以及差错等损失，保管员应负经济责任。

(2)领料单应填明材料名称、规格、型号、领料数量、图号、零件名称和材料用途。领料单上需领料人签字，领料部门负责人签字，主管生产厂长签字，实行限额供料制度。对于不符合审批程序的发料凭证或凭证内容填写不全、不清的，不予发料。

(3)调拨材料，保管员要审查单价、货款总金额并盖有财务部收款章时方可发料。发现价格不符或货款少收等，应立即通知开票人更正后发货。

(4)对于专项申请用料，除计划采购员留作备用的数量外，均应由申请单位领用。常备用料，凡属可以分割拆零的，本着节约的原则，都应拆零供应，不准一次性发料。

(5)发料必须与领料人办理交接，当面点交清楚，防止差错出门。

(6)所有发料凭证，保管员应妥善保管，不可丢失。

(7)保管员调动工作，一定要办理交接手续，移交中的未了事宜及有关凭证，要列出清单三份，写明情况，双方签字，生产部领导见证，双方各执一份，报生产部存档一份，事后发生纠葛，仍由原移交人负责赔偿。对失职造成的亏损，除原价赔偿外，还要给予纪律处分。

(8)库存盈亏反映出保管员的工作质量，力求做到不出现差错。

企业物资管理工作要对企业生产过程中所需各种物资的计划、采购、运输、仓储、保管、使用等进行计划、组织和控制，其工作环节众多，是一项复杂的系统工程，该项工作开展的效果将影响着企业的生产与销售和企业的效益。

3.2.6 成品库房管理

1. 产成品入库管理

(1)库房管理员应积极配合财务部搞好成品的建账和管理工作，做到账、物、卡相符。

(2)技术部采购人员凭质量控制部提供的成品检验合格证办理入库，规格、数量等若有不符则库房管理员不予办理入库手续。

(3)库房管理人员必须清楚产品的名称、规格、质量、性能及用途等。

(4)库存成品应做好标识，排列整齐，以利于盘点，合理利用库存空间。

2. 产成品出库管理

(1)库房管理员凭经财务部盖章后的发票提货联规定的数量、规格、品种发放成品。特殊情况凭有效凭据发放，否则库房管理员不予办理出库手续。

(2)库房管理员应每月按时向生产部报送“成品库存报表”，报表数据要求准确无误清晰工整。同时，生产部要将“成品库存报表”报送至技术部按需进行成品的采购。

3. 产成品储存管理

(1)库房管理员应对所管理的成品负安全责任，若有损(丢)失，按损(丢)失成品价位的10%～50%赔付。

(2)库房管理员应每周打扫和整理一次库房，做到摆放有序，确保库房的规范卫生。

3.2.7 采购控制程序

国营成都无线电专用设备厂根据 ISO9001 质量管理体系文件的相关规定制定了采购控制程序，主要内容如下。

1. 目的

对采购过程及供方进行控制，确保所有采购的产品符合规定要求。

2. 范围

适用于对生产所需原材料的采购，供方所提供的服务和对供方进行选择、评价和控制。

3. 职责

(1)生产科为本程序的归口管理部门，负责按工厂的要求组织对供方进行评价，编制“合格供方录”，并对供方的供货业绩定期进行评价，建立供方档案，制定“采购计划”，实施采购工作。

(2)技术科负责编制采购物资验证技术标准。

(3)计量质检科负责对采购物资实施进货验证，参与对供方的选择和评价。

(4)副厂长批准“供方业绩评定表”。

(5)副厂长批准“采购计划”。

4. 工作程序

1)采购物资分类

(1)重要物资 A：构成最终产品的主要部分和关键部分，直接影响最终产品使用或安全性能等，可能导致顾客严重投诉的物资。

工厂 A 类物资为：电子元器件、专用钢材、普通钢材等。

(2)一般物资 B：构成最终产品非关键部位的物资，它一般不影响最终产品的质量或即使略有影响，但可采取措施予以改进的物资。

工厂 B 类物资为：普通材料、电工材料。

2)对供方的评价

(1)生产科根据采购物资技术标准和生产需要，通过以物资的质量、价格、从货期等进行比较，选择合格的供方，填写“供方业绩评定表”。对同类的重要物资和一般的物资，应同时选择几家合格的供方。技术科负责建立并保存合格供方的记录。根据“采购物资分类明细表”规定的产品类别明确对供方的控制方式和程度。

(2)对有多年业务往来的物资的供方，应提供充分的质量证明文件，适当地包括以下内容，以证实其质量保证能力。

① 供方产品质量状况或来自有关方面的信息(如供方其他用户对其产品质量的反馈)；

② 供方质量管理体系对按要求如期提供稳定质量产品的保证能力；

③ 供方顾客满意程度；

④ 产品交付后由供方提供相关的服务和技术支持能力，如咨询等；

⑤ 其他方面，如与履约能力有关的财务状况、价格和交付情况等。

(3)对第一次供应重要物资的供方，除提供供方产品质量状况、供方质量产品的保证能力、供方顾客满意程序、供方服务和技术支持能力、履约能力、财务状况等书面证明材料外，还需经样品测试及小批量试用，测试合格才能供货。

① 供方根据提供的技术要求提供少量样品；

② 计量质检科对样品进行验证，出具相应的验证报告，并填写“供方业绩评定表”中的相应栏目后，反馈给生产科；

③ 样品若不合格可再送样，但最多不能超过两次；

④ 样品验证合格后，生产科通知供方供货，经计量质检科进行验证合格后，交生产车间试用，并由计量质检科出具相应试用后验证报告，填写“供方业绩评定表”中相关栏目，反馈给生产科；

⑤ 小批量进货验证或试用不合格则取消其供货资格。样品验证且小批量试用合格的供方经副厂长批准后，可列入“合格供方名录”。

(4)对于一般物资供方，除应提供必要的质量证明文件外，还需要经过样品验证和小批试用合格，各相关部门提供评价意见，副厂长批准，可列入“合格供方名录”。

(5)对于批量供应辅助物资的供方，也应提供质量证明文件，在进货时对其进行验证，并保存验证记录，合格者由副厂长批准后，即可列入“合格供方名录”；对零星采购的辅助物资，其对验证记录即对此供方的评价。

(6)供方产品若出现严重质量问题，生产科应向供方发出“纠正和预防措施处理单”，若两次发出“纠正和预防措施处理单”而其产品质量没有明显改进的，应取消其供货资格。

(7)对服务供方的控制。为工厂提供服务的供方，应经评价合格后，方可向我厂提供服务。

3)采购

(1)采购计划。

(2)生产科根据“生产计划”及库存情况编制“采购计划”，经副厂长批准后实施采购；对于临时采购的物资，相关部门应填写“临时采购单”，报副厂长批准后，交生产科组织实施。

① 生产科根据批准的“采购计划”、“临时采购单”，按照采购物资技术标准在“合格供方名录”中选择供方并进行采购；

② 第一次向合格供方采购重要和一般物资时，应签订采购合同，明确品名规格、数量、质量要求、技术标准、验收条件、违约责任及供货期限等(低值易耗品不属于上述规定)；

③ 生产科根据需要将相应的技术要求作为合同附件提供给供方；

④ 采购前采购员应核实提供给供方的技术要求是否有效，将“采购计划”交副厂长确认后实施采购。

4)采购信息

(1)采购信息应表述拟采购的产品。

① 对产品型号、规格及质量要求(可直接引用各类标准或提供规范、图样等技术文件)；

② 对产品的验收要求；

③ 其他要求，如价格、数量、交付等。

(2)其他重要的采购产品供方，适当时应包括以下方面。

① 产品的批准要求，采购产品的验收依据、准则或标准；

② 程序的批准要求，涉及采购双方应遵守的程序或协议；

③ 过程的批准要求，采购产品的实现过程确认的有关要求；

④ 设备的批准要求，用于制造所采购产品的特定设备能力的要求，如维护保养规定等；

⑤ 供方人员的资格要求，如对生产、检测人员的要求；

⑥ 供方与采购产品有关的质量管理体系要求，如要求供方通过质量管理体系或通过第二方审核。

(3)在将上述要求向供方进行沟通说明前，应由生产科负责人对其要求是否适当进行审批，以确保有关的采购要求是适宜的(即适合组织的产品需要)和充分的(即所提出的采购要求是全面的)。

(4)本厂表述采购信息的文件包括："采购计划""合格供方名录"等，由生产科保管。采购文件发放前，应由相应的发放部门负责人对其要求是否适当进行审批。

5)采购要求

采购产品的验证组织应确定检验或其他必要的活动，以确保采购产品能满足规定的采购要求。

(1)采购的产品可以有如下几种验证方式。

① 由计量质检科进行进货验证；

② 由顾客在本厂现场实施验证；

③ 由本厂在供方现场实施验证；

④ 由顾客在供方现场实施验证。

(2)验证活动包括：检验、测量、工艺技术条件验证、提供合格证明文件等方式。

根据"采购计划"，在相应的检验规程中规定不同的验证方式，确认是否符合订货合同的要求。

(3)顾客的验证不能免除本厂提供合格产品的责任。

5. 相关文件

①《过程和产品的监视和测量控制程序》；②《不合格品控制程序》；③《合格供方评定准则》。

6. 记录

①采购计划；②临时采购单；③合格供方名录；④供方业绩评定表；⑤供方调查表；⑥采购产品退货通知单。

3.2.8 实例和现场作业

1. 实例

利用H22产品(工装)零(部)件工艺路线表、HLH单位产品材料消耗工艺定额总汇表和材料核算平衡表举例。

2. 现场作业

将学生分为几组，模拟物资供应各岗位角色。

以游戏的形式，分别担任采购、入库、建账、库管、备料、领料等不同角色，并分别填写相应的采购单、入库单、材料明细账、领料单等。指导教师对学生的角色给予评价，使学生更深入地了解整个物资供应和管理的全过程。

完成工厂物资管理过程作业。

3.3 生产过程管理

生产过程管理是从生产技术准备到加工装配直至产品包装入库的全过程管理，它在整个企业管理中占有重要的地位。

生产过程管理的主要职能是组织、计划和控制。为全面完成企业确定的生产目标精心组织和合理指挥。生产过程管理的要求是讲求经济效益，坚持以销定产和以产促销、组织均衡生产、保证安全生产和文明生产。

3.3.1 编制年度生产计划

为了保证生产过程井然有序地进行，每年年初由市场发展部收集相关资料，征求各部门意见，通过一系列综合平衡由生产副厂长拟定年度生产计划草案，报厂长审批。厂长审批后，下发至各个部门。2016 年生产计划大纲如表 3-1 所示。

表 3-1 2016 年生产计划大纲

产品令号	名称	产量(部)	产出进度												备注
			1	2	3	4	5	6	7	8	9	10	11	12	
H3	7X	27		3	3	3	3	3	3		3	3	3		
H1	HX7	1				1									
H18	FX90	3				1	1	1							
H22	H22	3						3							
D4	45A	7 台										7			
D4	45B	3 台										3			

注：2016 年军品的计划是根据目前已经掌握的订单来制订的，中途可能插入新型号的生产任务。民品的计划是根据工厂现有产品情况来制订的。

编制年度生产计划的依据如下。

(1) 订货合同或备产协议，一般适用于军品生产计划。

(2) 市场预测，适用于工厂的民品电火花线切割机床。考虑的因素有：应统计分析上年各种机型的实际销售量及销售区域分布情况；收集国内同行业的生产销售产品更新状况；用户对本厂产品的认可度信息；对当年内外销售环境的变化、趋势及市场需求等情况。

(3) 工厂生产能力，根据工厂人员结构、设备状况、生产环境、流动资金等生产要素来确定。

3.3.2 编制技术文件

1. 技术文件

技术文件是用于指导生产的纲领性文件，具有强制性。在生产过程中，必须严格遵守技术文件的要求去执行。

以某型号的产品为例，具体的技术文件有：①LH9-2195-01 电气装配工艺卡；②LH9-2140-02 机械装配工艺卡；③LH9-0900-03 产品工艺路线表；④LH9-6100-04 专用工装组合夹具明细表；⑤LH9-2500-05 电气装配检验卡；⑥LH9-4200-06 外协件明细表；⑦LH9-5100-07 材料消耗工艺定额汇总表；⑧LH9-5300-08 标准件及机电产品消耗定额表；⑨LH9-4100-09 工艺关键件明细表；⑩LH9-3300-10 工艺装配流程图；⑪LH9-0800-11 工装工艺路线表。

表 3-2　某型号产品工艺路线表

			产品(工装)零(部)件工艺路线表					产品型号		6×××1001-×									
								产品名称		汇流环装置			共 9 页			第 4 页			
序号	零(部)件图号	零(部)件名称	材料	每台件数	下料尺寸	每料数	工艺流程及定额												备注
31	FP7.735.082	小螺母	H62	240	S：10×620	152	备料		车		镀(Ep.Au7)								
	(与 HQ9 通用)																		
32	FP7.736.020	动力环刷握	H62	108	ϕ28×400	11	备料		车		线削		F3		镀(Ep.Au7)				
	(与 HQ9 通用)																		
33	FP7.736.020	低视频刷握	H62	120	ϕ16×800	30	备料		车		线削		F3		镀(Ep.Au7)				
	(与 HQ9 通用)																		
34	FP7.740.042	盖冒形接触件	QSn6.5-0.6Y	108	0.6^2×20×40	1	备料		钳		线削		钳		冲		镀(Ep.Au7)		
	(与 HQ9 通用)																		
35	FP7.740.043	盖冒形接触件	QSn6.5-0.6Y	120	0.6^2×20×30	1	备料		钳		线削		钳		冲		镀(Ep.Au7)		
	(与 HQ9 通用)																		
36	FP7.750.214	动力环长焊片	$AgCuNi_{20.2}$	14	3^2×100×100	40	备料		线削		铣		钳						
	(与 HQ9 通用)																		
37	FP7.750.215	动力环短焊片	$AgCuNi_{20.2}$	13	3^2×100×100	60	备料		线削		铣		钳						
	(与 HQ9 通用)																		
38	FP7.750.216	动力环焊片	H62y2	27	0.8^2×120×80	1	备料		钳		线削		刻字						
	(与 HQ9 通用)										漆								
39	FP7.750.217	低视频长焊片	$AgCuNi_{20.2}$	30	2^2×65×90	60	备料		线削		铣		钳		冲		钳		
	(与 HQ9 通用)																		
40	FP7.750.218	低视频短焊片	$AgCuNi_{20.2}$	30	2^2×65×90	50	备料		线削		铣		钳						(与 HQ9 通用)

标记	处数	更改文件号	签字	日期	标记	处数	更改文件号	签字	日期	编制(日期)	审核(日期)	标准化(日期)	会签(日期)	阶段标记
														S

以上工艺文件，经过工厂的实际运行验证了工艺文件是正确的，具有可操作性。其中最重要的是产品工艺路线表，它是指导生产加工的纲领性文件。某型号产品工艺路线如表 3-2 所示。

2. 购买原材料、元器件等物资及入库

购买原材料、元器件等物资必须严格按照工艺文件的要求去执行。具体的文件是：材料消耗工艺定额汇总表(表 3-3)和标准件及机电产品消耗定额表(表 3-4)。入库管理办法见 3.2.5 节和 3.2.6 节。物资入库单如图 3-2 所示。

表 3-3 材料消耗定额汇总表

	单位产品材料消耗工艺定额总汇表								产品型号		HLH-1		产品重量/kg				
									产品名称		汇流环					共4页	第1页
序号	材料			单位产品 kg			材料利用率%	备注	序号	材料			单位产品 kg			备注	序号
	名称	牌号	规格	净重	毛量	定额				名称	牌号	规格	净重	毛量	定额		
1	铝材	5A06	≠1		0.3	0.35			9	铝材	5A06	θ170		1.4	1.5		
2	铝材	5A06	≠10		0.4	0.45			10	铝材	5A06	θ280		2.2	2.5		
3	铝材	5A06	≠0.5		0.1	0.15			11	铝材	5A06	θ220		0.71	0.8		
4	铝材	5A06	≠12		0.03	0.07			12	铝材	5A06	θ22		0.27	0.5		
5	铝材	5A06	θ110		2.3	2.5			13	铝材	5A06	θ22		0.2	0.9		
6	铝材	5A06	θ170		2.1	2.2			14	铝材	5A06	θ55		0.6	2		
7	铝材	5A06	θ16		0.14	0.45			15	钢材	H62Y4	θ125		0.18	15.84		
8	铝材	5A06	θθ170		0.6	0.7			16	钢材	H62Y4	θ125		1	1.1		
										编制(日期)	审核(日期)	标准化(日期)	会签(日期)	阶段标记			
标记	处数	更改文件号	签字	日期	标记	处数	更改文件号	签字	日期								

表 3-4 标准件及机电产品汇总表

	单位产品标准件及机电产品消耗定额汇总表					产品型号	HLH-1	计量单位			
						产品名称	汇流环			共1页	第1页
序号	名称	标准号(牌号)	规格	数量	备注	序号	名称	标准号(牌号)	规格	数量	备注
1	机油	$20^{\#}$	kg	20		20	研磨膏		kg	0.5	
2	柴油	$0^{\#}$	升	90		21	焊锡	GB3131-88	g	200	HLKSn40PbSb
3	汽油	$92^{\#}$	升	20		22	松香		G	50	
4	棉纱		kg	20		24	毛巾		条	10	

续表

序号	名称	标准号(牌号)	规格	数量	备注	序号	名称	标准号(牌号)	规格	数量	备注
5	酒精		ml	250	无水 5 瓶	25	二级杉木		kg	100	
6	白绸布	宽 0.9m	m	2							
7	医用橡皮膏	26×500cm	筒	1							
8	脱脂棉		g	50							
9	鞋套	30 双/包	包	2							
10	卷纸	10 只/提	提	1							
11	白纱手套		双	10							
12	线手套		双	40							
13	帆布手套		双	20							
14	橡胶手套		双	6							
15	毛刷	5″	把	5							
16	毛刷	3″	把	5							
17	毛刷	1″	把	5							
18	金相砂纸	1000#	张	20							
19	砂布	200#	张	20							

										编制(日期)	审核(日期)	标准化(日期)	会签(日期)	阶段标记
标记	处数	更改文件号	签字	日期	标记	处数	更改文件号	签字	日期					S

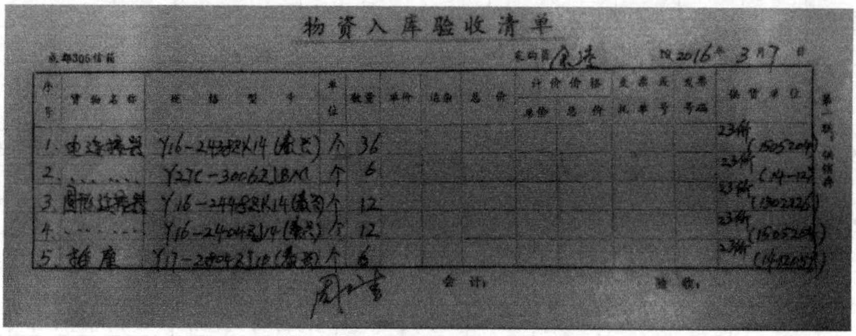
物资入库验收清单

图 3-2　物资入库单

3. 物资的领用

物资的领用按照物资发放的办法管理，必须填写领料单(图 3-3)。

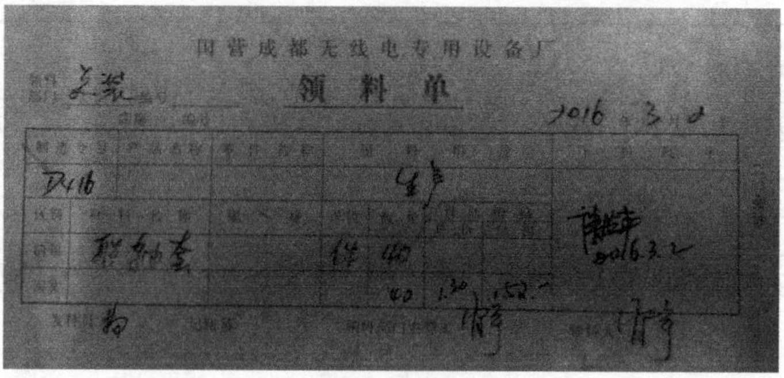
国营成都无线电专用设备厂

领　料　单

2016 年 3 月 2 日

图 3-3　领料单

3.3.3 编制生产作业计划和备料计划

技术部根据年初的年度生产计划大纲来制订生产作业计划，以指导企业日常生产。图 3-4 所示为某产品第 3 季度的生产作业计划。

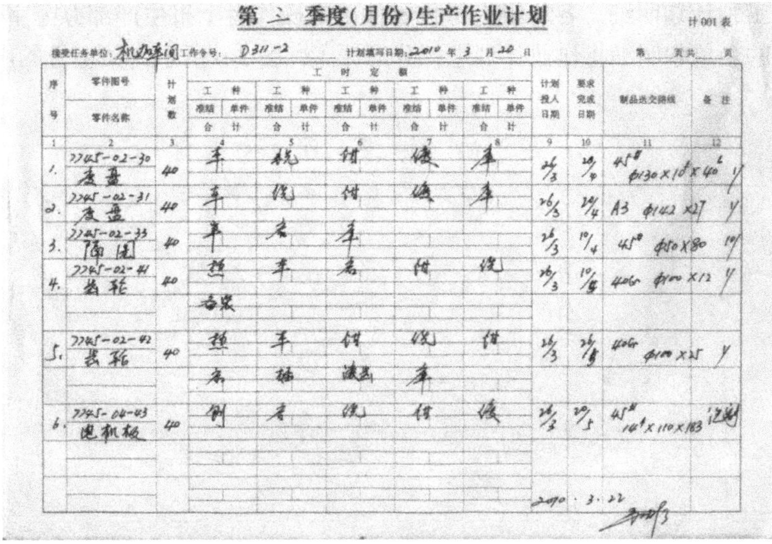

第 三 季度(月份)生产作业计划 计 001 表

接受任务单位：机加车间 工作令号：D311-2 计划填写日期：2010 年 3 月 20 日 第 页共 页

序号	零件图号 / 零件名称	计划数	工时定额 工种	工种	工种	工种	工种	计划投入日期	要求完成日期	制品迭交路线	备注
1	2	3	4	5	6	7	8	9	10	11	12
1.	7745-02-30 底盘	40	车	铣	钳	镀	车	26/3	20/4	45# φ130×10×40	1
2.	7745-02-31 底盘	40	车	铣	钳	镀	车	26/3	20/4	A3 φ142×27	1
3.	7745-02-33 隔圈	40	车	磨	车			26/3	10/4	45# φ50×80	10
4.	7745-02-41 齿轮	40	热	车	磨	钳	铣	26/3	10/5	40Cr φ100×12	1
			合装								
5.	7745-02-42 齿轮	40	热	车	钳	铣	钳	26/3	26/5	40Cr φ100×25	1
			磨	插	滚齿	车					
6.	7745-04-43 电机板	40	刨	磨	铣	钳	镀	26/3	20/5	45# 14×110×183	[illegible]

2010.3.22

图 3-4 某产品第 3 季度的生产作业计划

编制生产作业计划需要的条件和依据：年度计划及产品出产进度；零部件、成品库存数量，在制品数量；原材料、外协件、外配件的供应状况；影响生产作业计划实施的其他因素；应具备的资料主要有产品的工艺流程。

编制生产作业计划要做到以下几点。

(1) 全面分析产品的工艺流程；

(2) 了解相关产品的主要结构；

(3) 了解作业对象在装配过程中的装配顺序及与其他工序的配合情况。

根据生产作业计划编制材料计划。编制生产作业计划的同时还需编制该作业计划所需材料计划，做到作业任务下达到生产部的同时材料也已经到位，操作人员可以及时上岗加工。图 3-5 所示为某型号产品的备料计划。

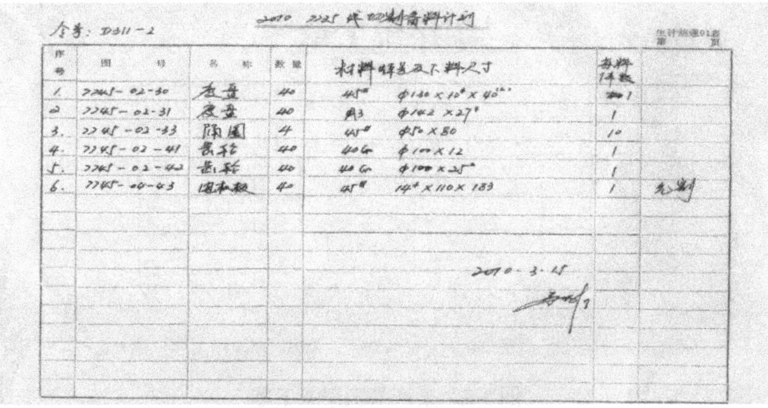

令号：D311-2

2010 7725 [illegible] 备料计划

序号	图号	名称	数量	材料牌号及下料尺寸	备料件数	
1.	7745-02-30	底盘	40	45# φ130×10×40	1	
2	7745-02-31	底盘	40	A3 φ142×27	1	
3.	7745-02-33	隔圈	4	45# φ50×80	10	
4.	7745-02-41	齿轮	40	40Cr φ100×12	1	
5.	7745-02-42	齿轮	40	40Cr φ100×25	1	
6.	7745-04-43	电机板	40	45# 14×110×183	1	毛料

2010.3.25

图 3-5 某型号产品的备料计划

3.3.4　编制产品作业计划

根据生产作业计划编制产品作业计划。产品作业计划是生产部承担的具体实施计划，生产部调度把生产作业计划上的相同工种明细分列出来，这是分解计划；然后让各工种班组长领取分解后的工种计划明细，各班组为每种零件确定操作者上报生产部办公室；生产部调度人员根据上报的名单和明细将作业计划进行分解派工。图 3-6 所示为某型号的产品作业计划。

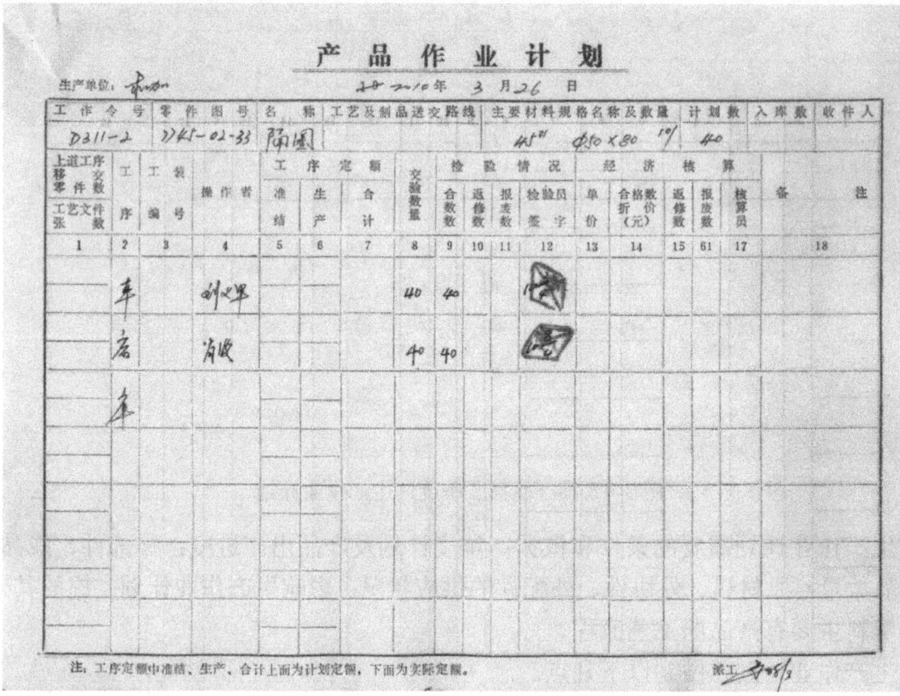

产品作业计划

生产单位：　　2010年 3 月 26 日

工作令号	零件图号	名称	工艺及制品送交路线	主要材料规格名称及数量	计划数	入库数	收件人
D311-2	7745-02-33	隔圈		45# φ50×80 1/	40		

上道工序移交零件数 / 工艺文件张数	工序	工装编号	操作者	工序定额 准结	工序定额 生产	工序定额 合计	交验数量	检验情况 合数数	检验情况 返修数	检验情况 报废数	检验情况 检验员签字	经济核算 单价	经济核算 合格数折价（元）	经济核算 返修数	经济核算 报废数	经济核算 核算员	备注
1	2	3	4	5	6	7	8	9	10	11	12	13	14	15	61	17	18
	车						40	40									
	磨						40	40									
	车																

注：工序定额中准结、生产、合计上面为计划定额，下面为实际定额。　　派工

图 3-6　某型号的产品作业计划

3.3.5　编制工序派工单

有了产品备料计划和产品作业计划后就可以着手编写工序派工任务单，如图 3-7 所示。

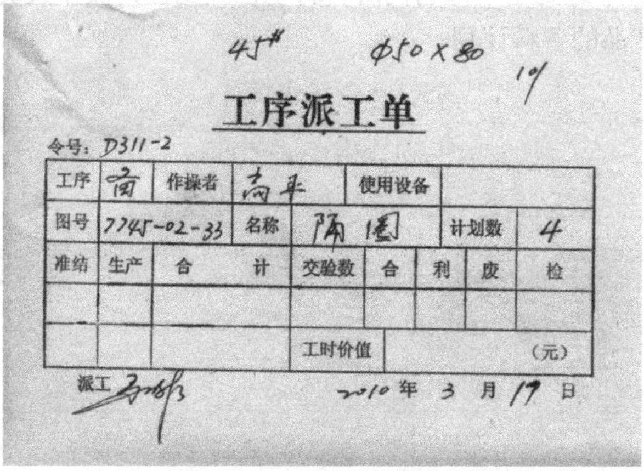

45#　φ50×80　1/

工序派工单

令号：D311-2

工序	磨	作操者		使用设备			
图号	7745-02-33	名称	隔圈		计划数	4	
准结	生产	合计		交验数	合	利	废	检
				工时价值			（元）	

派工　　2010 年 3 月 17 日

图 3-7　某产品工序派工单

零件加工经检验合格后，需办理零件入库手续，填写零件入库单，如图 3-8 所示。

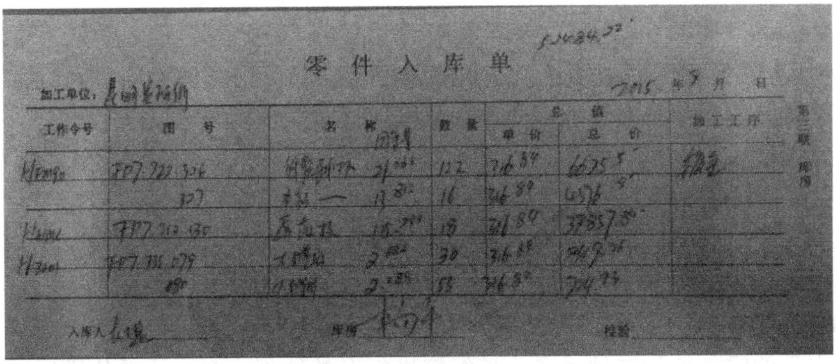

零件入库单

加工单位：

工作令号	图号	名称	数量	总值 单价	总值 总价	加工工序

入库人 库房 检验

第二联 库房

图 3-8 零件入库单

3.3.6 生产调度

生产调度是以生产作业计划为依据，组织、控制、监督生产作业计划实现的手段。

1. 生产调度的职能

(1) 适时派工。按作业计划要求进行分解派工，由生产部派工到班组，班组落实到机台。作业任务的派工凭证有“产品作业计划单”“工序派工单”。

(2) 检查生产准备情况。包括技术文件、人员、物资、设备、产品协助配套、动力、计量等准备情况。

(3) 准确掌握生产进度状态。随时督促产品成套缺项的加工进度，协调生产部与业务部门、生产部内部之间的生产进度关系，检查外协配套件的提供状况等，避免生产脱节。

(4) 及时处理生产过程中发生的各种问题，如人员问题、同机台作业排队的问题、设备故障问题等。只要是影响生产进度的问题，调度人员都要采取积极的措施给予排除。

(5) 研究克服生产薄弱环节的措施。调度工作需真正做到“抓准备、保生产”“抓投入、保产出”“抓成套、保装配”，顺利完成生产计划目标。

2. 调度工作的原则

生产调度在安排生产过程中始终保持和注意全局意识、效益意识、平衡意识、竞争意识、群众意识，才能克服生产中的弱点，平衡各方面的矛盾，实现生产目标。

3.3.7 生产外协

生产外协是解决本厂完成不了的任务，分为整件外协和工序外协。工厂外协的种类主要有铸造、注塑、热处理和表面处理等工序。需要外协的零部件要按照委外加工的办法来执行。委外加工的办法如下。

(1) 本着本厂优先原则，本厂需要委外加工的产品，生产部内部协商后报厂领导批准后才允许外协加工。

(2) 委外加工前应先报价，加工金额在 2000 元以下的由决策领导小组委派小组成员审核其价格，审核通过填写外协加工申请单后才能送出，并签订委外加工合同。原则上，未经批准不得先委外加工后办手续的做法。

(3) 委外加工金额在 2000 元以上的，需报决策领导小组审批后方可履行委外加工手续，决策领导小组通过的决议要形成会议纪要。同时应与委外加工单位签订加工合同。委外加工合同我方需留两份(1 份存档，1 份生产部留存)。

(4) 提前转账填写借款单时需附上委外加工合同或情况说明，原则上要求在一个月之内必须销账。

(5)委外加工产品回厂后必须送入质检科进行入厂检验，检验合格后在零件入库单上签章。经办人员持发票和具有签章的零件入库单报厂领导签字后履行报销手续。

3.3.8　外部控制程序

国营成都无线电专用设备厂根据ISO9001质量管理体系文件的相关规定制定了外包控制程序，主要内容如下。

1．目的

对组装产品的零部件加工的质量、性能等进行有效控制，对外协单位进行评价和选择，以保证成品出厂质量能满足顾客要求。

2．范围

适用于外协零部件的加工制作、检验和管理。

3．职责

(1)生产科为本程序的归口管理部门，负责下达“生产计划”，按照外加工协议、合同的要求，提供所需的外加工零、部件数量、交货期等。

(2)技术科负责对需进行技术改进的零部件提供加工制作图纸。

(3)计量质检科负责对外加工零部件质量的验证，并对不合格品进行评审和处置，具体执行《不合格品控制程序》中的有关规定，评审类别分A、B、C三类，评审结论为让步接收、返工、报废。

4．工作程序

(1)根据组装产品的质量要求，由销售科、生产科、计量质检科等部门负责人参加，对外协单位的设备、生产技术、人员能力、交货期等进行评价、选择和确定，填写“合格供方调查表”，并对所调查的情况进行评价，选择合格的外协加工单位。

(2)对已确定的合格的外协加工单位，填入“合格供方名录”中，并交厂长进行审批。

(3)由生产科下达全年生产计划表，再由外协人员和外协加工单位下达具体的每批“生产计划”，交副厂长审批后，交外协加工单位按每批计划投产。

(4)外协毛坯协作厂按生产计划完成以后，通知生产科，生产科组织检验人员到外协厂家进行现场检验，检验合格后填写物资入库单，不合格品办理退货手续。再由生产科组织将毛坯件运输到第一道外协零件加工厂家。

(5)第一道外协零件加工厂家按我厂下达的生产批次计划日期，按图加工零件，完成后通知生产科组织检验人员到现场检验，检验合格后组织运输回厂，办理零件入库单。

(6)装配车间填写“领料单”，到库房领取合格的零、部件进行组装。

(7)外协加工零部件工作流程图，如图3-9所示。

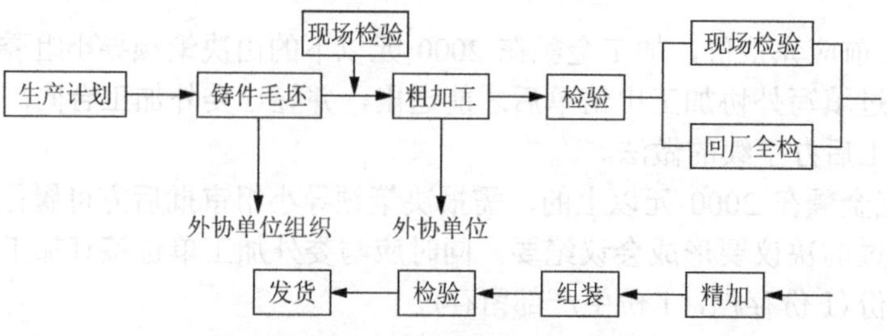

图3-9　外协加工零部件工作流程图

5. **相关文件**

①《采购控制程序》；②《外协加工管理办法》。

6. **记录**

①领料单；②入库单；③合格供方调查表；④合格供方名录。

3.3.9　零件加工过程实例

零件从材料逐步成形过程即车间各机台操作者依照技术文件的加工过程。现以机床中7725-04A-10A 电机板零件为例来了解零件的加工过程。

(1) 操作者凭产品作业计划单到资料室填写借阅卡片借阅零件图与生产工艺文件，如图3-10 所示为电机板零件图。

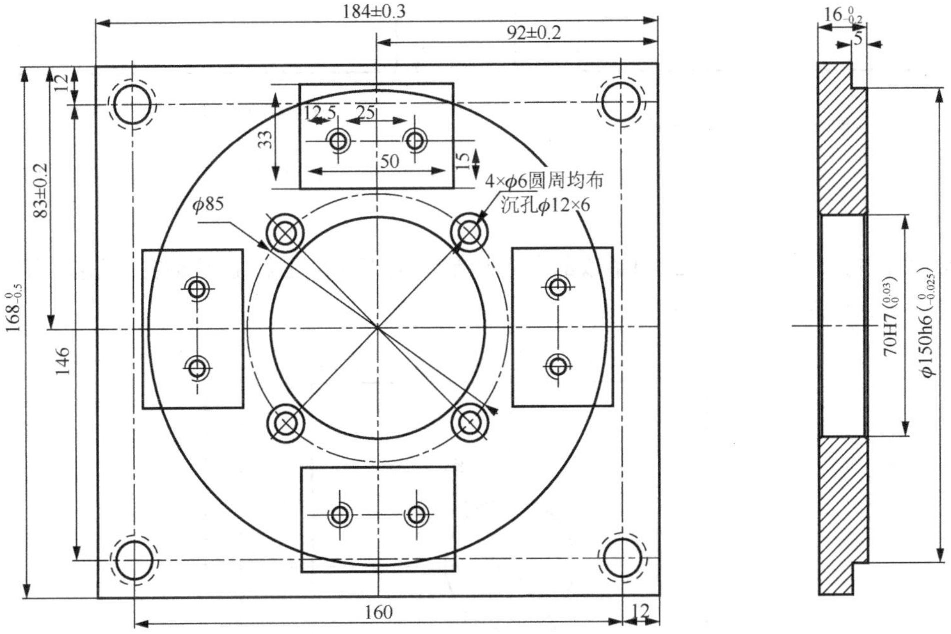

图 3-10　电机板零件图

(2) 操作者参照图纸、工艺确认所领零件加工所需坯料的数量、规格是否一致。发现问题及时通知车间处理。

(3) 操作者加工前分析零件图纸和工艺文件，熟悉加工方法与过程。

(4) 操作者根据图纸和生产工艺文件准备加工过程中所必要的工装、夹具、刀具、检测量具等。

(5) 操作者根据零件图纸尺寸和工艺要求加工零件。

① 刨：粗刨各面，各面留余量 2mm。(本例中加工所用为铸造成形坯料) 加工后尺寸如图 3-11 所示。

② 热处理：本次热处理为人工时效，要求在热处理过程中消除上道工序加工时产生的内应力，防止零件变形，也称为去应力退火。由于在上道工序切削加工过程中，零件产生参与内应力，则需本次的去应力退火，使零件尺寸稳定，减小其后续加工时的变形。

③ 刨：将人工时效后的半成品零件转至刨削加工。加工要求：精刨各面，厚度加工至

21mm，其余尺寸达图纸要求，注意保证四角 90°，全长小 0.2mm。加工后尺寸如图 3-12 所示。

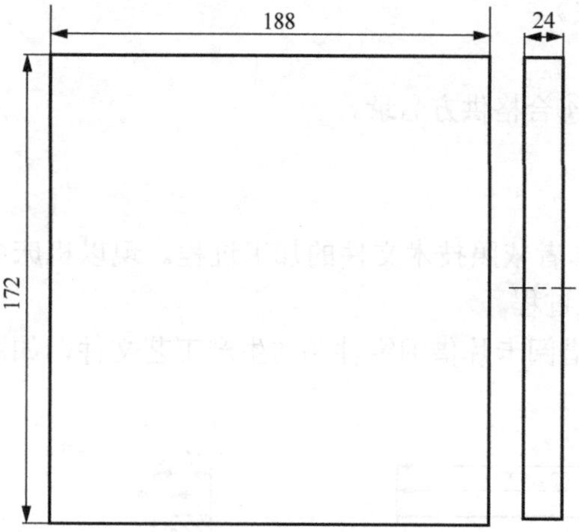

图 3-11　粗刨加工工序图

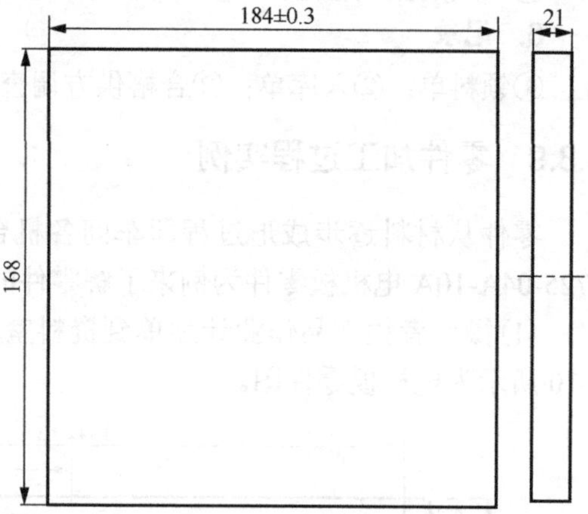

图 3-12　精刨加工工序图

刨削加工的尺寸只适用于加工平面、台阶面、沟槽及切断

④ 钳：将尺寸达图 3-12 的半成品零件转至钳工工序加工。加工要求：划出下道工序车工加工的孔位线如图 3-13 所示。

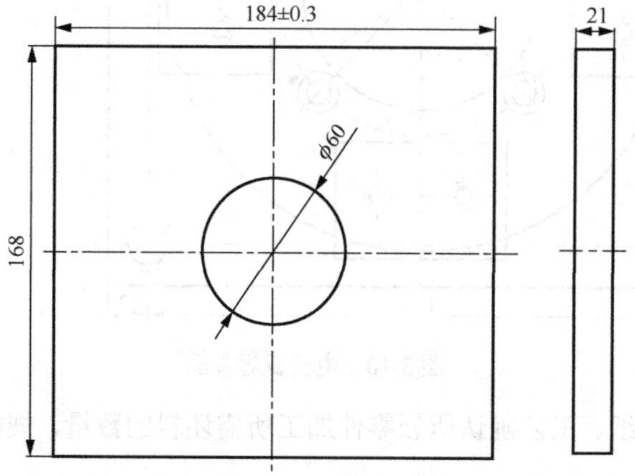

图 3-13　钳工划线工序图

⑤ 车：将完成上道工序后的半成品零件转至车工工序。加工要求：先用四爪夹持零件找正，用合适的钻头在上道工序划线位置钻出尺寸$\phi 60$的底孔，然后镗孔。

$\phi 70$H7(＋0.035)至$\phi 65$，然后车削台阶尺寸$\phi 150$至$\phi 152$，深 5。图纸标注。大面加工平整即可。尺寸如图 3-14 所示。

本次加工中加工零件不同尺寸位置应选用相应的刀具，如外圆车刀、端面车刀、内孔车刀等，才能达到理想的车削效果。

⑥ 钳：将尺寸达图 3-14 的半成品零件转至钳工工序。加工要求：划出下道工序加工的位置线，如图 3-15 所示。

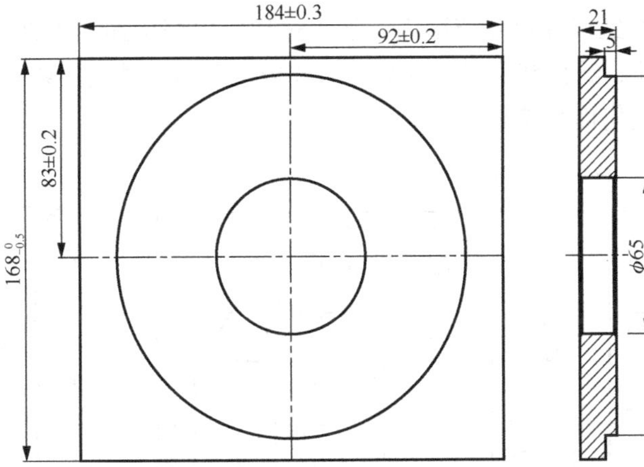

图 3-14　粗车加工工序图

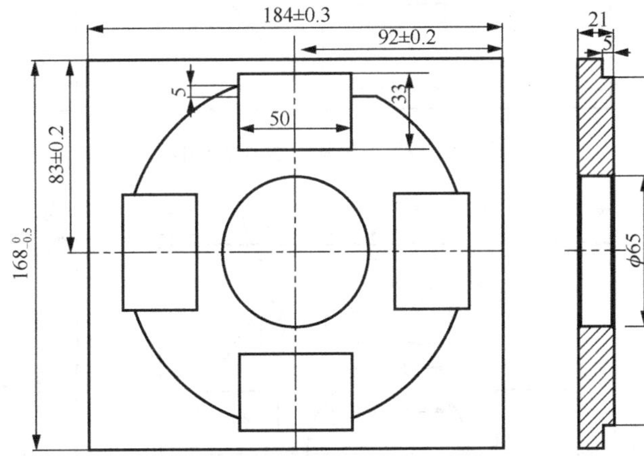

图 3-15　钳工划线工序图

⑦ 铣：将完成了上道工序的半成品零件转至铣工工序。加工要求：将上道工序钳工划线位置铣 4 槽至尺寸 50 和上方尺寸为 5 的台阶加工出来。

⑧ 钳：将铣加工完成后的半成品零件转至钳工工序加工。加工要求：操作者从零件库房领出图号为 7725-04-86 绝缘块 4 件，用其中一件配作 8-M5 的螺纹孔，然后，从标准件库房中领出 8-M5×30 的十字沉头螺钉，将 4 件绝缘块分别装入 4-50 的方槽中，用 M5 的螺钉旋紧，将螺钉旋出部分铆牢。加工后尺寸如图 3-16 所示。

本次加工过程中，加工 M5 螺钉孔时，先使合适的钻头钻出底孔，再选 M5 的丝锥加工螺纹。

⑨ 铣：将完成上道工序加工的半成品零件转至立铣加工。加工要求：铣削上道工序铆接处与大面接牢即可，本次加工中零件的几何尺寸较上道工序并无变化。

⑩ 车：将上道工序加工完成的半成品零件转至车工工序。加工要求：用四爪装夹零件，找正，并调整装夹刀，以免零件因装夹变形。然后精车$\phi70$ H7(+0.035)孔尺寸及台阶$\phi150$尺寸达图纸要求，再加工粗糙度 $Ra3.2$ 端面总厚度加工至 $20_{0}^{+0.1}$，平行度允差小于 0.1mm，要求各面一次装夹加工完成，加工后尺寸如图 3-17 所示。

⑪ 磨：将尺寸达图 3-17 的半成品零件转至磨削加工。加工要求：以$\phi150$端的台阶面定位，以此面为基准削 $Ra0.8$ 面达图要求，本次加工不仅要求零件加工后的表面粗糙度要求，

并且几何尺寸仍然在图纸标准尺寸范围内。加工过程中根据所加工零件的材料对所选用的磨削刀具，即砂轮在磨粒、结合剂、气孔等都有所要求，在加工过程中要采取良好的冷却措施，避免零件的磨削表面烧伤而影响零件质量。

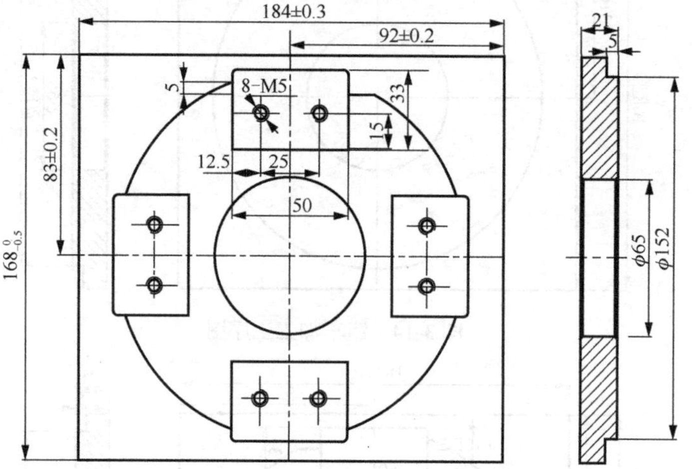

图 3-16　钳工安装绝缘块工序图

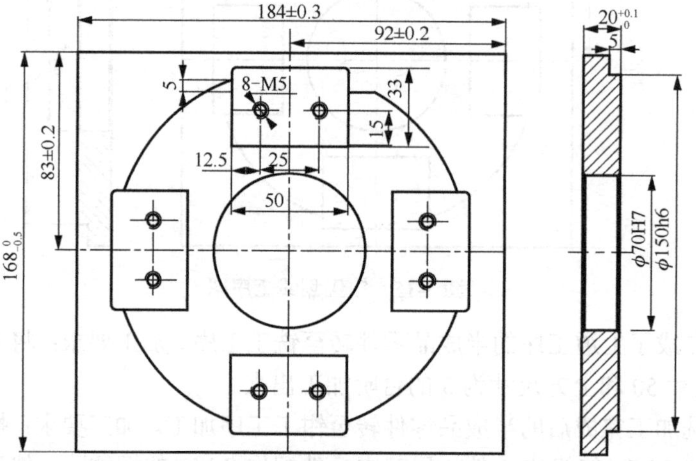

图 3-17　精车加工工序图

⑫ 钳：将完成上道工序加工的半成品零件转至钳工工序。加工要求：操作者领取钻模。用钻模作出ϕ6.5 及ϕ11 的通孔和沉孔。并注意沉孔方向，加工后的尺寸如零件图 3-10 所示，零件的机械加工完成。

⑬ 镀：将完成上道工序的半成品零件转至电镀工序。电镀要求：发黑处理。本次加工的目的是将截止到上道工序所有几何尺寸都达图的零件表面进行防锈处理。经过本次工序后零件即可以合格入库，待装配。

在以上所有工序加工过程中，操作者在完成工序后，都必须将零件交验。由检验人员根据检验情况把检验结果填写在随零件一起运转的产品作业计划单上，转入下道工序，而下道工序的操作者，根据上道工序的检验结果接收零件。若出现异常情况，及时通报车间以便及时作出处理。当本次加工的最后一道工序完成后，检验人员填写检验结果并开具零件合格证，由车间转运人员办理零件入库，检验人员收取产品作业计划单存档。

3.4 设 备 管 理

3.4.1 设备管理概述

1. 设备管理概念

设备管理是一门综合性管理，不仅要对人、财、物的综合管理，而且要对设备的全过程综合管理。设备管理已成为企业管理的重要部分，管理也是生产力。设备管理更是一项系统工程，是对设备的一生全过程综合管理。它包括从设备的技术开发、编制规划、研究、方案论证、定型、设计、制造、安装、调试(试运行)、使用、维修、改造、更新直至废弃的全过程，也就是设备一生的管理。因此，设备管理就是以设备的一生为出发点，把这个系统的人力、物力、财力和资源、信息能力等，通过计划、组织、指挥、协调、控制，实施对设备的高效管理，最终达到设备寿命周期最长、费用最经济、综合效率最高的目的。

1) 现代设备正在朝着大型化、高速化、精密化、电子化、自动化等方向发展

(1) 大型化：指设备的容量、规模、能力越来越大。

(2) 高速化：指设备运转速度、运行速度、运算速度大大加快，从而使生产效率显著提高。

(3) 精密化：指设备的工作精度越来越高。

(4) 电子化：由于微电子科学、自动控制与计算机科学的高度发展，已引起了机器设备的巨大变革，出现了以机电一体化为特色的崭新一代设备，如数控机床、加工中心、机器人、柔性制造系统等。

(5) 自动化：自动化不仅可以实现各生产线工序的自动顺序进行，还能实现对产品的自动控制、清理、包装、设备工作状态的实时监测、报警、反馈处理。

现代设备为了适应现代经济发展的需要，广泛地应用了现代科学技术成果，正在向着性能更高级，技术更加综合，结构更加复杂，作业更加连续，工作更加可靠的方向发展，为经济繁荣、社会进步提供了更强大的创造物质财富的能力。

2) 现代设备也给企业和社会带来一系列新问题

(1) 购置设备需要大量投资。

(2) 维持设备正常运转也需要大量投资。购置设备后，为了维持设备正常运转，发挥设备效能，在设备的长期使用过程中还需要继续不断地投入大量资金。

(3) 发生故障停机，经济损失巨大。由于现代设备的工作容量大，生产效率高，作业连续性强，一旦发生故障停机，造成生产中断，就会带来巨额的经济损失。

(4) 一旦发生事故，将会带来严重后果。

(5) 设备的社会化程度越来越高。

2. 设备定义

凡本厂购置的价值人民币1000元以上的生产设备、检测仪器和设备、辅助性生产工具均列入设备管理范畴。

本厂设备共分为以下五类。

(1) 加工设备；

(2) 辅助设备；

(3)焊接设备；

(4)检测仪器和设备；

(5)辅助性生产工具。

3. 设备编号法

设备编号的基本形式为：口口××××。

以上编号中，第一组是一个或几个英文字母或拼音字母，代表不同类别的设备。第二组是数字，其中第一位数字代表装置(或车间)；第二位数字代表工号(或工段)；后两位数代表设备位号，是按同一类型(即用同一字母命名的)设备，按工艺顺序来编排。企业也可根据工厂情况自行编制代号表。

4. 设备与设备管理

设备在企业中的地位和作用，一方面是由设备本身决定的，另一方面又是由设备管理决定的。没有科学的设备管理，再好的设备也不能发挥好的作用。而前期不太好的设备交由生产企业使用后，经过科学的管理，逐步实现设备完善化，对设备实施精心维修，逐步进行技术改造，进行设备更新，也完全可以使设备安全、稳定、经济运行，达到高的综合效率。因此，加强科学的设备管理是确保设备正常运行的重要保证，是提高设备质量的重要保证，是提高经济效益的保证，也就是管理出效率、管理出效益之所在。

5. 设备管理机构和职责

(1)设备管理由分管生产副厂长全面负责。

分管副厂长的职责如下。

① 负责考核设备完好率和设备利用率；

② 负责审核设备定期保养、维修和大修计划并监督实施；

③ 负责审核设备更新和增置计划；

④ 负责建立健全设备使用管理与维护制度；

⑤ 负责加强设备基础管理工作。

(2)设备管理日常工作由设备科或专、兼职设备管理员负责。

设备科或设备管理员的职责如下。

① 掌握设备市场信息和本厂设备技术状态，根据本厂生产需要，提出并编制设备更新和增置计划，经分管副厂长同意实施设备的购置。新置设备确保性能先进、质量优良，并且有较高的可靠性、维修性和经济性指标。

② 对新购置的设备进行开箱验收和安装调试验收，严把质量关。负责做好设备运行初期的使用和保养，以及信息反馈工作。

③ 编制设备操作规程和维护规范，监督设备的安全和正确使用。

④ 对设备进行日常维护和定期保养，使设备常年保持整齐、清洁、润滑、安全的状态。

⑤ 编制设备定期保养、维修和大修计划并负责实施。

⑥ 会同财务科编制设备台账，加强设备台账管理，定期进行设备盘点、核实，确保账面清晰、账物相符。

⑦ 建立主要设备档案，一机一档。

⑧ 监督设备运转记录的填写和完好率、利用率的统计。

⑨ 完成厂长交办的设备管理的其他日常工作。

6. 设备管理的方针、原则、要求

按照“尊重科学、规范管理、安全第一、预防为主” 的原则，保证设备正常完好为企业的生产提供最优的技术装备，使企业的生产经营活动建立在最佳的物质技术基础之上，以获得设备寿命周期费用最经济，设备综合效率最高。

7. 设备管理的基本制度

1) 设备点巡检管理制度

设备是生活生产的基础，为了加强设备隐患，将设备故障和事故消灭在萌芽状态，确保设备的正常运行及生产任务顺利完成，应设立设备点巡检管理制度。

点巡检员的职责如下。

(1) 当班人员必须按日常点检记录本的内容、要求，逐项进行点检，并认真、如实做好记录。

(2) 当发现设备有异常现象时，要及时通知停机并告知有关部门处理，做好记录。

(3) 交班时，交接人员同时对设备进行检查，保证正常交接。

2) 设备检修管理制度

为确保设备的完好率，发挥设备生产能力，降低设备故障率，延长设备使用寿命，做好设备维护保养及检修工作，建立健全各部门设备档案。应制定设备检修管理制度。

(1) 设备主管部门每年应提出对工厂所属设备进行大、中修计划，经工厂批准。根据实际情况下达大、中修时间，并与所属设备的生产部门配合，做好对设备的大、中修工作。检修后的设备应达到相应的技术指标。

(2) 各科、室对所属设备可利用生产空闲或停机待料时间，对设备进行维修、保养。

(3) 做好设备的预检修工作，依据三大规程及相关运行记录表中的内容，认真记录并分析设备运行状况，将大修变为中修，中修变为小修。为工厂节约成本，降低消耗。

(4) 设备的安全防护设施齐备，动作灵活，确保设备和人身安全。

3) 设备润滑管理制度

设备润滑管理是设备技术管理的重要组成部分，是设备维护保养工作的一项重要内容，搞好设备润滑工作，是保证设备正常运转，减少设备磨损，确保设备精度，防止和减少设备事故，降低动力消耗。延长设备修理周期和使用寿命的有效措施，应设立设备润滑管理制度。

设备润滑管理中要做到“五定”(即定点、定质、定量、定期、定人)，是润滑管理的核心，必须严格执行。

定点：确定每台设备润滑部位和润滑点。

定质：各润滑点按规定的润滑脂牌号加油。

定量：各润滑点根据规定的油量加油。

定期：按规定的时间加油和清洗油箱。

定人：明确每个润滑点、加油负责人。

4) 设备交接班管理制度

交接班制度是设备管理和生产管理的一项重要制度。通过维修人员和生产人员交接班记录，可以了解上一班遗留的问题。为确保设备的安全可靠运行，对交接班应做如下规定。

(1) 接班人员必须提前十分钟到岗，了解设备和生产情况。

(2) 接班人员未到，交班人员不得离开岗位。

(3) 交班人员应把本班生产和设备运行情况做详细记录。

(4)若遇设备故障和生产问题当班未处理好时交班，应把处理情况告知接班人员，必要时交班人员可协助接班人员处理完故障再离开。

5)设备油品管理制度

为确保设备及生产的用油，对油品管理要做如下规定。

(1)所用油品，根据牌号和用途不同分类，并放置整齐，竖立标牌，标注品名。

(2)应详细记录油品的使用情况及储备情况。空油桶应当放置到指定地点，不得乱摆乱放。

(3)油品存放地的灭火器材，任何人不准擅动，违者根据工厂规定处罚。

(4)油品添加应根据使用要求的精度填充。

(5)油品存放地卫生清洁无杂物，油桶清洁。

6)设备事故管理制度

设备是生产的基础和保证，设备发生事故将破坏生产的顺利进行，甚至造成设备损坏，人员伤亡，给企业造成重大损失。因此加强设备的事故管理，杜绝重大设备事故的发生，减少一般事故，保证生产进行应制定设备事故管理制度。

(1)以预防为主，加强对设备的点检工作，采取日常维护与计划检修相结合，对设备状态监测和诊断，做到及时发现及时处理，对设备进行动态管理。

(2)对设备事故实行全面、全员、全过程管理，有专人负责设备事故的管理工作。

(3)严格遵守设备的操作、使用维护、检修规程，持证上岗，严禁违章操作。

(4)设备一旦发生事故，操作人员应立即采取措施，防止事故扩大，保护好现场及时上报给有关部门。

(5)设备发生事故后，及时组织抢修处理，快速恢复生产，将事故发生的损失降到最低。

(6)针对设备发生的事故，召开事故分析会，采取“三不放过”原则，如实进行调查、分析、总结。总结经验，吸取教训，从而制定相关的防范措施，避免类似事故重复发生。

8. 设备档案管理

设备档案管理包括设备卡片、设备台账、设备变动及设备资料档案。一次性完成设备卡片的制作，并可生成包括总台账、分台账、主要设备台账等在内的20多种台账，随时统计分析全厂或部门设备及主要设备的数量和价值，实现设备报废、移装、调拨、封存、闲置、租借与评估形成动态管理，并及时建立包括设备变动与运行、保养、事故、故障、维修、润滑、评估在内的设备技术档案。

设备管理信息化是设备管理的发展趋势，不断提升系统运作水平和积累可靠的数据是信息系统提高效率和创造效益的关键。推行和应用信息化管理，可提高企业的设备管理水平并改善技术装备的完好状况，促进设备管理信息化的持续发展，增加企业的综合竞争力。

9. 备件管理

1)备件的定义

在维护和修理设备时，用来更换已磨损到不能使用或损坏零件的新制件和修复件称为配件。为了缩短设备修理停歇时间，事先组织采购、制造和储备一定数量的配件作为备件。备件是设备修理的主要物质基础，及时供应备件，可以缩短修理时间、减少机损失，供应质量优良的备件，可以保证修理质量和修理周期，提高设备的可靠性。因此，备件管理是设备维修资源管理的主要组成部分。

2)备件管理工作的内容

(1)设备备件的技术管理

技术基础资料的收集与技术定额的制订工作包括：备件图纸的收集、测绘、整理、备件图册的编制；各类备件统计卡片和储备定额等基础资料的设计、编制及备件卡的编制工作。

(2) 设备备件的计划管理

备件的计划管理指备件由提出自制计划或外协、外购计划到备件入库这一阶段的工作，可分为：①年、季、月自制备件计划；②外购备件年度及分批计划；③铸、锻毛坯件的需要量申请、制造计划；④备件零星采购和加工计划；⑤备件的修复计划。

(3) 设备备件库房管理

备件的库房管理指从备件入库到发出这一阶段的库存控制和管理工作，包括：备件入库时的质量检查、清洗、涂油防锈、包装、登记上卡、上架存放；备件收、发及库房的清洁与安全；订货点与库存量的控制；备件的消耗量、资金占用额、资金周转率的统计分析和控制；备件质量信息的搜集等。

(4) 设备备件的经济管理

备件的经济核算与统计分析工作，包括：备件库存资金的核定、出入库账目的管理、备件成本的审定、备件消耗统计和备件各项经济指标的统计分析等。经济管理应贯穿于备件管理的全过程，同时应根据各项经济指标的统计分析结果来衡量检查备件管理工作的质量和水平，总结经验，改进工作。

3.4.2 现场参观

现场参观的主要目的是了解机床的分类，分清车床、铣床、刨床、磨床的类别、工作原理及基本用途。

1. 车床

普通车床主要由床身、主轴变速箱、进给箱、溜板箱、刀架、尾架、丝杠和光杠等部件组成。CA6140 型车床是普通车床的一种，它的加工范围较广，但自动化程度低，适于小批量生产及修配车间使用。

图 3-18 是 CA6140 型普通车床外观结构图。

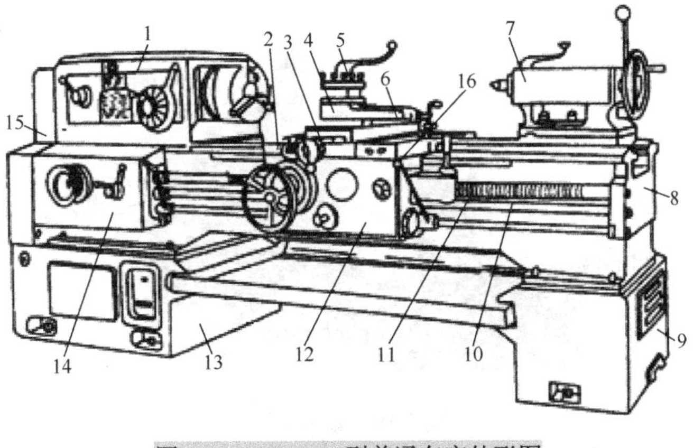

图 3-18 CA6140 型普通车床外形图

1-主轴箱；2-纵溜板；3-横溜板；4-转盘；5-方刀架；6-小溜板；7-尾架；8-床身；9-右床座；10-光杠；11-丝杠；12-溜板箱；13-左床座；14-进给箱；15-挂轮架；16-操纵手柄

主轴变速箱的功能是支撑主轴并使其旋转，包含主轴及其轴承、传动机构、起停及换向装置、制动装置、操纵机构及润滑装置。CA6140 型普通车床的主传动可使主轴获得 24 级正转转速（10～1400 r / min）和 12 级反转转速（14～1580 r / min）。

进给箱的作用是变换被加工螺纹的种类和导程，以及获得所需的各种进给量。它通常由变换螺纹导程和进给量的变速机构、变换螺纹种类的移换机构、丝杠和光杠转换机构以及操纵机构等组成。

溜板箱的作用是将丝杠或光杠传来的旋转运动转变为直线运动并带动刀架进给，控制刀架运动的接通、断开和换向等。刀架则用来安装车刀并带动其作纵向、横向和斜向进给运动。

车床有两个主要运动，一个是卡盘或顶尖带动工件的旋转运动，另一个是溜板带动刀架的直线移动，前者称为主运动，后者称为进给运动。中、小型普通车床的主运动和进给运动一般是采用一台异步电动机驱动的。此外，车床还有辅助运动，如溜板和刀架的快速移动、尾架的移动以及工件的夹紧与放松等。

由于工厂在用的 CA6140 是传统的普通车床，自动化程度不高，无法加工复杂型面，工作效率低，机床使用年限已久，强电控制电路的很多元件都已呈现老化现象，故障率高。机床的导轨以及滑动丝杠、支承轴承等也有不同程度的磨损。各进给系统采用的是法兰盘式电动机，调速范围窄，CA6140 无法实现无级调速，加工精度已远远达不到要求。

数控机床在机械制造业中得到日益广泛的应用，数控车床的基本组成由数控装置、床身、主轴箱、刀架进给系统、尾座、液压系统、冷却系统、润滑系统、排屑器等组成，如图 3-19 所示。

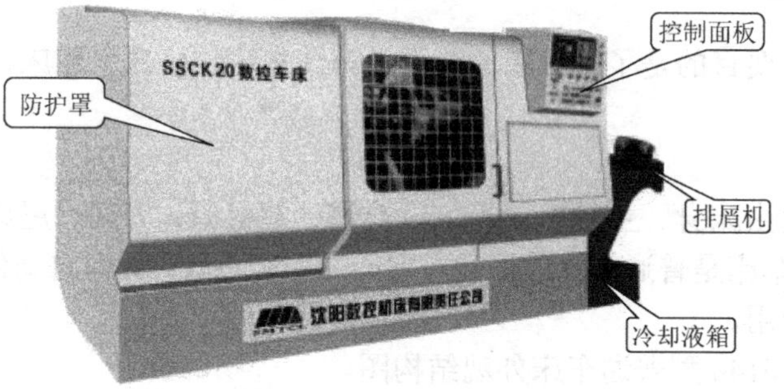

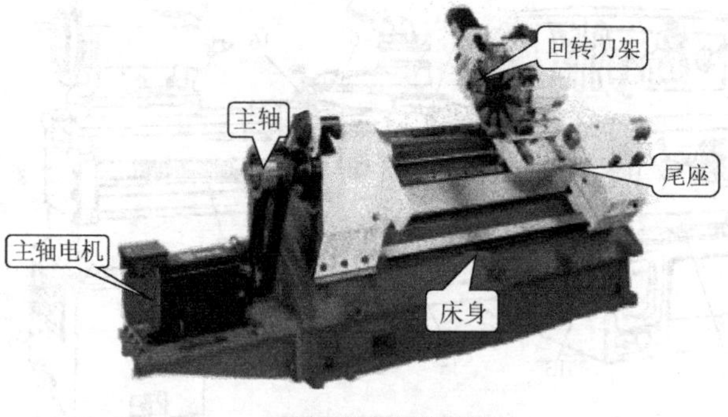

图 3-19　数控车床

数控车床使用寿命的长短和故障率发生的高低，不仅取决于车床本身的精度和性能，而且在很大程度上也取决于操作者对它的正确使用和维护。正确地使用车床能防止设备非正常磨损，避免突发故障的产生。精心地维护车床可以使其处于良好的运行状态，延缓劣化进程，及时发现和消除故障隐患。因此，数控车床的正确使用与精心维护是设备管理的重要环节。

为了正确合理地使用和操作数控车床，保证数控车床的正常运行，操作者必须仔细阅读数控车床的操作和使用说明书，熟悉数控车床的操作规程。在操作数控车床时，除严格遵守普通车床的安全操作规程外，还应对数控车床这种机电一体化设备倍加注意。

1)数控车床操作的注意事项

(1)开机前操作者必须检查液压卡盘的夹持方向是否正确，润滑装置上油标的液面位置是否符合要求，切削液面是否高出水泵吸入口。

(2)开机、关机操作应按照车床使用说明书的规定进行。

(3)车床在断电后，重新接通电源开关或在解除急停状态、超程报警信号后，必须进行返回参考点操作。

(4)主轴启动开始切削前，必须关闭防护门，程序正常运行过程中严禁开启防护门。

(5)正常加电运行时不得开启电气箱门，禁止进行急停、复位操作。

(6)编程时要仔细计算对刀点、Z轴负向等坐标，以防止加工中刀具与卡盘或工件碰撞，造成车床损坏。

2)数控车床的维护与保养

对数控车床进行日常的维护和保养，其目的就是延长机械部件的磨损周期，增加器件的使用寿命，保证车床长时间稳定可靠地运行，下面介绍一些共性的保养与维护方法。

(1)润滑系统

操作者应熟悉数控车床需润滑的部位、润滑方式、润滑时间和润滑材料；定时、定期对车床的油路进行检查，确保油路的畅通及供油器件正常工作。制定严格的规章制度，定时定期安排专职人员加油，设立岗位责任制。

(2)传动系统

定期检查主轴的径向跳动和轴向窜动以及主轴箱内齿轮和轴承的情况；检查X轴方向和Z轴方向的丝杠间隙，当间隙值超出规定值时应及时调整，同时清理丝杠上的杂物，保证丝杠始终处于良好的润滑状态；要注意检查并及时调整主轴皮带、同步齿形带的松紧，防止皮带打滑。注意传动系统发出的异声，若有异常现象应及时检查并排除故障。

(3)数控系统

定期检查接插件的松紧情况，有无氧化和虚焊现象；注意冷却风扇运转是否正常，线路保护器以及所有的熔丝是否完好；CRT/MDI面板的按键是否正常。同时要充分注意检查电网电压的波动情况，当电网电压超出额定值的＋10%～－15%时，轻则使数控系统不能稳定工作，重则会造成重要电子元件损坏。所以，对于电网质量比较恶劣的地区，应适时配置数控系统专用的交流稳压电源装置，并注意定期清扫控制箱内的灰尘。

(4)电器系统

定期检查连接线有无松动、破损，隔离线和电缆线的接地是否良好，清洁电器箱里的杂物和灰尘；定期检查超程限位功能和车床的机械零点。

(5)防护系统

定期检查车床的安全防护功能，保障操作员的人身安全；注意防止冷却液的泄漏，避免各个部位的防护罩有水进入数控系统和电机；同时检查防尘密封件有无破损，防止尘埃进入而引起短路。

数控车床的日常维护要做到“定时、定期”，贵在坚持。应该责任到人、定岗位、定制度，日常检查和生产检查双管齐下，保障数控车床的正常运转。

2. 铣床

铣床是用铣刀对工件进行铣削加工的机床。铣床除能铣削平面、沟槽、轮齿、螺纹和花键轴外，还能加工比较复杂的型面，效率较刨床高，在机械制造和修理部门得到广泛应用。它的工作原理有点像木匠用刻刀雕花一样。

通常铣刀旋转运动为主运动，工件(和)铣刀的移动为进给运动。

在铣床上用铣刀对工件进行切削加工的过程称为铣削。铣削不仅可用来加工平面、台阶、斜面、沟槽、成形表面、齿轮和切断等，还可以进行钻孔和镗孔加工。铣削加工的尺寸公差等级一般可达 IT9～IT7，表面粗糙度一般为 *Ra* 值 6.3～1.6μm。铣刀是旋转使用的多齿刀具，铣削时，每个刀齿是间歇地进行切削，刀刃的散热条件好，可以采用较大的切削用量，是一种高生产率的加工方法。特别适用于加工平面和沟槽。

铣床是一种用途广泛的机床，在铣床上可以加工平面(水平面、垂直面)、沟槽(键槽、T 形槽、燕尾槽等)、分齿零件(齿轮、花键轴、链轮)、螺旋形表面(螺纹、螺旋槽)及各种曲面。此外，还可用于对回转体表面、内孔加工及进行切断工作等。铣床在工作时，工件装在工作台上或分度头等附件上，铣刀旋转为主运动，辅以工作台或铣头的进给运动，工件即可获得所需的加工表面。由于是多刀断续切削，因而铣床的生产率较高。

1)铣床的分类

(1)按布局形式和适用范围加以区分

① 升降台铣床：有万能式、卧式和立式等，主要用于加工中小型零件，应用最广。

② 龙门铣床：包括龙门铣镗床、龙门铣刨床和双柱铣床，均用于加工大型零件。

③ 单柱铣床和单臂铣床：前者的水平铣头可沿立柱导轨移动，工作台作纵向进给；后者的立铣头可沿悬臂导轨水平移动，悬臂也可沿立柱导轨调整高度。两者均用于加工大型零件。

④ 工作台不升降铣床：有矩形工作台式和圆工作台式两种，是介于升降台铣床和龙门铣床之间的一种中等规格的铣床。其垂直方向的运动由铣头在立柱上升降来完成。

⑤ 仪表铣床：一种小型的升降台铣床，用于加工仪器仪表和其他小型零件。

⑥ 工具铣床：用于模具和工具制造，配有立铣头、万能角度工作台和插头等多种附件，还可进行钻削、镗削和插削等加工。

⑦ 其他铣床：如键槽铣床、凸轮铣床、曲轴铣床、轧辊轴颈铣床和方钢锭铣床等，是为加工相应的工件而制造的专用铣床。按控制方式，铣床又分为仿形铣床、程序控制铣床和数字控制铣床。

(2)按结构分

① 台式铣床：小型的用于铣削仪器、仪表等小型零件的铣床。

② 悬臂式铣床：铣头装在悬臂上的铣床，床身水平布置，悬臂通常可沿床身一侧立柱导轨作垂直移动，铣头沿悬臂导轨移动。

图 3-20　龙门铣床的外观图

③ 滑枕式铣床：主轴装在滑枕上的铣床，床身水平布置，滑枕可沿滑鞍导轨作横向移动，滑鞍可沿立柱导轨作垂直移动。

④ 龙门式铣床：床身水平布置，其两侧的立柱和连接梁构成门架的铣床。铣头装在横梁和立柱上，可沿其导轨移动。通常横梁可沿立柱导轨垂向移动，工作台可沿床身导轨纵向移动，用于大件加工。龙门铣床的外形如图 3-20 所示。

⑤ 平面铣床：用于铣削平面和成形面的铣床，床

身水平布置，通常工作台沿床身导轨纵向移动，主轴可轴向移动。它结构简单，生产效率高。

⑥ 仿形铣床：对工件进行仿形加工的铣床。一般用于加工复杂形状工件。

⑦ 升降台铣床：具有可沿床身导轨垂直移动的升降台的铣床，通常安装在升降台上的工作台和滑鞍可分别作纵向、横向移动。

⑧ 摇臂铣床：摇臂装在床身顶部，铣头装在摇臂一端，摇臂可在水平面内回转和移动，铣头能在摇臂的端面上回转一定角度的铣床。

⑨ 床身式铣床：工作台不能升降，可沿床身导轨作纵向移动，铣头或立柱可作垂直移动的铣床。

⑩ 专用铣床：例如，工具铣床，用于铣削工具模具的铣床，加工精度高，加工形状复杂。

(3)按控制方式分

铣床又可分为仿形铣床、程序控制铣床和数控铣床等。

2)铣床的工作原理

卧式万能升降台铣床简称万能铣床，它是铣床中应用最多的一种。图3-21所示为X6132型卧式万能铣床。其主要组成部分如下。

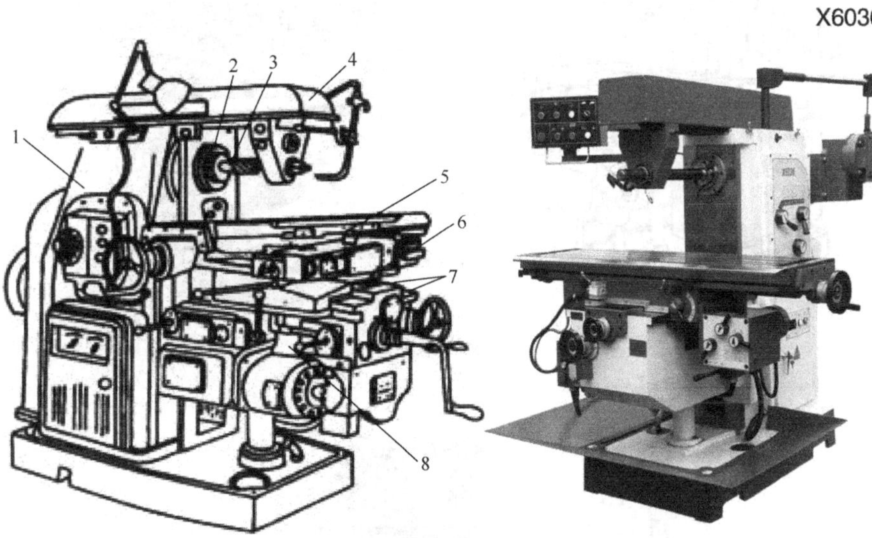

图3-21 卧式万能铣床结构与外形图

1-床身；2-主轴；3-刀杆；4-横梁；5-工作台；6-回转盘；7-横溜板；8-升降台

(1)床身。床身用来固定和支承铣床各部件。顶面上有供横梁移动用的水平导轨。前壁有燕尾形的垂直导轨，供升降台上下移动。内部装有主电动机、主轴变速机构、主轴、电器设备及润滑油泵等部件。

(2)横梁。横梁一端装有吊架，用以支承刀杆，以减少刀杆的弯曲与振动。横梁可沿床身的水平导轨移动，其伸出长度由刀杆长度来进行调整。

(3)主轴。它是用来安装刀杆并带动铣刀旋转的。主轴是一空心轴，前端有7∶24的精密锥孔，其作用是安装铣刀刀杆锥柄。

(4)纵向工作台。纵向工作台由纵向丝杠带动在转台的导轨上作纵向移动，以带动台面上的工件作纵向进给。台面上的T形槽用以安装夹具或工件。

(5) 横向工作台。横向工作台位于升降台上面的水平导轨上，可带动纵向工作台一起作横向进给。

(6) 转台。转台可将纵向工作台在水平面内扳转一定的角度(正、反均为0°～45°)，以便铣削螺旋槽等。具有转台的卧式铣床称为卧式万能铣床。

(7) 升降台。升降台可以带动整个工作台沿床身的垂直导轨上下移动，以调整工件与铣刀的距离和垂直进给。

(8) 底座。底座用以支承床身和升降台，内盛切削液。

立式升降台铣床简称立式铣床，如图3-22所示，立式铣床与卧式铣床的主要区别是主轴与工作台台面相垂直。有时根据加工的需要，可以将立铣头(包括主轴)左右扳转一定的角度，以便加工斜面等。此外，在卧式万能铣床上，若将横梁移至床身后面，装上立铣头附件，即可作为立式铣床使用。

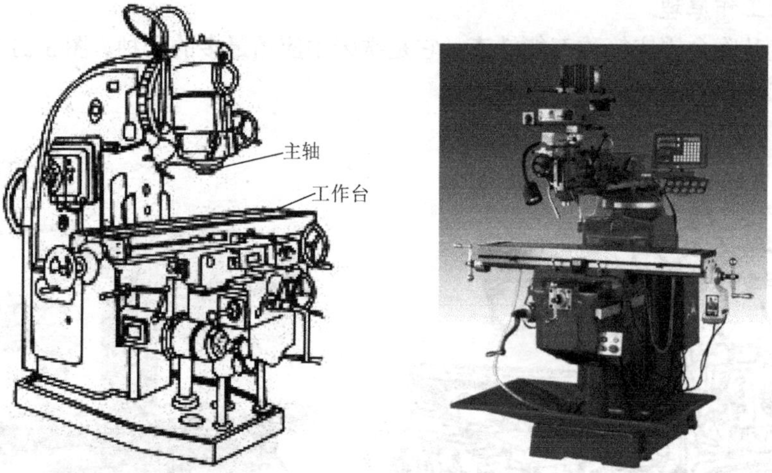

(a)

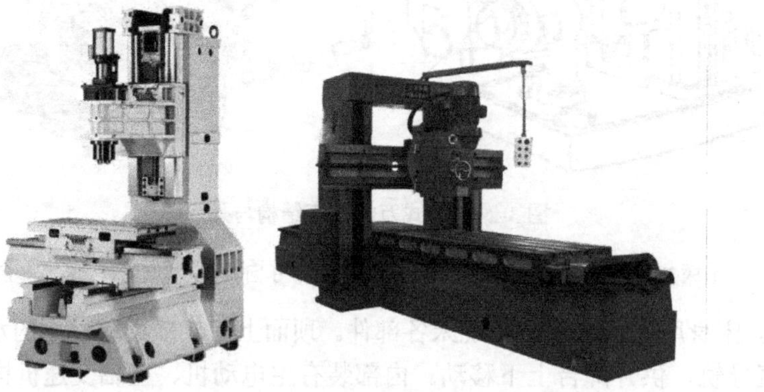

(b)

图3-22　立式万能铣床结构与外形图

3) 铣床的安全防护

(1) 装卸工件，必须移开刀具，切削中头、手不得接近铣削面。

(2) 使用铣床对刀时，必须慢进或手摇进，不许快进，走刀时，不准停车。

(3) 快速进刀或退刀时注意铣床手柄是否会伤人。

(4)进刀不许过快，不准突然变速，铣床限位挡块应调好。

(5)上下及测量工件、调整刀具、紧固变速，均必须使铣床处于停止状态。

(6)拆装立铣刀，工作台面应垫木板，拆平铣刀扳螺母，用力不得过猛。

(7)严禁手摸或用棉纱擦转动部位及刀具，禁止用手去托刀盘。

4)铣床的日常保养

(1)清洁

① 拆卸清洗各部油毛毡垫；

② 擦拭各滑动面和导轨面，擦拭工作台及横向、升降丝杆，擦拭走刀传动机构及刀架；

③ 擦拭各部死角。

(2)润滑

① 各油孔清洁畅通并加注润滑油；

② 各导轨面和滑动面及各丝杆加注润滑油；

③ 检查传动机构油箱体、油面，并加油至标高位置。

(3)扭紧

① 检查并紧固压板及镶条螺丝；

② 检查并扭紧滑块固定螺丝、走刀传动机构、手轮、工作台支架螺丝、叉顶丝；

③ 检查扭紧其他部分松动螺丝。

(4)调整

① 检查和调整皮带、压板及镶条松紧适宜；

② 检查和调整滑块及丝杆间隙。

(5)防腐

① 除去各部锈蚀，保护喷漆面，勿碰撞；

② 停用、备用设备导轨面、滑动丝杆手轮及其他暴露在外易生锈的部位涂油防腐。

5)铣床安全操作规程

(1)操作前要穿紧身防护服，袖口扣紧，上衣下摆不能敞开，严禁戴手套，不得在开动的机床旁穿、脱换衣服，或围布于身上，防止机器绞伤。必须戴好安全帽，不得穿拖鞋。戴好防护镜，以防铁屑飞溅伤眼，并在机床周围安装挡板使之与操作区隔离。

(2)工件装夹前，应拟定装夹方法。装夹毛坯件时，台面要垫好，以免损伤工作台。

(3)工作台移动时要检查紧固螺丝应打开，工作台不移动时紧固螺丝应紧上。

(4)刀具装卸时，应保持铣刀锥体部分和锥孔的清洁，并要装夹牢固。高速铣削时必须戴好防护镜。工作台不准堆放工具、零件等物品，注意刀具和工件的距离，防止发生撞击事故。

(5)安装铣刀前应检查刀具是否对好、完好，铣刀尽可能靠近主轴安装，装好后要试车。安装工件应牢固。

(6)工作时应先用手进给，然后逐步自动走刀。运转自动走刀时，拉开手轮，注意限位挡块是否牢固，不准放到头，不要走到两极端面而撞坏丝杆；使用快速行程时，要事先检查是否会相撞等现象，以免碰坏机件、铣刀脆裂飞出伤人。经常检查手摇把内的保险弹簧是否有效可靠。

(7)铣削时禁止用手摸刀刃和加工部位。测量和检查工件必须停车进行，铣削时不准调整工件。

(8)主轴停止前，必须停止进刀。若铣削深度较大，退刀应先停车，挂轮时必须切断电源。

挂轮间歇要适当，挂轮架螺母要紧固，以免造成脱落；加工毛坯时转速不宜太快，要选好吃刀量和进给量。

(9)发现机床有故障，应立即停车检查并上报，等候机修工修理。

(10)工作完毕应做好清理工作，并关闭电源。

3. 刨床

刨床是使刀具和工件之间产生相对的直线往复运动来达到刨削工件表面的目的。它的工作原理就像木匠用刨子刨木料一样。往复运动是刨床上的主运动。机床除了有主运动以外，还有辅助运动，也称进刀运动，刨床的进刀运动是工作台(或刨刀)的间歇移动。

1)刨床的加工范围

在刨床上可以刨削水平面、垂直面、斜面、曲面、台阶面、燕尾形工件、T 形槽、V 形槽，也可以刨削孔、齿轮和齿条等。如果对刨床进行适当的改装，则刨床的适应范围还可以扩大。

用刨床刨削窄长表面时具有较高的效率，它适用于中小批量生产和维修车间。刨床是用刨刀对工件的平面、沟槽或成形表面进行刨削的直线运动机床。使用刨床加工，刀具较简单，但生产率较低(加工长而窄的平面除外)，因而主要用于单件、小批量生产及机修车间，在大批量生产中往往被铣床所代替。

2)刨床的分类

刨床的种类不少，型号也很多。按其结构特征，大体可以分为牛头刨床、龙门刨床、插床。

牛头刨床是用来刨削中、小型工件的刨床，它的刨刀安装在滑枕的刀架上，工作长度一般不超过 lm。工件装夹可调整的工作台上或夹在工作台上的平口钳内，利用刨刀的直线往复运动(切削运动)和工作台的间歇移动(进刀运动)进行刨削加工。

龙门刨床是用来刨削大型工件的刨床，有些龙门刨床能够加工长度为几十米甚至几十米以上的工件，它可以在工作台上一次装夹好几个工件，还可以用几把刨刀同时刨削，生产率比较高。龙门刨床是利用工作台的直线往复运动(切削)和刨刀的间歇移动(进刀运动)来进行刨削加工的，按结构形式的不同，龙门刨床又分为单臂龙门刨床和双臂柱龙门刨床两种。龙门刨床的结构与外形如图 3-23 所示。

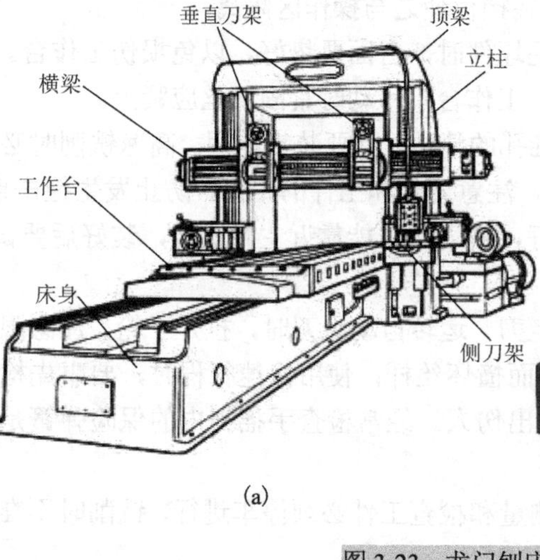

(a)

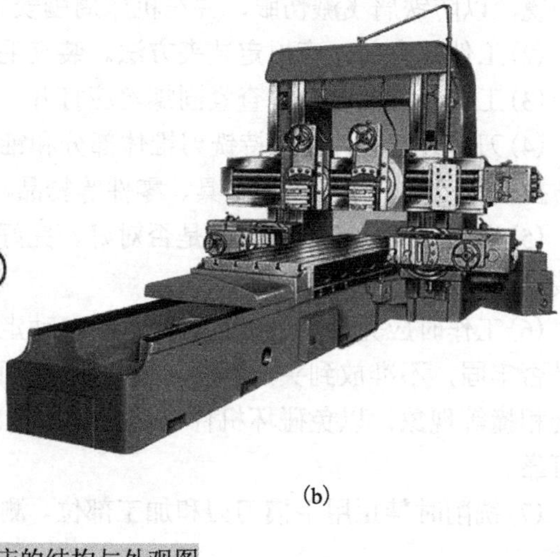

(b)

图 3-23　龙门刨床的结构与外观图

插床又称立式刨床，主要用来加工工件的内表面。它的结构与牛头刨床几乎完全一样，不同点主要是插床的插刀在垂直方向上作直线往复运动(切削运动)，工作台除了能作纵、横方向的间歇进刀运动外，还可以在圆周方向上作间歇的回转进刀运动。

3)牛头刨床的工作原理

刨床由滑枕带着刨刀作水平直线往复运动，刀架可在垂直面内回转一个角度，并可手动进给，工作台带着工件作间歇的横向或垂直进给运动，常用于加工平面、沟槽和燕尾面等。因滑枕前端的刀架形似牛头故又名牛头刨床，普通牛头刨床的结构示意图和外观图如图 3-24 和图 3-25 所示。

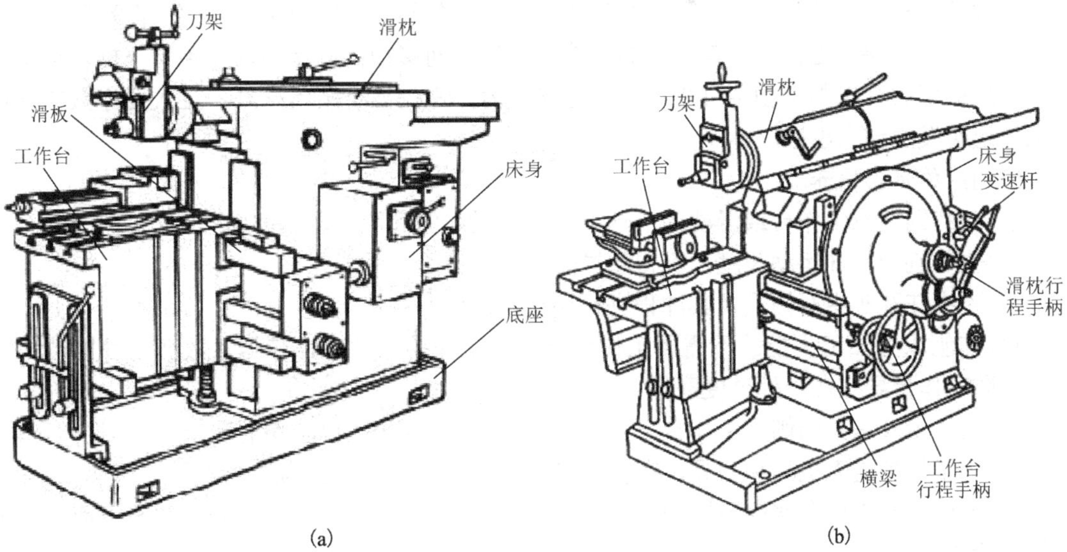

图 3-24 普通牛头刨床的结构示意图

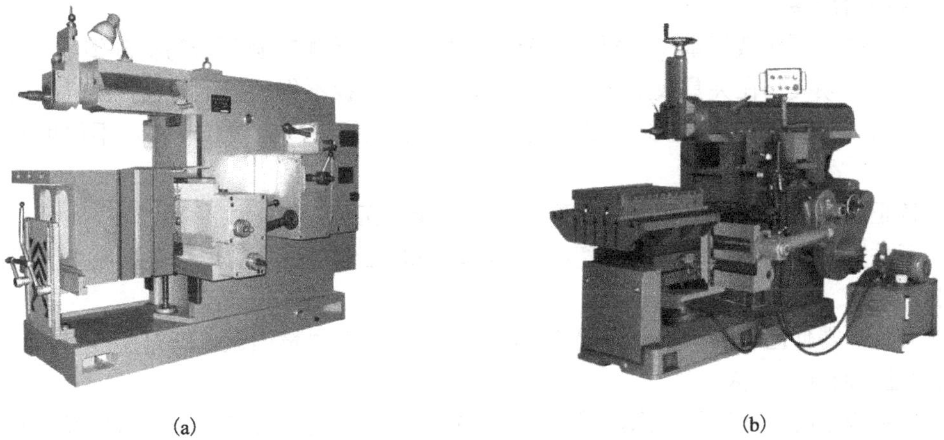

图 3-25 普通牛头刨床的外观图

中小型牛头刨床的主运动，大多采用曲柄摇杆机构传动，故滑枕的移动速度是不均匀的。大型牛头刨床多采用液压传动，滑枕基本上是匀速运动。滑枕的返回行程速度大于工作行程速度。由于采用单刃刨刀加工，且在滑枕回程时不切削，牛头刨床的生产率较低。所以，刨床主要用于单件小批生产中刨削中小型工件上的平面、成形面和沟槽。机床的主参数是最大刨削长度。

仿形牛头刨床是在普通牛头刨床上增加一仿形机构，用于加工成形表面，如透平叶片。移动式牛头刨床的滑枕与滑座还能在床身(卧式)或立柱(立式)上移动，适用于刨削特大型工件的局部平面。

4)刨床的安全防护

刨床工作台横向或垂直移动时，可能产生工作台碰撞而造成危险，也可能造成手柄脱落、碰撞。滑枕运动时，可能产生滑枕冲击伤人及因刀架倾斜可能造成部件损坏，而且刀具安装不牢靠，在运动中刀具可能出现松脱。因此，滑枕的后端部应该设置有固定在床身上的涂了黄色油漆的防护罩，以保证安全；为防止皮带和皮带轮造成卷入危险，应在外部设置防护罩。在工作过程中要保证工作台在其限位装置或限位标志间移动；应保证操作手柄与旋转轴自动脱开；应确保刀具在整个刨削过程中都保持夹持力，避免夹持装置松开。工人要穿戴好防护用品，避免发生伤人事故。

5)刨床的日常保养

(1)应特别注意工作台或滑枕的滑动面和摇臂之间的润滑，以防磨损。

(2)牛头刨床滑枕运动长度，不得超过规定范围。

(3)不准在开车中对刀具及其冲程进行调整，以免发生危险。

(4)在刨床上加工大批的不需要工作台全行程工作的工件时，应尽量改变工件的装夹方法，以防工作台导轨在一处过度磨损。

(5)要经常注意龙门刨床工作台下面的防护装置是否合适，以防切屑粉末落入，损坏导轨。

(6)为了保护走刀机构和刀具，在机床静止时要把自动走刀机构脱开。

(7)龙门刨床工作台变向装置挡铁应装夹牢固，否则有使工作台从床身导轨滑下而发生事故的危险。

6)刨床安全操作规程

(1)起动前准备

① 上岗前必须穿戴好本岗位要求的劳动防护用品，操作时必须带防护眼镜。

② 工件必须夹牢在夹具或工作台上，夹装工件的压板不得长出工作台，在机床最大行程内不准站人。刀具不得伸出过长，应装夹牢靠。增加虎钳夹固应接长套筒，不得用榔头敲打扳手。

③ 校正工件时，严禁用金属物猛敲或用刀架推顶工件。

④ 工件宽度超出单臂刨床加工宽度时，其重心对工作台重心的偏移量不应大于工作台宽度的四分之一。

⑤ 刀具不得伸出过长。露出刀架的长度，视工件情况尽量缩短，刨刀要装牢固，防止工件因受力过大而冲出伤人。

⑥ 使用扳手时，开口要适当，用力不可过猛，防止滑倒或碰伤；扳手加套管用力时，两脚必须前后站立，以防后仰发生事故。

⑦ 调整刀头冲程应使刀具不接触工件，用手柄摇动进行全行程试验。

⑧ 滑枕调整后应锁紧并及时取下摇手柄，以免落下伤人。溜板前后禁止站人。

⑨ 龙门刨床的床面或工件伸出过长时，应设防护栏杆，在栏杆内禁止通过行人或堆码物品。

⑩ 龙门刨床在刨削大工件前，应先检查工件与龙门柱、刀架间的预留空隙，并检查工件高度限位器是否安装正确牢固。

⑪ 龙门刨床的工作台面和床面及刀架上禁止站人、存放工具和其他物品。操作人员不得跨越台面。

⑫ 作用于牛头刨床手柄上的力，在工作台水平移动时，不应超过 8kg，上下移动时，不应超过 10kg。

⑬ 工件装卸、翻身时应注意锐边、毛刺割手。

(2)运转中注意事项

① 在刨削行程范围内，前后不得站人，不准将头、手伸到牛头前观察切削部分和刀具，未停稳前，不准测量工件或清除切屑。

② 吃刀量和进刀量要适当，进刀前应使刨刀缓慢接近工件。

③ 刨床必须先运转后方准吃刀或进刀，在刨削进行中欲使刨床停止运转时，应先将刨床退离工件。

④ 运转速度稳定时，滑动轴承温升不应超过 60℃；滚动轴承温升不应超过 80℃。

⑤ 进行龙门刨床工作台行程调整时，必须停机，最大行程时两端余量不得少于 0.45m。

⑥ 经常检查刀具、工件的固定情况和机床各部件的运转是否正常。

⑦ 不许在刨床工作台上放置不用的夹具和刀具等，以免跌落造成机械损伤或人身事故。

(3)停机注意事项

① 工作中如发现滑枕升温过高；换向冲击声或行程振荡声异响；或突然停车等不良状况，应立即切断电源；退出刀具，进行检查、调整、修理等。

② 停机后，应将牛头滑枕或龙门刨工作台面、刀架回到规定位置。

③ 作业结束后，清理好工作场地，关闭电源，清洁设备，按规定恢复各部位置。

④ 清扫机床铁屑只允许用毛刷，禁止用嘴吹、风吹。

4. 磨床

磨床是利用磨具对工件表面进行磨削加工的机床，磨床的工作原理就像木工用砂纸打磨木质家具以提高其表面光洁度。大多数的磨床是使用高速旋转的砂轮进行磨削加工，少数的是使用油石、砂带等其他磨具和游离磨料进行加工，如珩磨机、超精加工机床、砂带磨床、研磨机和抛光机等。它可以把工件表面加工如镜面一样光亮。

1)磨床的加工范围

磨床能加工硬度较高的材料，如淬硬钢、硬质合金等；也能加工脆性材料，如玻璃、花岗石。磨床能进行高精度(尺寸精度和形状精度均以微米计)和表面粗糙度很小的磨削，也能进行高效率的磨削，如强力磨削等。

2)磨床的分类

磨床对工件的表面进行磨削，而工件表面有平面、圆柱形与圆锥形的内、外表面等，因此磨床的种类很多，按其工作性质可分为外圆磨床、内圆磨床、平面磨床、工具磨床以及一些专用磨床，如螺纹磨床、齿轮磨床、球面磨床、花键磨床、导轨磨床与无心磨床等。通过磨削，使工件表面的形状、精度和光洁度等都达到预期的要求。其中尤以平面磨床应用最为普遍。平面磨床也分为 4 种基本类型：立轴矩台平面磨床、卧轴平面磨床、立轴圆台平面磨床和卧轴圆台平面磨床。

3)磨床的工作

M7130 平面磨床是利用砂轮圆周进行磨削加工平面的磨床。它主要由床身、工作台、电磁吸盘、砂轮箱(又称磨头)、滑座和立柱等部分组成，如图 3-26 所示。磨床在工作时首先需要电磁吸盘利用电磁吸力吸持固定住工件，然后根据工件的宽窄和高矮，让装有高速旋转砂轮的砂轮箱在滑座上水平移动，而滑座可沿立柱上、下运动，以完成磨削加工。平面磨床的外观图如图 3-27 所示。

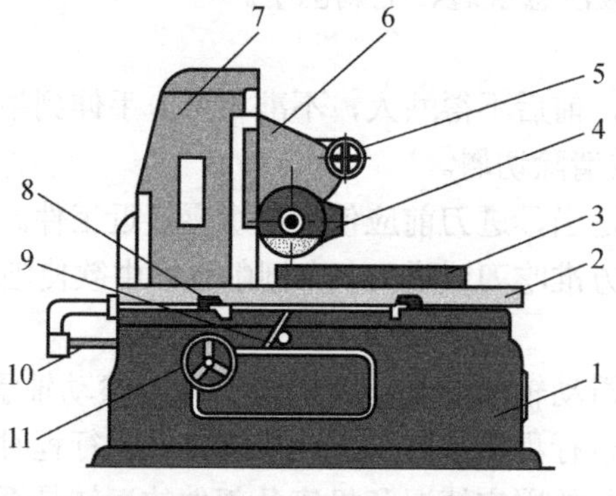

图 3-26　M7130 平面磨床的结构示意图

1-床身；2-工作台；3-电磁吸盘；4-砂轮箱；5-砂轮箱横向移动手轮；6-滑座；7-立柱；8-工作台换向撞块；9-工作台往复运动换向手柄；10-活塞杆；11-砂轮箱垂直进刀手柄

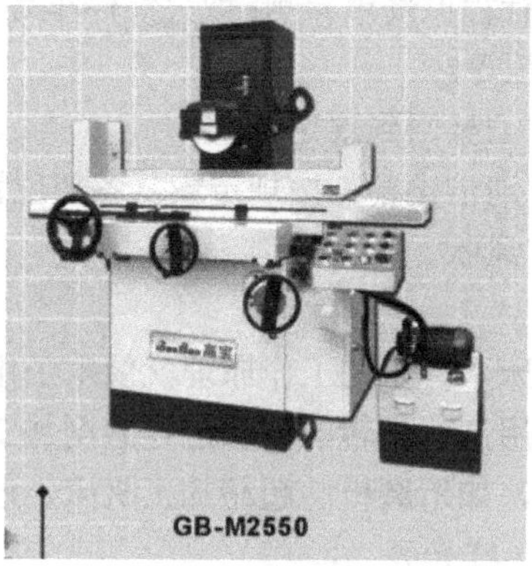

(a)

(b)

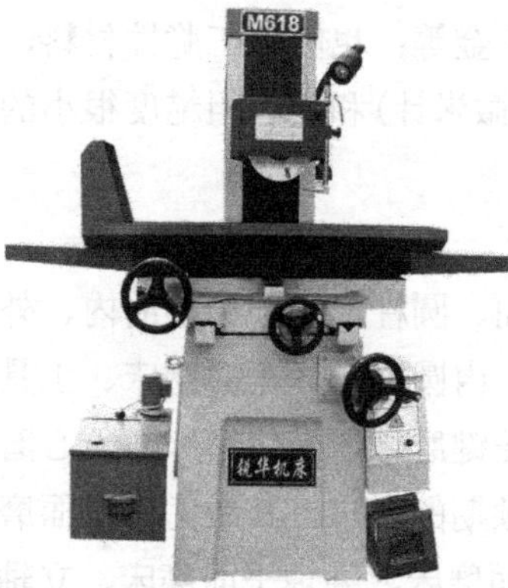

(c)

(d)

图 3-27　平面磨床的结外观图

4)磨床的安全防护

磨削加工应用较为广泛，是机器零件精密加工的主要方法之一。但是，由于磨床砂轮的转速很高，砂轮又比较硬、脆、经不起较重的撞击，偶然的操作不当，撞碎砂轮会造成非常严重的后果。因此，磨削加工的安全技术工作显得特别重要，必须采取可靠的安全防护装置，操作要精神集中，保证万无一失。此外，磨削时砂轮的工件上飞溅出的微细砂屑及金属屑，会伤害工人的眼睛，工人若大量地吸入这种尘末则对身体有害，也应采取适当的防护措施。磨削加工时应注意如下的一些安全技术问题。

(1)开车前应认真地对机床进行全面检查，包括对操纵机构、电气设备及磁力吸盘等卡具的检查。检查后再经润滑，润滑后进行试车，确认一切良好，方可使用。

(2)装卡工件时要注意卡正、卡紧，在磨削过程中工件松脱会造成工件飞出伤人或撞碎砂轮等严重后果。开始工作时，应用手调方式，使砂轮慢些与工件靠近，开始进给量要小，不许用力过猛，防止碰撞砂轮。需要用挡铁控制工作台往复运动时，要根据工件磨削长度，准确调好，将挡铁紧牢。

(3)更换砂轮时，必须先进行外观检查，是否有外伤，再用木槌或木棒敲击，要求声音清脆确无裂纹。安装砂轮时必须按规定的方法和要求装配，静平衡调试后进行安装，试车，一切正常后，方可使用。

(4)工人在工作中要戴好防护眼镜，修整砂轮时要平衡地进行，防止撞击。测量工件、调整或擦拭机床都要在停机后进行。用磁力吸盘时，要将盘面、工件擦净、靠紧、吸牢，必要时可加挡铁，防止工件移位或飞出。要注意装好砂轮防护罩或机床挡板，站位要侧过高速旋转砂轮的正面。

5)磨床的日常保养

磨床要有专人负责保养和使用，定期检修，确保机床处于良好状态。

(1)作业完毕，机件各处，尤其是滑动部位，应擦拭干净后上油。

(2)清除磨床各部位的研磨屑。

(3)必要的部位，上防锈。

使用以上磨床保养注意事项如下。

(1)研磨前，请校正砂轮平衡。

(2)必须依工物材质、硬度慎选砂轮。

(3)主轴端与砂轮凸缘应涂薄油膜以防生锈。

(4)请注意主轴旋转方向。

(5)禁止使用空气枪清洁工作物及机器。

(6)请注意油窗油路是否顺畅。

(7)吸尘箱，过滤钢，请每周清洁一次。

(8)吸力弱时请检查吸尘管是否有粉屑堵塞。

(9)必须保持吸尘管道清洁，否则会引起燃烧。

磨床吸盘的保养如下。

永久磁铁吸盘或电磁吸盘的盘面为工作物研磨精度能否达到要求之根本，应妥为维护、保养。若工作物精度差了或盘面有所损伤，盘面必须再研磨，盘面精度合乎要求，才能确保工作物的精度。

磨床润滑系统的保养如下。

润滑油于最初使用一个月后更换，以后每 3～6 个月后更换一次，油槽下方有泄油栓，便于泄油。并请注意，换油时，将槽内部及过滤器一并清洗。

6) 磨床安全操作规程

(1) 工作前应检查机械、电器、防护装置、吸尘装置、工卡量具等，必须处于完整良好状态。

(2) 手动检查各部之后，空车运转，检查磨头纵向往复运动，确认正常后，可进行工作。

(3) 工作前按工件磨削长度，手动调整换向挡铁位置，并加以紧固。

(4) 机床工作时，液压系统的压力应不超出规定值范围。油温不得超过 50℃，油缸中有空气时，应将磨头以最大行程来回走数次以排气。

(5) 机床没有纵向移动的自动和手动的互锁机构，而用液压自动往复运动时，必须将手柄拔出。

(6) 工作中经常检查夹具、工件的紧固，以及砂轮的平衡紧固和皮带的松紧。砂轮磨钝应及时修整。

(7) 修整砂轮时，金刚刀固定在专用托架上，操作时严禁撞击，并应戴好防护眼镜。

(8) 砂轮没有脱离工件时，不准停车。

(9) 更换砂轮应遵守磨工一般安全规程。

(10) 不准触摸磨削中的工件或隔着运动部位传送东西。

(11) 调整、修理、润滑、擦拭机床时应停机进行。

5. 现场了解设备管理的具体工作

主要有以下方面。①设备的维护和保养，介绍工厂使用的各类表格。②设备的使用。③设备的操作使用规程。④设备的维修。

6. 电气实习(选用)

(1) 熟悉电气元件，常用元器件的外形，结构，功能。

(2) 了解一些常用电路的结构、功能，并能依据图形在机床上了解电器元件的布局。

(3) 画一些局部的电气原理图。

7. 机修实习(选用)

(1) 了解常用机床的内部结构，熟悉机床的附件、配件及维修机床的常用工具、量具。

(2) 学习维修的一些常识。

3.4.3 设备选购的步骤

通常设备选型分三步进行。

1. 设备市场信息的收集和预选

广泛收集国内外市场上的设备信息，如产品目录、产品样本、产品广告、销售人员上门提供的情况、有关专业人员提供的情报、从产品展销会收集的情报以及网上信息等。并把这些情报进行分门别类汇编索引，从中选出一些可供选择的机型和厂家。这就是为设备选型提供信息的预选过程。

2. 初步选定设备型号和供货单位

对经过预选的机型和厂家，进行联系和调查访问，较详细地了解产品的各种技术参数(如精度、性能、功率等)、附件情况、货源多少、价格和供货时间以及产品在用户和市场上的反映情况、制造厂的售后服务质量和信誉等，作好调查记录。在此基础上进行分析、比较，从中再选出认为最有希望的两三个机型和厂家。

3. 选型评价决策

向初步选定的制造厂提出具体订货要求。内容包括：订货设备的机型、主要规格、自动化程度和随机附件的初步意见、要求的交货期以及包装和运输情况，并附产品零件图(或若干典型零件图)及预期的年需量。

制造厂按上述订货要求，进行工艺分析，提出报价书。内容包括：详细技术规格、设备结构特点说明、供货范围、质量验收标准、价格及交货期、随机备件、技术文件、技术服务等。

在接到几个制造厂的报价书后，必要时再到制造厂和用户进行深入了解，与制造厂磋商按产品零件进行性能试验。将需要了解的情况调查清楚，详细记录作为最后选型决策的依据。

在调查研究之后，由工艺、设备、使用等部门对几个厂家的产品对比分析，进行技术经济评价，选出最理想的机型和厂家，作为第一方案。同时也要准备第二、第三方案，以便适应可能出现的订货情况的变化。最后经主管部门领导批准，便完成了设备选型决策的全过程。

以上是典型的选型步骤。在选购国外设备和国产大型、高精度或价格高的设备时，一般均应按上述步骤选型。对国产中、小型设备可视具体情况而简化。

设备使用流程：申请设备——厂领导批准设备的购买——下拨资金——设备的选型——采购——验收——使用——维修、保养——改造更新——报废。

3.4.4 生产设备和基础设施控制程序

国营成都无线电专用设备厂根据 ISO9001 质量管理体系文件的相关规定制定了生产设备和基础设施控制程序，程序文件编号为 CWZ/CX-05-2008，主要内容如下。

1. 目的

对生产设备和基础设施予以确定，提供更新、维护，以实现产品的符合性。

2. 范围

适用于工厂生产设备和基础设施管理。

3. 职责

生产部为本程序归口管理部门，负责生产设备的配置申请及设备更新、维护和管理，同时负责对使用中的生产设备和基础设施进行维护保养，以降低故障率。

4. 工作程序

1)生产设备和管理

(1)根据产品特性的实现要求，配备适宜的生产设备。当现有的设备不能满足生产需求时，由生产车间提出申请，报厂长批准后，由生产科组织采购。

(2)生产科和使用部门对新购置的设备进行安装、调试、验收，并保存验收记录。

(3)生产科负责建立“生产设备台账”；台账的内容包括：设备名称、型号、数量、单价、购置日期、验收使用日期、设备状态、用途、主要规格、制造厂等。

(4)生产设备应进行日常保养和定期保养。日常保养由各设备的操作者在设备使用后进行，并作好保养记录。

(5)生产科每年初应制订“生产设备检修计划”，报厂长批准，按计划要求，组织生产车间进行设备的检修，作好检修记录。

(6)生产设备达不到生产要求或超过使用期限需作报废处理时，由生产科组织有关人员进行鉴定，填写“设备报废单”，报厂长批准后实施。

2)闲置设备的管理

(1)闲置设备仍由生产科管理，并应建立闲置设备台账。内容包括：设备名称、型号、数量、闲置开始日期、设备状况、存放位置等。

(2)闲置设备应有明显的标识加以区分。标识可以用挂牌形式，写明“合格”、“禁用”、“封存”、“报废”等状态。

(3)闲置设备较多时，可以集中管理，并作好登记工作。

3)委托外单位修理的设备管理

委托外单位修理的设备应由生产科与具有相应能力和资格的单位签订修理合同，合同中明确验收标准，并亲临验收。

4)基础设施的管理

(1)基础设施的配备必须满足产品实现的要求。

(2)基础设施包括：适宜的工作场所、照明、电源、水源、易通风排水、足够宽的物流通道。

(3)各个使用部门负责基础设施(备)使用中的维护，出现问题要及时通知其主管部门，对其组织维修。

5)相关文件

①《设备管理办法》；②《设备使用、维护和保养办法》。

6)记录

①生产设备配置申请单；②生产设备台账；③生产设备检修计划；④设备检修单；⑤设备管理卡；⑥设备报废单；⑦闲置设备台账。

3.5　线切割机床部件装配

3.5.1　丝筒部件概述

(1)丝筒部件安装在机床的哪个位置？它有什么用处呢？

丝筒部件安装于床身的左上方，由 4 件螺栓与床身紧固连接。最明显的标志是部件中间有一个表面光洁的圆柱筒形零件，称为丝筒，如图 3-28 和图 3-29 所示。

丝筒部件是机床运丝机构的重要传动部件，它由交流或直流电机带动，使丝筒转动的同时，能带动电极丝沿导轮作往复循环直线运动，并通过丝筒拖板的直线运动将电极丝整齐地排列在丝筒圆周表面上。丝筒拖板行程长短由安装在部件上的撞块和行程开关确定。

(2)丝筒部件有哪些主要零件，它们的基本结构是怎样的？作用有哪些呢？

丝筒部件由丝筒组件、拖板、底座、齿轮副、丝杆螺母副、换向装置等组成，如图 3-30 所示。

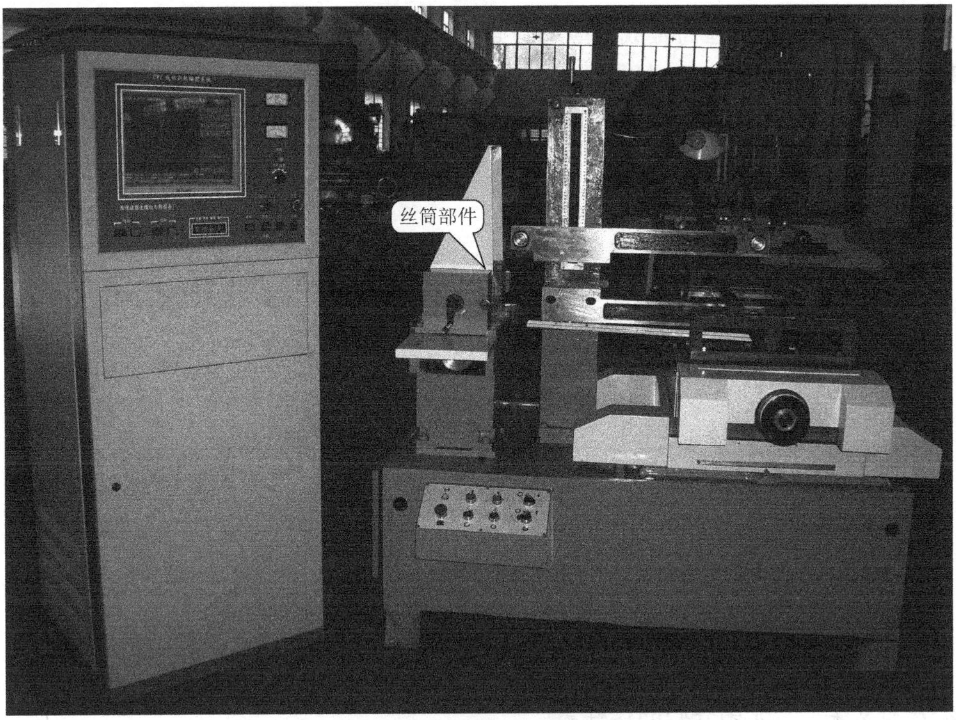

图 3-28 数控线切割整机

图 3-29 丝筒部件实物

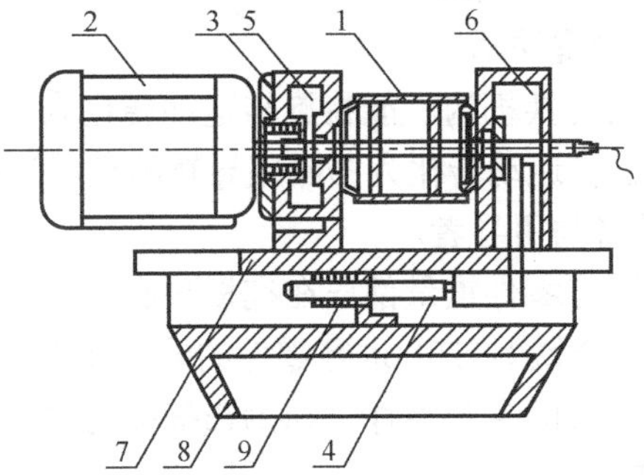

图 3-30 丝筒部件

1-丝筒；2-电动机；3-联轴器；4-丝杆；5-左支架；6-右支架；7-拖板；8-底座；9-螺母

① 丝筒组件——力量在于转动。

丝筒组件(图 3-31)是电极丝稳定运行的关键组件，由丝筒、法兰盘、主轴 3 个主要零件组成。为减小转动惯量，丝筒做成一薄壁圆筒，壁厚为1.5～2.5mm，材料采用无缝钢管。丝筒运转时转速可达1400r/min，为保证高速转动的平稳性，丝筒组件应进行动平衡试验。丝筒外圆面要缠绕电极丝，承受电极丝的拉力及摩擦力，要求丝筒外圆面具有良好的耐磨性能，所以采用了表面镀硬铬的工艺措施。

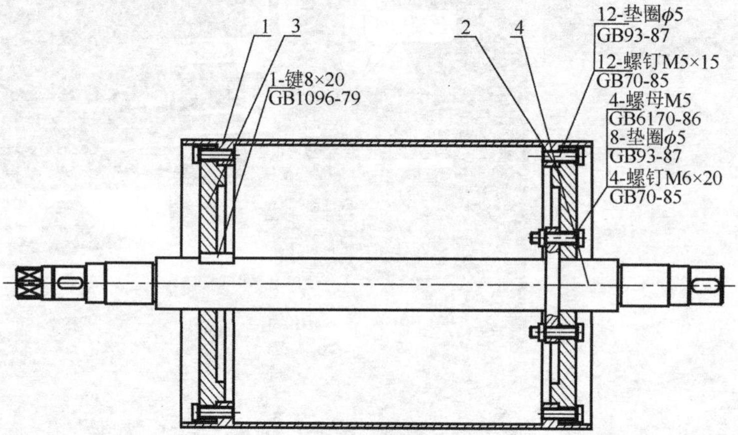

图3-31　丝筒组件

② 左右支架——兄弟齐心的榜样。

丝筒组件主轴两端安装好轴承后装入左右支架的轴承孔中，所以丝筒组件由左右支架支撑，左右支架两个轴承孔在安装中的同轴度要求较高即要求左右支架两个轴承孔中心在一条轴心线上，否则将影响丝筒组件运转精度。

③ 齿轮副——速度与力量的妥协。

齿轮是最常见的传动零件，齿轮副能进行速度和扭矩大小的变换。小齿轮带动大齿轮能将转速降低，扭矩增大，反之大齿轮带动小齿轮能将转速提高，扭矩减小。

$$n_2 / n_1 = z_1 / z_2$$

式中，n_1为主动轴转速，n_2为从动轴转速，z_1为主动齿轮齿数，z_2为从动齿轮齿数。

$$T_2 / T_1 = z_2 / z_1$$

式中，T_1为主动轴扭矩，T_2为从动轴扭矩。

④ 丝杆螺母副——神奇的魔法师。

丝杆螺母副是运动形式的转换机构，能将旋转运动转化为直线运动。在丝筒部件中，丝杆螺母副将电机传递过来的旋转运动转化为沿底座导轨的直线运动。

⑤ 拖板与底座——负重者与引导者。

在丝筒部件中拖板以上所有零件重量都压在拖板与底座上，要求拖板与底座具有较好的刚性以承受负载，我们采用灰铸铁HT200进行零件的整体铸造。拖板与底座除了是丝筒部件重要的支撑基础件外，还是重要的导向零件，因为在拖板与底座上有给直线运动导向的结构——导轨(现用导轨的几种结构形式介绍)。

(3)丝筒部件传动原理(图3-32)。

① 丝筒部件的传动尺寸链。

丝筒部件的传动尺寸链为：电动机——联轴器——丝筒组件——齿轮副——丝杆螺母副。

通过齿轮副将丝筒组件的高速转动转化为丝杆的低速转动，并通过丝杆螺母副将旋转运动转化为拖板的直线运动。为保证将电极丝整齐排列在丝筒上正常运行，丝筒部件的传动尺寸链应满足下列关系式。

$$(Z_1 Z_3 Z_5)/(Z_2 Z_4 Z_6)\times P > d$$

式中，$Z_1 Z_3 Z_5$为所有主动齿轮齿数乘积，$Z_2 Z_4 Z_6$为所有从动齿轮齿数乘积，P为丝杆螺距，d为电极丝直径。即要保证丝筒每旋转一周，拖板的直线位移要大于一个电极丝直径的大小。

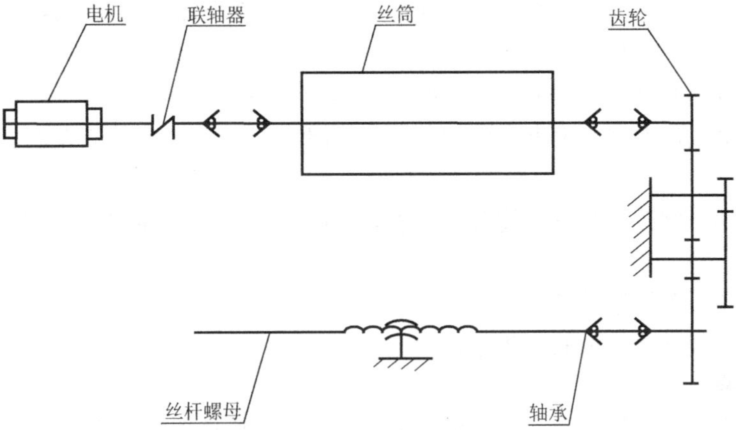

图 3-32　丝筒部件传动原理

② 丝筒部件的导向结构。

丝筒部件的导轨结构形式目前主要有两种，即滑动导轨和滚动导轨。我厂现采用平 V 形滑动导轨组合，如图 3-33 所示。这种导轨组合形式具有结构简单、制造方便、具有磨损自补偿的优点，缺点是摩擦阻力大、电机负荷较重。滚动导轨现在常采用双 V 形导轨组合，如图 3-34 所示。

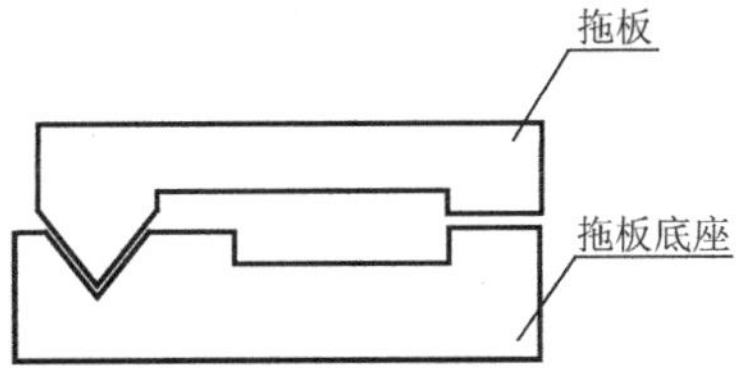

图 3-33　丝筒部件的滑动导轨结构形式

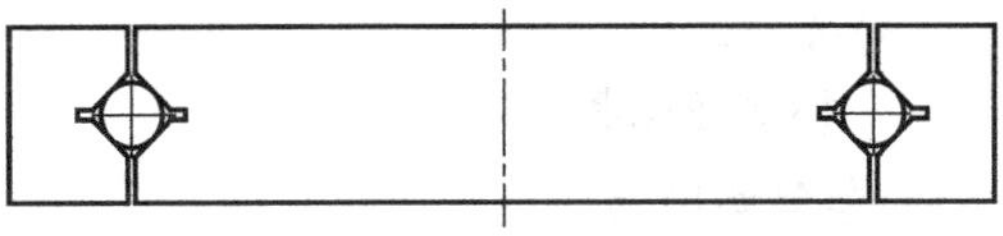

图 3-34　丝筒部件的滚动导轨结构形式

3.5.2　丝筒部件的拆卸与组装

1．拆装前的准备工作

(1) 同学们熟悉丝筒部件装配图及有关资料，了解机械结构及各部件连接关系。

(2) 认识机械拆装的拆装工具、掌握工具使用方法。

(3) 了解机械拆卸的常用方法：拆卸顺序与装配顺序相反，一般为先外后内，先上后下的原则，先大后小，先简后繁的原则。

2．拆装注意事项

(1) 服从指导教师安排，遵守实训守则，执行安全操作规范。

(2) 拆卸零部件要按先后顺序排列，以便组装时装入原位。

3. 拆卸步骤

(1)用专用摇柄摇动丝杆，使托板朝操作者方向移动，最终使丝杆与螺母完全脱离。

(2)拆卸电机，用内六角扳手将电机板与左支架连接的内六角螺钉松下后，双手托住电机向外用力拔出电机。

(3)拆卸联轴器，用两件 M6×60 的内六角螺钉旋入联轴器上的两个拆卸工艺孔，把联轴器从丝筒主轴上反顶出来。

(4)用活动扳手和弹簧卡钳分别将 1＃2＃3＃4＃5＃6＃拆下。

(5)用拔销器拔出左右支架上定位的 4 件ϕ8 圆锥销，用活动扳手将左右支架 8 件 M10 六角螺栓拆下。

(6)用十字和一字改刀拆下丝筒轴承端盖和挡线盘上的螺钉，拔出右支架，取出丝筒组件，水平放好。

(7)用内六角扳手拆下丝杆支承组件。

(8)拆卸左支架并将托板取下放好。

4. 组装步骤

(1)清点备齐所有已拆零件、组件和标准件，并将托板放置于底座上。

(2)将左支架安装于托板上，将丝筒组件左端放入左支架轴承孔中，将右端装入右支架轴承孔中，然后用圆锥销和螺栓固定好左右支架。

(3)用内六角扳手安装丝杆支承组件。

(4)将 1～6＃齿轮分别安装到丝筒主轴，丝杆支承的两个挂轮轴上及丝杆上。

(5)向远离操作者方向推动托板，使丝杆贴近螺母，摇动专用摇柄使丝杆旋入螺母直至丝杆螺纹长度中段位置。

(6)安装挡线盘和轴承端盖。

(7)安装联轴器。

(8)安装电机。

5. 检测及调整

1)丝筒圆跳动

(1)检测目的：丝筒在带动电极丝高速运行的同时它自身也是一个大的振动源，圆跳动超差将使电极丝抖动幅度加大，降低加工精度和表面质量。此项检测控制圆跳动误差值在允许范围以内。(允差值≤0.015mm)

(2)调整方法：修配丝筒主轴两端装轴承部位的同轴度，修配轴承与左右支架轴承安装孔的配合，检查轴承在主轴及轴承孔中是否到位。

(3)检测工具：千分表、表杆、磁力表座。

2)丝筒轴心线与拖板导轨的平行度

(1)检测目的：防止电极丝在运行过程中行程两端张力不均，出现一边松一边紧，降低加工精度和表面质量。(允差值≤0.01mm)

(2)调整方法：调整左右支架相对位置。

(3)检测工具：千分表、表杆、磁力表座。

3)丝筒两端的等高

(1)检测目的：保证丝筒正常运转，有利于稳定电极丝张力。(允差值≤0.01mm)

(2) 调整方法：铲刮左右支架安装底面。

(3) 检测工具：千分表、表杆、磁力表座。

4) 丝杆与拖板导轨的平行度

(1) 检测目的：防止丝杆在水平和垂直两方向上倾斜，保证拖板平稳运行。(允差值≤0.01mm)

(2) 调整方法：用刮刀修配右支架与丝杆支承的结合面。

(3) 检测工具：专用工装、标棒、千分表、表杆、磁力表座。

5) 丝杆主轴的轴向窜动

(1) 检测目的：防止丝筒组件轴向窜动过大，丝筒无法定位，影响正常排丝。防止丝筒组件轴向窜动过小甚至无间隙，加大了轴承预紧力易使轴承磨损。(允差值 0.04mm～0.08mm)

(2) 调整方法：取下右支架上的轴承端盖，用车床加工其大端面或小止口端面厚度尺寸加以解决。

(3) 检测工具：千分表、表杆、磁力表座。

3.6 生产现场9S管理

1. 整理

整理(Seiri)为5S、6S、9S活动的第一阶段，指区分必需品和非必需品并大胆地扔掉非必需品的活动。通过这个阶段可减少非必需品所占的空间，确保必需品所占的空间。

1) 整理活动推行方案

整理活动的一般工作内容与操作方法如下。

(1) 制定区分非必需品和必需品的标准。

(2) 开展大扫除，区分不用物品、不需物品。

(3) 进行列表编目，制作登记不用物品、不需物品的账簿。

(4) 按规定处理不用物品、不需物品。

(5) 作业人员每日自我检查，达成并维持整理效果。

2) 现场整顿工作细则

为了开展9S管理工作，生产现场需定期对设备、工具、材料、部件、半成品、产成品等物品进行整理。

3) 非必需品处理制度

制定“必需品”与“非必需品”的判别标准，使工作人员都掌握两者的区分方法，及时判断并果断、合理地处理非必需品，是整理活动的主要工作及难点之一。

2. 整顿

整顿(Seiton)是指将必需物品放于任何人都能立即取到的地方，确保工作场所一目了然，员工能快速找到所需的物品。

1) 整顿活动推行方案

整顿不是简单的陈列与摆放整齐，而是要把有用的东西以最方便拿取的方式放好，让大家都一目了然，在需要使用时可以随时取到。

2) 现场定置管理办法

整顿阶段工作需遵循三定工作原则，三定是指定点、定容、定量。

3. 清扫

清扫(Seiso)是指将岗位打扫得干净整洁，将设备保养完好，创造一个一尘不染的环境。清扫不是唯一的目的，同时还应达到检查的目的，要认识到清扫就是检查。

4. 清洁

清洁(Seiketsu)是指维持生产现场干净、高效、安全的状态，确保没有灰尘以及垃圾，以便在问题发生时一眼就能将其发现，也就是强调要能够用肉眼识别现场正常与否。

清洁活动需把整理、整顿、清扫(3S)贯彻到底，做到标准化、制度化、规范化，并维持良好局面以巩固成果，又称为“3S 活动”。

5. 节约

节约(Saving)，即减少浪费、降低成本。

节约活动的目的是消除生产现场中的“浪费”，运用 IE 手法等进行作业改善。

6. 安全

安全(Safety)，即清除隐患、排除险情、预防事故的发生，企业需做好以下几点。

(1)制订正确的作业流程，配置适当的工作人员监督指示功能。

(2)及时消除不合安全规定的因素。

(3)加强对作业人员的安全意识教育。

7. 服务

服务(Service)指要经常站在客户(内部客户、外部客户)的立场思考问题，并努力满足客户需求。

8. 满意

满意(Satisfication)，是指客户(内部客户、外部客户)接受产品服务后感到需求得到满足的状态，满意活动是指企业开展一系列活动以使各有关方感到满意，包括投资者满意、客户满意、员工满意、社会满意等。

从横向层面来看，满意又包括企业理念满意、行为满意、视听满意、产品满意、服务满意等。

9. 素养

素养(Shitsuke)，是指通过教育使员工养成遵守规章制度等良好的习惯，最终达成全员“质量”的提升。工厂应培训员工树立遵守规章制度、工作纪律的意识，大家都主动按要求、按标准去执行，直到成为全厂员工共有的习惯。

第4章 质量控制

4.1 概 述

质量控制是指为达到质量要求所采取的作业技术和活动。这就是说，质量控制是为了通过监视质量形成过程，消除在所有阶段引起质量不合格或不满意效果的因素。以达到质量要求，获取经济效益，而采用的各种质量作业技术和活动。在企业领域，质量控制活动主要是企业内部的生产现场管理，它与有否合同无关，是指为达到和保持质量而进行控制的技术措施和管理措施方面的活动。质量检验从属于质量控制，是质量控制的重要活动。

企业要在激励的市场竞争中生存和发展，仅靠方向性的战略性选择是不够的。任何企业间的竞争都离不开“产品质量”的竞争，没有过硬的产品质量，企业终将在市场经济的浪潮中消失。而产品质量作为最难以控制和最容易发生的问题，往往让供应商苦不堪言，小则退货赔钱，大则客户流失，关门大吉。因此在市场经济中质量已成为企业竞争的手段。质量成为企业生存发展的必要条件，以质量求生存，以质量求效益，“质量第一”已经成为企业的共识；抓住了质量就抓住了企业的中心工作，企业要生存，质量必先行。如何有效地进行过程控制是确保产品质量和提升产品质量，促使企业发展、赢得市场、获得利润的核心。

要保证产品质量，必须加强对生产过程的质量进行控制。无论是零部件产品还是最终产品，它们的质量都可以用质量特性围绕设计目标值波动的大小来描述。若波动越小则质量水平越高。当每个质量特性值都达到设计目标值时，即波动为零，此时该产品的质量达到最高水平。但实际上这是永远不可能的。所以我们必须进行生产过程质量控制，最大限度地减少波动。世界上大部分成功的企业大都是与严格的生产过程质量控制分不开的，都有一套非常严密的适合自身实际的质量规范体系，这个质量规范体系基本上是按照质量管理体系执行ISO9001：2008 标准的质量操作程序运作的。这些体系文件涵盖了质量管理的全方位、全过程，覆盖整个产品的形成过程，并具体、详细规定了每个过程要完成的工作，以及如何记录各种质量数据。这不仅保证了产品质量而且为以后的质量改进提供了大量的技术材料。

1. 质量方针和目标

(1) 质量方针：以市场为先导，创名优产品；以质量为生命，让顾客满意。

顾客的需求是第一位的，公司应满足，甚至超越顾客明示的和隐含的要求。

公司只有持续改进自身的管理行为，才能为顾客提供满足的优质产品和服务。

(2) 质量目标：①产品一次交验合格率 90%；②产品出厂合格率 100%；③顾客满意率 90%。

2. 质量控制要点

1) 质量控制范围包括对专业作业技术过程和质量管理过程

质量控制是指为达到质量要求，在质量形成的全过程的每一个环节所进行的一系列专业技术作业过程和质量管理过程的控制。对硬件类产品来说，专业技术过程是指产品实现所需的设计、工艺、制造、检验等；质量管理过程是指管理职责、资源、测量分析、改进以及各种评审活动等。对服务类产品而言，专业技术作业过程是指具体的服务过程。

2)质量控制的关键是使所有质量过程和活动始终处于完全受控状态

事先应对受控状态作出安排，并在实施中进行监视和测量，一旦发现问题应及时采取相应措施，恢复受控状态，把过程输出的波动控制在允许的范围内。

3)质量控制的基础是过程控制

无论制造过程还是管理过程，都需要严格按照程序和规范进行。控制好每个过程，特别是关键过程是达到质量要求的保障。

4.2 过程质量控制步骤、条件、要求

工序管理(过程控制)的实施是通过对工序质量管理点的特殊管理来实现的，而工序质量控制点指在一定条件下、一定时间内对关键质量物性或支配性要素实施特殊管理的部位，这些特殊部位在工序流程图上必须加以标注。

4.2.1 建立工序质量控制点的步骤

对新产品建立工序质量控制点，应在新产品投产前，以工序设计时即开始编制有关文件。对已投产的产品建立工序质量控制点，一般由企业的质量管理部门会同工艺技术部门组织有关职能科室、生产车间按以下步骤进行。

1. 确定工序质量控制点，编制工序质量控制点明细表

企业质量管理部门会同工艺技术部门，组织设计、检验、生产和车间等部门，根据产品质量特性重要度分级、工艺规程和所存在的质量问题，通过综合分析按以下原则，确定产品生产过程中应建立的工序质量控制点，并编制“工序质量控制点明细表”。

(1)产品的性能、精度、寿命、可靠性、安全性等以及对其有直接影响的零部件关键质量特性，以及影响这些质量特性的支配性要素。

(2)工序本身有特殊要求，或对下道工序有直接影响的质量特性，以及影响这些质量特性的支配性要素。

(3)工序质量不稳定，出现不合格的概率较高的质量特性，以及影响这些质量特性的支配性要素。

(4)根据用户反馈的质量信息或抽检、审核不合格的质量项目。

2. 编制工序质量控制点有关文件

(1)由工艺技术部门负责编制“控制点工艺流程图”，即标明建立质量点工序的工艺流程图。

(2)由工艺技术部门组织车间工艺员、质管员等进行工序分析，找出影响质量特性的支配性要素并量化分析后经验证确认，编制“工序质量表”。

(3)由工艺技术部门负责制订工序质量控制点的作业标准和检验规程。编制“作业指导书”和“工序质量控制点表(自检表)”。

(4)质量管理部门将通过工序分析找出的已量化的支配性要求，经与工艺技术部门协商，确认需要作为控制内容，补充列入“工序质量控制点明细表”中并印发。

3. 对支配性工序要素进行特殊管理

设备、工具、计量、检验、生产、供应等部门，根据“工序质量表”的要求，将本部门

职能有关的支配性要素，制订管理办法。编制如“设备周期点检卡”、“工装周期点检卡”等文件，并实施特殊管理。

4. 确定适宜的控制方法

质量管理部门、工艺技术部门组织车间工艺员、质管员，收集数据并进行处理和分析。当确认当前工序过程处于稳定受控状态时，建立数据记录表和控制图或其他控制方法作为控制手段。

5. 建立质量控制点管理制度

质量管理部门起草“工序质量控制点管理制度”、“自检管理制度”并明确规定相应的津贴和奖励办法，经劳资部门认可后由厂长批准执行。

6. 组织培训

以参与质量控制相关的工人、检验员组织培训、学习有关控制点的文件、规章制度和相关知识，经考核达到要求。

7. 创造实施质量控制的条件

厂领导层应组织各有关部门，研究、解决各质量控制点实施质量控制所需要的一切技术、资源条件。

8. 组织实施

车间组织操作工人或检验员实施工序质量控制，工艺技术部门、质量管理部门、质量检验部门、生产管理部门共同组织审核、诊断，提出改进意见。人事部门按规定对有关人员给予津贴和奖励。

9. 车间组织预验收

车间组织有关人员按有关标准、规章对实施工序质量控制的过程、条件、效果等方面进行验收，确认符合要求并确定有效后向企业质量管理部门申请对工序质量控制点进行正式验收。

10. 正式验收合格后给出予有效标识

质量管理部门会同工艺技术部门、质量检验部门、生产管理部门共同对工序质量控制点进行正式验收。验收合格后挂上控制点标识。

11. 实施动态管理

验收合格后，质量管理部门加强对工序质量控制点的定期监督检查，实施动态管理。

(1)对关键工序的质量控制点应长期坚持实施质量控制，质量管理员应会同工艺员加强对控制图的观察、判断、分析，随时采取有效措施，保持过程稳定受控。一旦发现质量控制点的控制功能失效，应取下控制点标识，由车间按建点步骤重新建立、重新验收。

(2)对质量薄弱环节的质量控制点，经一段时间的实施，经验证确实已恢复正常，可撤销质量控制点。

(3)根据用户要求建立的质量控制点，当用户不再要求时，可以撤销质量控制点。

凡经验证已撤销的工序质量控制点，必须及时对有关技术文件进行修改。

12. 对质量控制点组织审核、考评

为保证质量控制点有效和不断改进，应定期对工序质量控制点的控制过程、效果进行审核和考核评价。

4.2.2 工序质量控制点应达到的条件

(1)质量要求要明确。每个质量控制点都应有明确的质量标准，当质量标准不能用文字或数据表达时，则应建立实现质量标准。质量控制点的质量要求一般应在“工序质量控制点明细表”或“质量管理工程图”中标明。

(2)进行工序分析。通过工序分析编制“工序质量表”，对确定的支配性要素经回归分析等方法量化后应明确规定界限值、检测手段和控制方法，并明确责任者。

(3)制定作业标准。工序质量控制点都应制订指导工人操作的作业指导书(或操作规程、操作卡片)。操作工人必须严格执行作业标准，要求真正做到“标准化作业”和“作业标准化”。

(4)制订检验规程和配备符合要求的检测设备，建立完善的质量检验系统。

(5)确定适宜的控制方法。每一个质量控制点，应针对控制对象的类型、特点及数据性质，确定适宜的控制方法，如数据表、控制图、选项控图或预控图等。对操作工人和检验员应经过培训，对所应用的控制方法应会计算、绘图和判断，当发生异常时应有能力及时采取措施调整过程。

(6)建立质量责任制，展开自检活动。

(7)操作工人和检验员已掌握质量控制点对各自的要求。

(8)建立质量控制点管理办法及实施细则。

(9)能正常实施过程控制，经三个月考核验证，达到稳定并经车间内有关人员预验收合格。

(10)企业组织验收合格，已配备标志。

4.2.3　对工序质量控制点的操作工人和检验员的要求

1. 对操作工人的要求

(1)应学习掌握全面管理的基本知识，了解本工序所用的数据表、控制图及其他统计工具的用法及作用，会计算数据和打点作图。

(2)应清楚地掌握所操作工序的质量要求及质量控制要求。

(3)熟练掌握操作规程并严格执行，以正确的操作保证产品质量。

(4)掌握工序的支配性要素，对纳入操作规程的支配性要素的控制应认真执行；对其他部门负责的支配性要素的控制应进行监督。

(5)积极开展自检活动。

(6)牢固树立“下道工序是用户”及“用户第一”的指导思想，按用户的要求不断提高工序质量。

(7)认真填写“数据记录表”、“控制图”和操作记录，按规定时间抽样、测试、记录、计算、打点作图。保持图表和记录的整齐、清洁、准确，不弄虚作假。

(8)在加工过程中一旦发现工序质量有异常(如控制图中出现异常判断的检验模式)应立即分析并采取措施纠正。若确实自己无法排除异常，应立即向班组长或工艺技术人员报告。

2. 对检验员的要求

(1)除正确执行正常的质量检验外，应检查、监督操作工人执行工艺及质量控制规程。对发现有违章作业的工人，应立即劝阻，劝阻无效时应向检验站和车间领导报告，并做好记录。

(2)在巡回检验中应检查所控制的质量特性或支配性要素，发现问题应帮助操作工人分析，及时找出原因采取措施纠正。

(3)对有防差错装置的工序，检验员应及时检查防差错装置的运行是否正常，必要时会同工装维护人员调整、修理。

(4)应熟悉所负责检验范围内质量控制及检测、试验方法，严格按检验规程进行检验。

(5)应熟悉质量控制方法所用的图、表的用法和作用，并监督检查操作工人执行质量控制的正确性。

(6)对操作工人的自检记录、计算及自检率、自检准确率进行检查并编制报表。

(7)按规定参与对工序质量控制点的审核。

工序管理(过程控制)是企业生产制造过程中最重要、最关键的工作。企业在质量管理体系的建立和运行过程中，应将“统计过程控制系统”作为重要的子体系，予以高度的重视。

4.3 质量控制方法

1. 全数检验

全数检验是将送检批的产品或物料全部加以检验而不遗漏的检验方法。适用于以下情形。

(1)批量较小，检验简单且费用较低；

(2)产品必须是合格品；

(3)产品中若有少量的不合格，可能导致该产品产生致命性影响。

2. 抽样检验

抽样检验是从一批产品的所有个体中抽取部分个体进行检验，并根据样本的检验结果来判断整批产品是否合格的活动，是一种典型的统计推断工作。

(1)适用于以下情形。

① 对产品性能检验需进行破坏性试验；

② 批量太大，无法进行全数检验；

③ 需较长的检验时间和较高的检验费用；

④ 允许有一定程度的不良品存在。

(2)抽样检验中的有关术语如下。

① 检验批：同样产品集中在一起作为抽验对象；一般来说，一个生产批即一个检验批。可以将一个生产批分成若干检验批，但一个检验批不能包含多个生产批，也不能随意组合检验批。

② 批量：批中所含单位数量；

③ 抽样数：从批中抽取的产品数量；

④ 不合格判定数：即拒收；

⑤ 合格判定数：即接收；

⑥ 合格质量水平：通俗地讲即可接收的不合格品率。

3. 抽样方案的确定

根据国家标准GB2828《逐批检验计数抽样程序及抽样表》设计。具体应用步骤如下。

(1)确定产品的质量判定标准。

(2)选择检查水平：一般检查水平分Ⅰ、Ⅱ、Ⅲ；特殊检查水平分S-1、S-2、S-3、S-4，一般情况下，采用一般水平Ⅱ。

(3)选择合格质量水平：是选择抽样方案的主要依据，应由生产方和使用方共同商定。

(4)确定样本量字码，即抽样数。

(5)选择抽样方案类型：如一次正常抽样方案，加严抽样方案，还是多次抽样方案。

(6)查表确定合格判定数和不合格判定数。

4.4　不合格品质量控制

对不合格产品进行识别和控制，防止不合格品的非预期使用或交付。

1. 不合格品的分类

(1)A类不合格品(致命缺陷)：经检验产品的质量特性极严重偏离技术标准要求，直接影响产品的质量、主要功能、安全技术指标或重大的批量不合格品。

(2)B类不合格品(缺陷)：经检验产品的质量特性严重偏离技术标准要求，直接影响产品的质量、主要功能、安全技术指标的不合格品。

(3)C类不合格品(轻缺陷)：经检验产品的质量特性轻微偏离技术标准要求，只对产品的使用性能有轻微影响或几乎没有影响的不合格品。

2. 不合格品的标识、记录和隔离

1)标识

发现原材料、半成品、成品的不合格品时，检验员必须按CWZ/CX-07-2008《生产和服务提供控制程序》文件规定，采用标牌对不合格品进行标识。

2)记录

发现不合格品时，检验员必须如实将不合格情况记录在原始检定记录上，并填写《超差品征询单》。

3)隔离

检验员对已判定的不合格品，必须立即进行隔离，不得与合格品混淆，未做出评审处理前，不得擅自动用或转序。

3. 不合格品的评审

(1)A类不合格品的评审：由计量质检科负责组织相关部门进行评审，评审结果报经厂长批准后，方可组织实施，并备案保存。

(2)B类不合格品的评审：由计量质检科负责组织相关部门进行评审，评审结果报经厂长批准后，将评审结果由计量质检科备案保存。

(3)C类不合格品的评审：由质检人员会同车间负责人进行评审和处理。

(4)评审结论：有让步接收、返工、报废等类别；检验人员根据评审结论，在产品上挂上标识。返工后需要重新验证其返工效果是否达到规定的要求。

(5)让步接收的产品，必须取得顾客的同意，方能销售，并留下顾客的相关手续。

4. 交付或开始使用时发现的不合格品

经确认后，应按重大质量问题对待，除执行第4.2.3节有关规定外，计量质检科应采取相应纠正和预防措施，执行《纠正和预防措施控制程序》文件规定，销售科应及时与顾客协商处理办法，以满足顾客的正当要求。

5. 采购物资中出现的不合格品

按上述原则处理，由计量质检科检验判定，生产科负责处置；处置方法有退货、让步接收使用，让步接收使用只限于C、D类物资，由厂长批准方可使用。

6. 注意事项

(1)对产生不合格品的原因和纠正措施执行CWZ/CX-12-2008《纠正和预防措施控制程序》文件的规定。

(2)不合格报告、评审及处置中的相关质量记录应由计量质检科负责保存。

(3)质量记录

①《不合格报告》附表1；②《不合格品处置单》附表2；③《纠正和预防措施处理单》附表3。

4.5 关键过程控制

4.5.1 关键过程的识别和确定

关键过程一般包括形成关键、重要特性的过程；加工难度大、质量不稳定、易造成重大经济损失的过程；被确定为关键、重要特性的外购、外协件入厂验收工序等。

1. 编制关键件(特性)、重要件(特性)项目明细表

设计研究部门根据GJB190和BD17的规定，在对产品进行特性分析的基础上，确定关键件(特性)、重要件(特性)，并按产品汇总编制“关键件、重要件目录和特性分类表”，经顾客代表审签同意后归档分发给各生产单位和工艺管理、冶金管理、质量管理、质量检验、供应等部门及顾客代表。

2. 编制关键、重要外购器材项目表

供应部门根据设计研究部门编发的“关键件、重要件目录和特性分类表”和产品图样，对确定为关键特性、重要特性的外购器材，汇总编制“关键、重要外购器材项目表”，复制分发质量管理、质量检验、冶金管理部门和顾客代表。

3. 编制关键工序卡片和关键工序质量控制卡片

各生产单位工艺室根据设计研究部门编发的“关键件、重要件目录和特性分类表”和零组件设计图，以及本单位自己确定的关键过程，依据ZGS09.3、ZGS09.4和ZGS10.1的要求，在编制新产品研制工艺规程和试(批)工艺规程中，按照ZGS09.5的规定编制关键工序卡片和关键工序质量控制卡片，明确要控制的特性、控制的工艺方法和要求等。

4. 编制关键过程明细表

(1)各生产单位工艺室在编制关键件、重要件研制工艺规程或试(批)生产工艺规程后，按照ZGS09.5的规定，按产品编制“关键过程明细表”，经审批后归档，由档案部门按规定复制分发。

(2)工艺管理部门根据各生产单位工艺室编制的“关键过程明细表”，按产品汇总建立关键过程及分布目录，存工艺管理部门。

4.5.2 关键过程的标识

(1)设计研究部门在编制“关键件、重要件目录和特性分类表”的同时，应根据GJB190和BD17的规定，在产品设计文件和图样上作相应标识。

(2)供应部门对确定的关键、重要外购器材，应在“产品外购器材入厂检验项目表”中标识“G”、“Z”或“关键件”、“重要件”；对检验合格的器材，在合格器材卡片上加盖“关键件”、“重要件”印章。

(3)各生产单位工艺室在编制工艺规程时，应根据 ZGS09.5 的规定，在工艺规程有关卡片上进行标识。

(4)生产单位计调室依据产品“关键过程明细表”，对本单位承制的关键件、重要件的施工/过程卡进行标识：在封面加盖“关键件”或“重要件”红色印章；在关键工序的工序号前加盖“GG”或“关键工序”红色印章。若“关键过程明细表”更改，将关键件、重要件改为重要件、一般件时，对施工/过程卡的标识采取划改方法进行更改，在划改处标索引号，签名并注日期。

(5)质量检验部门在关键件、重要件的合格证或质量保证单上，应加盖“关键件”或“重要件”红色印章。

4.5.3　关键过程的控制

1. 关键过程控制要求

(1)关键、重要件使用的原材料应符合标准和技术条件，被确定为关键、重要特性的原材料，确需牌号代料时，应经过试验确认，按 ZGA01.15 的规定办理审批手续后才能投入生产，供应部门应将试验确认原始记录整理存档。

(2)操作人员和检验人员应经过技术培训，具备基础知识和专业技能，持有操作证或上岗证。

(3)关键过程(工序)应实行“三定”：定工序、定人员、定设备。确定的加工、试验设备应处于完好状态。

(4)生产现场使用的工艺文件应是适用版本，应做到正确、完整、协调、清晰。

(5)生产现场的环境状况应符合有关工艺文件和规章制度的规定，以保证产品质量所需的环境条件。

(6)严格执行首件“三检”制度，按所使用的测量装置给出的测量结果在“三检证”上记录。当测量装置能给出具体测量值时，应记录实测的数据。

(7)加工关键工序时，操作者应对关键、重要特性实施百分之百检查，并将检查结果在“关键工序特性值实测记录表”(质管 018)中记录。检验人员应加强过程监控，发现问题及时向有关人员反馈。汇总检验时，应对关键、重要特性实施百分之百检验。

(8)对于由工艺装备、程序和工艺方法等保证的关、重特性，现场无法测量的，在首件“三检”时应送计量检测。

(9)适用时，运用统计技术。在产品质量不稳定或采用抽样方案时，应采用统计技术，对产品质量特性趋势进行监视。

2. 关键过程控制实施方法

(1)生产单位技术负责人组织工艺、检验、劳资室主任和生产、机修工段工长研究，对本单位承制零组件的关键过程(工序)进行“三定”，由质量管理技术员汇总填写“关键工序三定表”(质管 016)一式五份，经会签后分发计调室、检验室、生产工段和机修工段各一份，存档一份。

(2)生产单位质量管理技术员按本单位的月生产作业计划和“关键过程明细表”，编写本单位当月的“实施工序控制项目计划表”(质管 017)一式三份，经单位技术负责人审批后分发生产工段、质量管理部门各一份，存档一份。并同时将“关键工序特性值实测记录表”发给生产工段。

(3) 计调室负责按第 4.5.3 节要求，在关键件、重要件的施工/过程卡上进行标识后，将施工/过程卡发给生产工段。

(4) 生产工段在分派任务时，按照“关键工序三定表”的规定安排设备和操作者，并将“关键工序特性值实测记录表”交给操作者。

(5) 操作人员和检验人员应切实执行关键过程(工序)控制文件。在认真消化理解关键过程(工序)控制要求后，再进行加工和检验，并如实填写“关键工序特性值实测记录表”。

① “C”型、“S”型研制产品的关键件、重要件，依据研制工艺规程关键过程(工序)的要求进行控制；

② 试(批)生产产品的关键件、重要件，依据试(批)生产工艺规程关键过程(工序)的要求和相应的“关键工序质量控制卡片”的要求进行控制。

(6) 质量管理技术员应对关键过程(工序)控制情况进行监督指导。

4.5.4 关键过程控制有效性评价和记录

1. 关键过程控制有效性评价

(1) 若达到下列条件之一，则视为关键过程控制有效。

① 关键件、重要件关键工序的合格率在 98%以上。

② 经三批以上零组件生产考验，合格率波动正负不超过 10%。

③ 后续工序未出现因本工序原因造成的不合格。

(2) 关键过程控制有效性评价，由生产单位质量管理技术员负责每月进行一次，并于次月初填写“关键工序控制实施情况统计表”(质管 019)一式三份，自存一份，报质量管理部门一份，反馈本单位工艺室一份，以便主管工艺人员了解并按年度分析本单位关键过程控制能力，对关键过程进行适当调整。

(3) 若发现关键过程未能得到有效控制，质量管理技术员应及时向单位技术负责人汇报，由单位技术负责人组织查找原因，制定措施，保障关键过程得到有效控制。

2. 保持记录

(1) 关键过程控制中形成的记录应书写工整、字迹清晰、填写准确。

(2) 关键过程控制中形成的记录，由各生产单位质量管理技术员按 Q/1DZG2.3 的规定予以保持。

4.6 采购过程控制

4.6.1 采购物资分类

(1) 重要物资 A：构成最终产品的主要部分和关键部分，直接影响最终产品使用或安全性能等，可能导致顾客严重投诉的物资。

工厂 A 类物资为：电子元器件、专用钢材、普通钢材等。

(2) 一般物资 B：构成最终产品非关键部位的物资，它一般不影响最终产品的质量或即使略有影响，但可采取措施予以改进的物资。

工厂 B 类物资为：普通材料、电工材料。

4.6.2 对供方的评价

(1)生产科根据采购物资技术标准和生产需要，通过以物资的质量、价格、从货期等进行比较，选择合格的供方，填写“供方业绩评定表”。对同类的重要物资和一般的物资，应同时选择几家合格的供方。技术科负责建立并保存合格供方的记录。根据《采购物资分类明细表》规定的产品类别明确对供方的控制方式和程度。

(2)对有多年业务往来的物资的供方，应提供充分的质量证明文件，适当地包括以下内容，以证实其质量保证能力。

① 供方产品质量状况或来自有关方面的信息(如供方其他用户对其产品质量的反馈)；

② 供方质量管理体系对按要求如期提供稳定质量产品的保证能力；

③ 供方顾客满意程度；

④ 产品交付后由供方提供相关的服务和技术支持能力，如咨询等；

⑤ 其他方面，如与履约能力有关的财务状况、价格和交付情况等。

(3)对第一次供应重要物资的供方，除提供资质书面证明材料外，还需经样品测试及小批量试用，测试合格才能供货。

① 供方根据提供的技术要求提供少量样品；

② 计量质检科对样品进行验证，出具相应的验证报告，并填写“供方业绩评定表”中的相应栏目后，反馈给生产科；

③ 样品若不合格可再送样，但最多不能超过两次；

④ 样品验证合格后，生产科通知供方供货，经计量质检科进行验证合格后，交生产车间试用，并由计量质检科出具相应试用后验证报告，填写“供方业绩评定表”中相关栏目，反馈给生产科；

⑤ 小批量进货验证或试用不合格则取消其供货资格。样品验证且小批量试用合格的供方经副厂长批准后，可列入“合格供方名录”。

(4)对于一般物资供方，除应提供必要的质量证明文件外，还需要经过样品验证和小批试用合格，各相关部门提供评价意见，副厂长批准，可列入《合格供方名录》。

(5)对于批量供应辅助物资的供方，也应提供质量证明文件，在进货时对其进行验证，并保存验证记录，合格者由副厂长批准后，即可列入“合格供方名录”；对零星采购的辅助物资，其对验证记录即对此供方的评价。

(6)供方产品若出现严重质量问题，生产科应向供方发出“纠正和预防措施处理单”，若两次发出“纠正和预防措施处理单”而其产品质量没有明显改进的，应取消其供货资格。

(7)对服务供方的控制。为工厂提供服务的供方，应经评价合格后，方可向我厂提供服务。

4.6.3 采购

(1)采购计划。

(2)生产科根据“生产计划”及库存情况编制“采购计划”，经副厂长批准后实施采购；对于临时采购的物资，相关部门应填写“临时采购单”，报副厂长批准后，交生产科组织实施。

① 生产科根据批准的“采购计划”、“临时采购单”，按照采购物资技术标准在“合格供方名录”中选择供方并进行采购；

② 第一次向合格供方采购重要和一般物资时，应签订采购合同，明确品名规格、数量、

质量要求、技术标准、验收条件、违约责任及供货期限等(低值易耗品不属于上述规定)；

③ 生产科根据需要将相应的技术要求作为合同附件提供给供方；

④ 采购前采购员应核实提供给供方的技术要求是否有效，将“采购计划”交副厂长确认后实施采购。

4.6.4 采购信息

(1)采购信息应表述拟采购的产品。

① 对产品型号、规格及质量要求(可直接引用各类标准或提供规范、图样等技术文件)；

② 对产品的验收要求；

③ 其他要求，如价格、数量、交付等。

(2)其他重要的采购产品供方，适当时应包括以下内容。

① 产品的批准要求，采购产品的验收依据、准则或标准；

② 程序的批准要求，涉及采购双方应遵守的程序或协议；

③ 过程的批准要求，采购产品的实现过程确认的有关要求；

④ 设备的批准要求，用于制造所采购产品的特定设备能力的要求，如维护保养规定等；

⑤ 供方人员的资格要求，如对生产、检测人员的要求；

⑥ 供方与采购产品有关的质量管理体系要求，如要求供方通过质量管理体系或通过第二方审核。

(3)在将上述要求向供方进行沟通说明前，应由生产科负责人对其要求是否适当进行审批，以确保有关的采购要求是适宜的(即适合组织的产品需要)和充分的(即所提出的采购要求是全面的)。

(4)本厂表述采购信息的文件包括：“采购计划”“合格供方名录”等，由生产科保管。采购文件发放前，应由相应的发放部门负责人对其要求是否适当进行审批。

4.6.5 采购产品的验证

采购产品的验证组织应确定检验或其他必要的活动，以确保采购产品能满足规定的采购要求。

(1)采购的产品可以有如下几种验证方式。

① 由计量质检科进行进货验证；

② 由顾客在本厂现场实施验证；

③ 由本厂在供方现场实施验证；

④ 由顾客在供方现场实施验证。

(2)验证活动包括：检验、测量、工艺技术条件验证、提供合格证明文件等方式。

根据“采购计划”，在相应的检验规程中规定不同的验证方式，确认是否符合订货合同的要求。

(3)顾客的验证不能免除本厂提供合格产品的责任。

相关：①《过程和产品的监视和测量控制程序》；②《不合格品控制程序》；③《合格供方评定准则》。

记录：①“采购计划”附表4；②“合格供方名录”附表5；③“采购产品退货通知单”附表6。

4.7 质量控制作业流程

1. 进料(货)检验

进料(货)检验是工厂制止不合格物料进入生产环节的首要控制点。

(1)进料检验项目及方法。

① 外观：一般用目视、手感、对比样品进行验证；

② 尺寸：一般用卡尺、千分尺等量具验证；

③ 特性：如物理的、化学的、机械的特性，一般用检测仪器和特定方法来验证。

(2)进料检验方法：①全检；②抽检。

(3)检验结果的处理：①接收；②拒收(即退货)；③让步接收；④全检(挑出不合格品退货)；⑤返工后重检。

(4)依据的标准：《原材料、外购件技术标准》、《进货检验和试验控制程序》、《理化检验规程》等等。

2. 生产过程检验

生产过程检验一般是指对物料入仓后到成品入库前各阶段的生产活动的品质控制。对于各阶段的品质检验要求如下。

(1)过程检验的方式主要有以下几种。

① 首件自检、互检、专检相结合；

② 过程控制与抽检、巡检相结合；

③ 多道工序集中检验；

④ 逐道工序进行检验；

⑤ 产品完成后检验；

⑥ 抽样与全检相结合。

(2)过程品质控制：是对生产过程进行巡回检验。

① 首件检验；

② 材料核对；

③ 巡检：保证合适的巡检时间和频率，严格按检验标准或作业指导书检验。包括对产品质量、工艺规程、机器运行参数、物料摆放、标识、环境等的检验；

④ 检验记录，应如实填写。

(3)过程产品品质检验：是针对产品完工后的品质验证以确定该批产品可否流入下道工序，属定点检验或验收检验。

① 检验项目：外观、尺寸、理化特性等；

② 检验方式：一般采用抽样检验；

③ 不合格处理；

④ 记录。

(4)依据的标准：《作业指导书》、《工序检验标准》、《过程检验和试验程序》等。

3. 最终检验控制

最终检验控制就是成品出货检验。

4. 品质异常的反馈及处理

(1) 自己可判定的，直接通知操作工或车间立即处理；

(2) 自己不能判定的，则持不良样板交主管确认，再通知纠正或处理；

(3) 应如实将异常情况进行记录；

(4) 对纠正或改善措施进行确认，并追踪处理效果；

(5) 对半成品、成品的检验应作好明确的状态标识，并监督相关部门进行隔离存放。

5. 质量记录

质量记录是为已完成的品质作业活动和结果提供客观的证据。

(1) 必须做到：准确、及时、字迹清晰、完整并加盖检验印章或签名。

(2) 还要做到：及时整理和归档，并储存在适宜的环境中。

(3) “原材料进货检验记录”附表 7。

(4) “成品质量检验记录表”附表 8。

4.8　质量控制中常用量具及计量仪器简介

4.8.1　量具的分类

在生活中，我们常常需要对各种对象进行测量，而使用的方法也是不相同的，例如，我们说百步穿杨，射箭人到杨柳的距离是 100 步，这个距离是用脚步来测量的，但测量结果不精确。当我们需要对被测对象进行精确测量时，就需要用专门的测量工具——量具来完成。

量具按其用途可分为以下三大类。

(1) 标准量具。指用作测量或检定标准的量具，如量块、多面棱体、表面粗糙度比较样块等。

(2) 通用量具(或称万能量具)。一般指由量具厂统一制造的通用性量具，如直尺、平板、角度块、卡尺等。

(3) 专用量具(或称非标量具)。指专门为检测工件某一技术参数而设计制造的量具，如内外沟槽卡尺、钢丝绳卡尺、步距规等。

在本模块中，我们主要介绍常见的通用量具。

4.8.2　常用的量具

在工程中，常用的量具主要有：钢直尺、内卡钳、外卡钳、塞尺、游标卡尺、千分尺、百分表等。

1. 钢直尺

钢直尺是最简单的长度量具，它的长度有 150mm、300mm、500mm 和 1000mm 四种规格。图 4-1 是常用的 150mm 钢直尺。

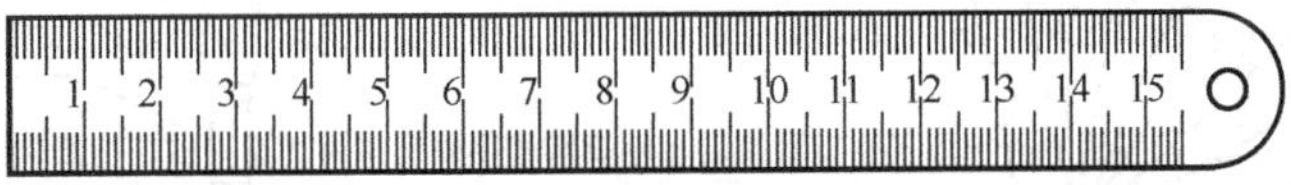

图 4-1　150mm 钢直尺

钢直尺用于测量零件的长度尺寸，它的测量结果不太准确。这是由于钢直尺的刻线间距为 1mm，而刻线本身的宽度就有 0.1～0.2mm，所以测量时读数误差比较大，只能读出毫米数，即它的最小读数值为1mm，比1mm小的数值，只能估计而得。

2. 内外卡钳

内外卡钳是最简单的比较量具。外卡钳是用来测量外径和平面的，内卡钳是用来测量内径和凹槽的。它们本身都不能直接读出测量结果，而是把测得的长度尺寸(直径也属于长度尺寸)，在钢直尺上进行读数或在钢直尺上先取下所需尺寸，再去检验零件的直径是否符合。图4-2是常见的两种内外卡钳。

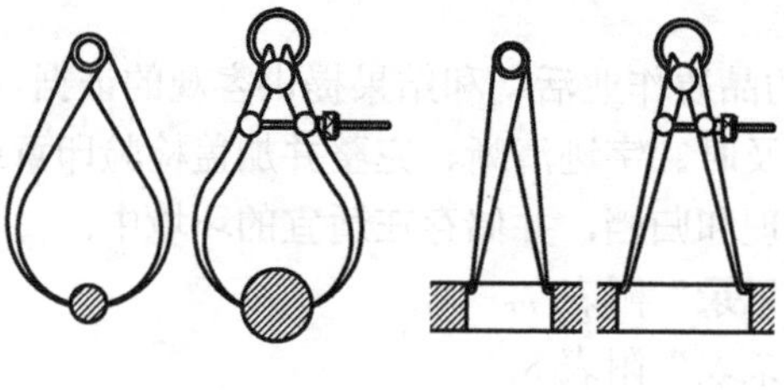

图4-2　内外卡钳

3. 塞尺

塞尺也称厚薄规，由不同厚度的薄钢片组成的一套测量工具，用以检测两个结合面间的间隙大小。每片钢片上都标注有其厚度尺寸，如图4-3所示。

4. 百分表

百分表是用来校正零件或夹具的安装位置，检验零件的形状精度或相互位置精度的。百分表的读数值为0.01mm。

百分表的外形如图4-4所示。8为测量杆，6为指针，表盘3上刻有100个等分格，其刻度值(即读数值)为0.01mm。当指针转一圈时，小指针即转动一小格，转数指示盘5的刻度值为1mm。用手转动表圈4时，表盘3也跟着转动，可使指针对准任一刻线。测量杆8是沿着套筒7上下移动的，套筒8可作为安装百分表用。9是测量头，2是手提测量杆用的圆头。由于百分表和千分表的测量杆是作直线移动的，可用来测量长度尺寸，所以它们也是长度测量工具。目前，国产百分表的测量范围(即测量杆的最大移动量)有0～3mm、0～5mm、0～10mm三种。读数值为0.001mm的千分表，测量范围为0～1mm。

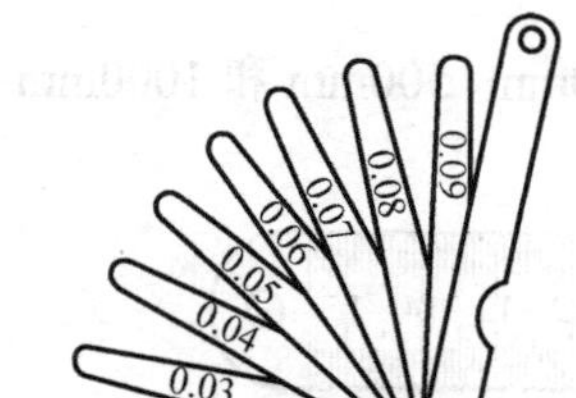

图4-3　塞尺

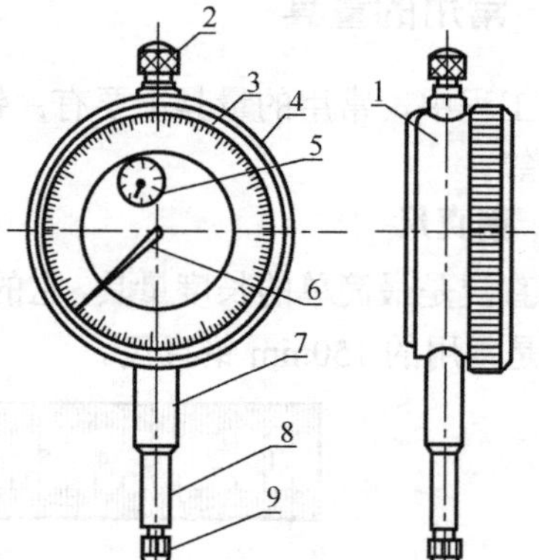

图4-4　百分表

5. **游标卡尺**

按结构形式的不同，游标卡尺分为单面卡尺、双面卡尺和三用卡尺。由于游标卡尺读数费时，效率不高，为了改进游标卡尺的读数，近年来出现了带表卡尺和电子卡尺，如图 4-5 和图 4-6 所示。

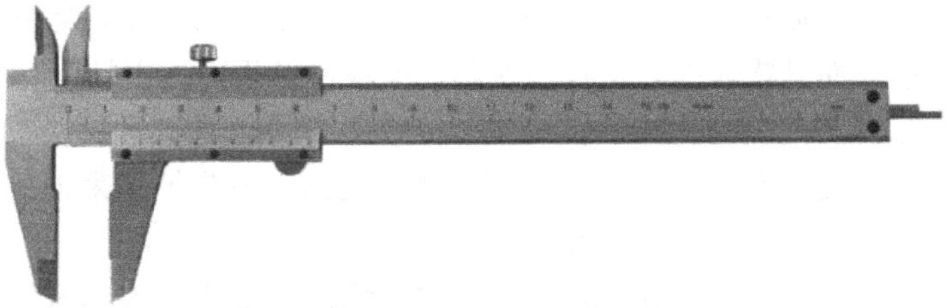

图 4-5 普通游标卡尺

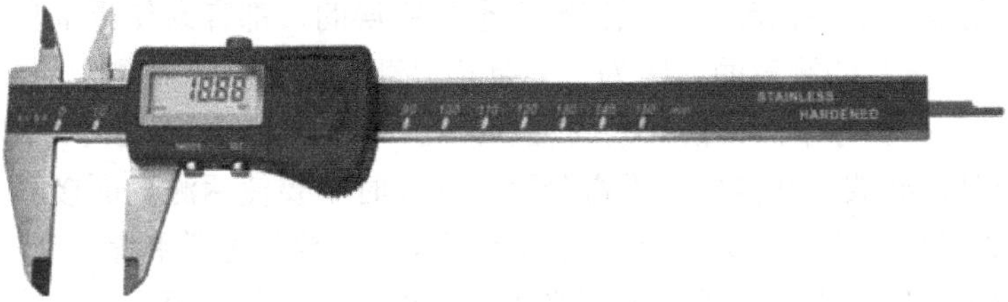

图 4-6 数显卡尺

游标卡尺是工业上常用的测量长度的仪器，它由尺身及能在尺身上滑动的游标组成，如图 4-5 所示。

6. **千分尺**

数显千分尺如图 4-7 所示，普通螺旋千分尺如图 4-8 所示。千分尺，它是比游标卡尺更精密的长度测量仪器，常见的一种如图 4-8 所示，它的量程是 0～25mm，分度值是 0.01mm。

图 4-7 数显千分尺

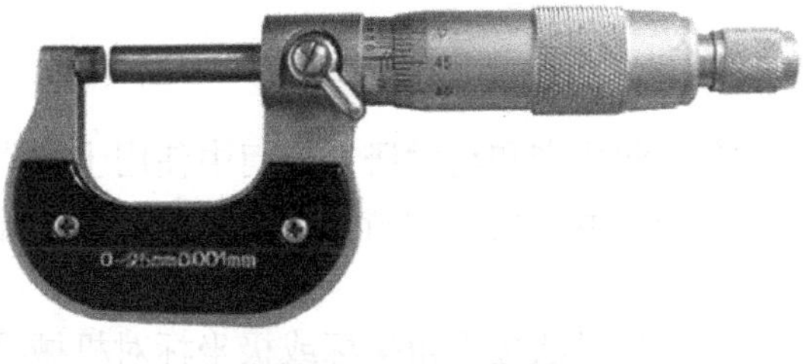

图 4-8 普通螺旋千分尺

4.8.3 量具的使用和保养注意事项

(1)在使用通用量具前，操作者应仔细查看量具零位是否正确，是否在合格有效期范围内，工作面是否锈蚀，各部分相互作用是否可靠，若有上述情况之一者应立即送实验室计量中心重新校正。在机床上测量零件时，要等零件完全停稳后进行，否则不但使量具的测量面过早磨损而失去精度，且容易造成事故。

(2)测量前应把量具的测量面和零件的被测量表面都要擦干净，以免因有脏物存在而影响测量精度。用精密量具如游标卡尺、千分尺和百、千分表等，去测量锻铸件毛坯，或带有研磨剂(如金刚砂等)的表面是错误的，这样易使测量面很快磨损而失去精度。

(3)量具在使用过程中，不要和工具、刀具如锉刀、榔头、车刀和钻头等堆放在一起，以免碰伤量具。也不要随便放在机床上，以免因机床振动而使量具掉下来损坏。尤其是游标卡尺等，应平放在专用盒子里，以免尺身变形。

(4)量具是测量工具，绝对不能作为其他工具的代用品。例如，拿卡尺当钳子用，拿百分尺当小榔头，拿钢直尺当起子扭螺钉，以及用塞尺清理切屑等都是错误的。把量具当玩具，如把千、百分表等拿在手中任意挥动或摇转等也是错误的，都容易使得量具失去精度。

(5)不要用手摸量具的测量面，因为手上有汗等潮湿脏物会污染测量面，使它生锈。

(6)用完量具后，要擦干净，松开紧固装置。当一月以上长期不用时，在测量面要涂防锈油。量具在不用时，要放入其盒内，不得分离，存放时不要使两测量面接触。

(7)温度对测量结果影响很大，零件的精密测量一定要使零件和量具都在 20℃的情况下进行测量。一般可在室温下进行测量，但必须使工件与量具的温度一致，否则，由于金属材料的热胀冷缩的特性，使测量结果不准确。

温度对量具精度的影响也很大，量具不应放在阳光下或床头箱上，因为量具温度升高后，也测量不出正确尺寸。更不要把精密量具放在热源(如电炉、热交换器等)附近，以免使量具受热变形而失去精度。

(8)不要把精密量具放在磁场附近，例如，磨床的磁性工作台上，以免使量具感磁。

(9)发现精密量具有不正常现象时，如量具表面不平、有毛刺、有锈斑以及刻度不准、尺身弯曲变形、活动不灵活等，使用者不应当自行拆修，更不允许自行用榔头敲、锉刀锉、砂布打光等粗糙办法修理，以免增大量具误差。发现上述情况，使用者应当主动送实验室计量中心检修，并经检定量具精度后再继续使用。

(10)量具使用后，应及时擦干净，除不锈钢量具、数显类量具或有保护镀层者外，金属表面应涂上一层防锈油，放在专用的盒子里，保存在干燥的地方，以免生锈。

(11)精密量具应实行定期检定和保养，长期使用的精密量具，要定期送实验室计量中心进行保养和检定精度，以免因量具的示值误差超差而造成产品质量事故。

4.8.4　万能工具显微镜简介

万能工具显微镜是一种在工业生产和科学研究部门中使用十分广泛的光学计量仪器。仪器具有较高的测量精度，适用于长度和角度的精密测量，同时由于配备有多种附件，使其使用范围得到充分的扩大。

仪器可用影像法、轴切法或接触法按直角坐标或极坐标对机械零、部件的长度、角度和形状进行测量，主要的测量对象有：刀具、量具、模具、样本、螺纹和齿轮类工件等。

4.8.5　游标卡尺的原理和使用方法

1. 游标卡尺的原理

游标卡尺是工业上常用的测量长度的仪器，它由尺身及能在尺身上滑动的游标组成，具体组成如图 4-9 所示。若从背面看，游标是一个整体。游标与尺身之间有一弹簧片(图中未能画出)，利用弹簧片的弹力使游标与尺身靠紧。游标上部有一紧固螺钉，可将游标固定在尺身上的任意位置。尺身和游标都有量爪，利用内测量爪可以测量槽的宽度和管的内径，利用外测量爪可以测量零件的厚度和管的外径。深度尺与游标尺连在一起，可以测槽和筒的深度。

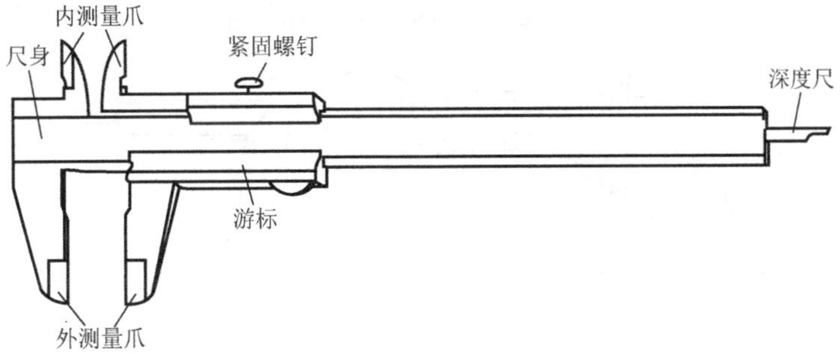

图 4-9　游标卡尺原理图

尺身和游标尺上面都有刻度。以准确到 0.1mm 的游标卡尺为例，尺身上的最小分度是 1mm，游标尺上有 10 个小的等分刻度，总长 9mm，每一分度为 0.9mm，比主尺上的最小分度相差 0.1mm。量爪并拢时尺身和游标的零刻度线对齐，它们的第一条刻度线相差 0.1mm，第二条刻度线相差 0.2mm，……，第 10 条刻度线相差 1mm，即游标的第 10 条刻度线恰好与主尺的 9mm 刻度线对齐，如图 4-10 所示。

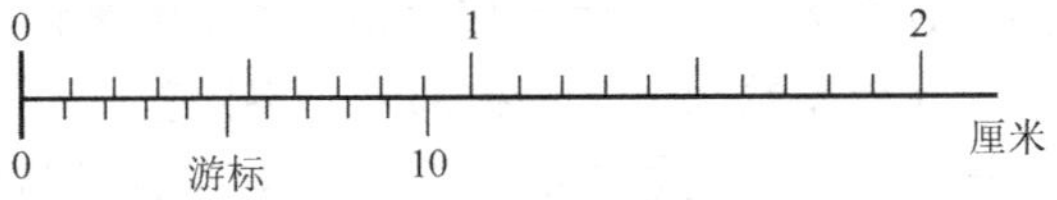

图 4-10　尺身

当量爪间所量物体的线度为 0.1mm 时，游标尺向右应移动 0.1mm。这时它的第一条刻度线恰好与尺身的 1mm 刻度线对齐。同样当游标的第五条刻度线跟尺身的 5mm 刻度线对齐时，说明两量爪之间有 0.5mm 的宽度，……，依此类推。

在测量大于 1mm 的长度时，整的毫米数要从游标“0”线与尺身相对的刻度线读出。

2. 游标卡尺的使用

用软布将量爪擦干净，使其并拢，查看游标和主尺身的零刻度线是否对齐。如果对齐就可以进行测量，若没有对齐则要记取零误差，游标的零刻度线在尺身零刻度线右侧的称为正零误差，在尺身零刻度线左侧的称为负零误差(这种规定方法与数轴的规定一致，原点以右为正，原点以左为负)。

测量时，右手拿住尺身，大拇指移动游标，左手拿待测外径(或内径)的物体，使待测物位于外测量爪之间，当与量爪紧紧相贴时，即可读数，如图 4-11 所示。

游标卡尺使用中应注意以下方面。

(1) 使用前，应对零值正确性进行检查。观察游标的零刻线和尾刻线与尺身的对应线是否对准。

(2)测量时，应以固定量爪定位，摆动活动量爪，找到正确位置进行读数。测量时，两量爪不应倾斜。

(3)对于有测量深度尺的，以游标卡尺尺身端面定位，然后推动尺框使测度尺测量面与被测表面贴合，同时保证深度尺与被测尺寸方向一致，不得向任意方向倾斜。

(4)因游标卡尺无测力装置，测量时要掌握好测力(如 200mm 以上有微动装置)，使用时必须拧紧微动装置上的紧固螺钉，再转动微动螺母，量爪微动过大或过小对尺寸都易造成偏差。

(5)测量弯管外径和圆弧形空刀槽直径，应用刀口形外量爪。

(6)测量内尺寸时，游标卡尺的读数加上内量爪实际尺寸，才是所测工件的内尺寸。

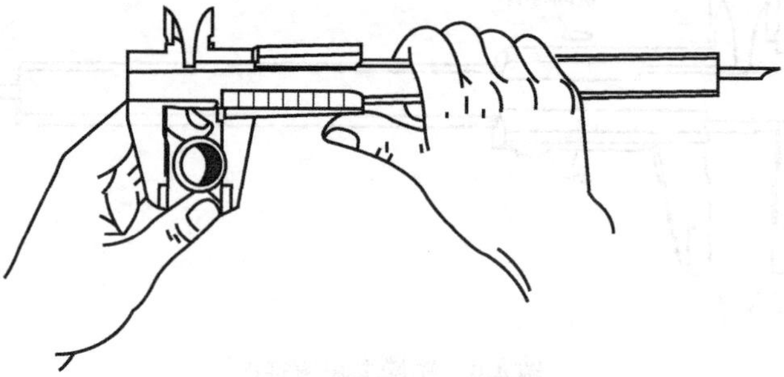

图 4-11　游标卡尺的使用

3. 游标卡尺的读数

读数时首先以游标零刻度线为准在尺身上读取毫米整数，即以毫米为单位的整数部分。然后看游标上第几条刻度线与尺身的刻度线对齐，如第 6 条刻度线与尺身刻度线对齐，则小数部分即 0.6mm(若没有正好对齐的线，则取最接近对齐的线进行读数)。若有零误差，则一律用上述结果减去零误差(零误差为负，相当于加上相同大小的零误差)，读数结果为

$$L=\text{整数部分}+\text{小数部分}-\text{零误差}$$

判断游标上哪条刻度线与尺身刻度线对准，可用下述方法：选定相邻的三条线，如左侧的线在尺身对应线左右，右侧的线在尺身对应线之左，中间那条线便可以认为是对准了，如图 4-12 所示。

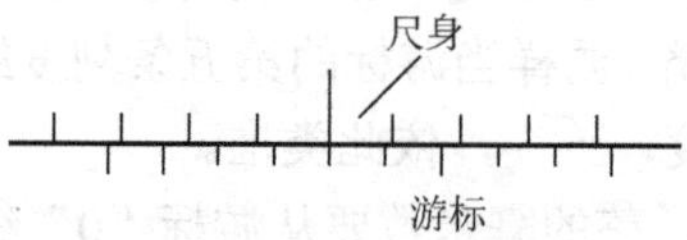

图 4-12　判断游标刻度线与尺身刻度线对准方法示例图

如果需测量几次取平均值，不需要每次都减去零误差，只要从最后结果减去零误差即可。

4. 游标卡尺的精度

实际工作中常用精度为 0.05mm 和 0.02mm 的游标卡尺。它们的工作原理和使用方法与精度为 0.1mm 的游标卡尺相同。精度为 0.05mm 的游标卡尺的游标上有 20 个等分刻度，总长为 19mm。测量时若游标上第 11 根刻度线与主尺对齐，则小数部分的读数为 11/20mm＝0.55mm，若第 12 根刻度线与主尺对齐，则小数部分读数为 12/20mm＝0.60mm。

一般来说，游标上有 n 个等分刻度，它们的总长度与尺身上$(n-1)$个等分刻度的总长度相等，若游标上最小刻度长为 x，主尺上最小刻度长为 y，则

$$nx=(n-1)y$$
$$x=y-(y/n)$$

主尺和游标的最小刻度之差为

$$\Delta x=y-x=y/n$$

y/n 称为游标卡尺的精度，它决定读数结果的位数。由公式可以看出，提高游标卡尺的测量精度在于增加游标上的刻度数或减小主尺上的最小刻度值。一般情况下 y 为 1mm，n 取 10、20、50 其对应的精度为 0.1mm、0.05mm、0.02mm。精度为 0.02mm 的机械式游标卡尺由于受到本身结构精度和人的眼睛对两条刻线对准程度分辨力的限制，其精度不能再提高。

5. 游标卡尺的保管

游标卡尺使用完毕，用棉纱擦拭干净。长期不用时应将它擦上黄油或机油，两量爪合拢并拧紧紧固螺钉，放入卡尺盒内盖好。

(1) 游标卡尺是比较精密的测量工具，要轻拿轻放，不得碰撞或跌落地下。使用时不要用来测量粗糙的物体，以免损坏量爪，不用时应置于干燥地方防止锈蚀。

(2) 测量时，应先拧松紧固螺钉，移动游标不能用力过猛。两量爪与待测物的接触不宜过紧，不能使被夹紧的物体在量爪内挪动。

(3) 读数时，视线应与尺面垂直。若需固定读数，可用紧固螺钉将游标固定在尺身上，防止滑动。

(4) 实际测量时，对同一长度应多测几次，取其平均值来消除偶然误差。

4.8.6　千分尺的原理和使用方法

1. 千分尺的原理

外径千分尺：常简称为千分尺，它是比游标卡尺更精密的长度测量仪器，常见的一种如图 4-13 所示，它的量程是 0～25mm，分度值是 0.01mm。外径千分尺的结构由固定的尺架、测砧、测微螺杆、固定套管、微分筒、测力装置、锁紧装置等组成。固定套管上有一条水平线，这条线上、下各有一列间距为 1mm 的刻度线，上面的刻度线恰好在下面两相邻刻度线中间。微分筒上的刻度线是将圆周分为 50 等分的水平线，它是旋转运动的。

根据螺旋运动原理，当微分筒(又称可动刻度筒)旋转一周时，测微螺杆前进或后退一个螺距——0.5mm。这样，当微分筒旋转一个分度后，它转过了 1/50 周，这时螺杆沿轴线移动了 $1/50\times0.5\text{mm}=0.01\text{mm}$，因此使用千分尺可以准确读出 0.01mm 的数值。

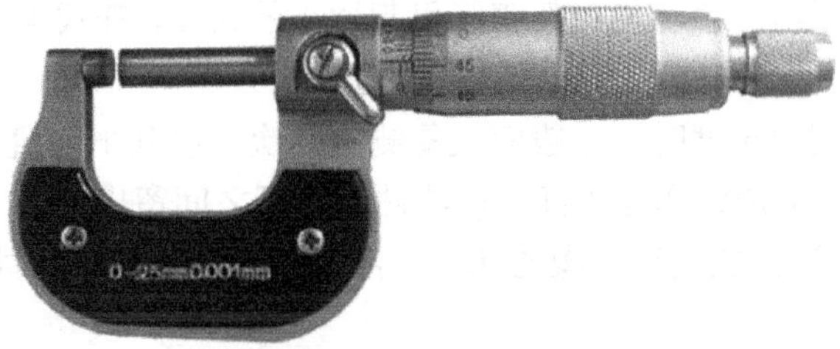

图 4-13　常见的千分尺

2. 外径千分尺的零位校准

使用千分尺时先要检查其零位是否校准，因此先松开锁紧装置，清除油污，特别是测砧与测微螺杆间接触面要清洗干净。检查微分筒的端面是否与固定套管上的零刻度线重合，若不重合应先旋转旋钮，直至螺杆要接近测砧，旋转测力装置，当螺杆刚好与测砧接触时会听到喀喀声，这时停止转动。若两零线仍不重合(两零线重合的标志是：微分筒的端面与固定刻度的零线重合，且可动刻度的零线与固定刻度的水平横线重合)，可将固定套管上的小螺丝松动，用专用扳手调节套管的位置，使两零线对齐，再把小螺丝拧紧。不同厂家生产的千分尺的调零方法不一样，这里仅是其中一种调零的方法。

检查千分尺零位是否校准时，要使螺杆和测砧接触，偶尔会发生向后旋转测力装置两者不分离的情形。这时可用左手手心用力顶住尺架上测砧的左侧，右手手心顶住测力装置，再用手指沿逆时针方向旋转旋钮，可以使螺杆和测砧分开。

3. 外径千分尺的读数

读数时，先以微分筒的端面为准线，读出固定套管下刻度线的分度值(只读出以 mm 为单位的整数)，再以固定套管上的水平横线作为读数准线，读出可动刻度上的分度值，读数时应估读到最小刻度的十分之一，即 0.001mm。如果微分筒的端面与固定刻度的下刻度线之间无上刻度线，测量结果即下刻度线的数值加可动刻度的值；如微分筒端面与下刻度线之间有一条上刻度线，测量结果应为下刻度线的数值加上 0.5mm，再加上可动刻度的值，外径千分尺的零误差的判定方法如下。

校准好的千分尺，当测微螺杆与测砧接触后，可动刻度上的零线与固定刻度上的水平横线应该是对齐的。如果没有对齐，测量时就会产生系统误差——零误差。若无法消除零误差，则应考虑它们对读数的影响。若可动刻度的零线在水平横线上方，且第 x 条刻度线与横线对齐，即说明测量时的读数要比真实值小 $x \cdot 100$mm，这种零误差称为负零误差；若可动刻度的零线在水平横线的下方，且第 y 条刻度线与横线对齐，则说明测量时的读数要比真实值大 $y \cdot 100$mm，这种零误差称为正零误差。对于存在零误差的千分尺，测量结果应等于读数减去零误差，即物体长度＝固定刻度读数＋可动刻度读数－零误差。

4. 使用千分尺的注意事项

(1) 千分尺是一种精密的量具，使用时应小心谨慎，动作轻缓，不要让它受到打击和碰撞。千分尺内的螺纹非常精密，使用时要注意：①旋钮和测力装置在转动时都不能过分用力；②当转动旋钮使测微螺杆靠近待测物时，一定要改旋测力装置，不能转动旋钮使螺杆压在待测物上；③在测微螺杆与测砧已将待测物卡住或旋紧锁紧装置的情况下，决不能强行转动旋钮。

(2) 有些千分尺为了防止手温使尺架膨胀引起微小的误差，在尺架上装有隔热装置。实验时应手握隔热装置，而尽量少接触尺架的金属部分。

(3) 使用千分尺测同一长度时，一般应反复测量几次，取其平均值作为测量结果。

(4) 千分尺用毕后，应用纱布擦干净，在测砧与螺杆之间留出一点空隙，放入盒中。如长期不用可抹上黄油或机油，放置在干燥的地方。注意不要让它接触腐蚀性的气体。

附表 1：不合格报告

序号：　　　　　　　　　　　　　　　　　　　　　　　　　　　编号：

不合格名称		责任部门/人	
发生日期		填表人/日期	
不合格事实描述			
原因分析			
处置部门			

填报人/日期：

附表 2：不合格品处置单

序号：　　　　　　　　　　　　　　　　　　　　　　　　编号：

<table>
<tr><td>产品(原材料)
名　　称</td><td></td><td>规格型号</td><td></td><td>数量</td><td></td></tr>
<tr><td>产品供货单位
(加工工序)</td><td></td><td>生产日期
(进货日期)</td><td></td><td>责任部门
(操作人员)</td><td></td></tr>
<tr><td>不合格品简述</td><td colspan="5"></td></tr>
<tr><td>原因分析及采取的
纠正措施</td><td colspan="5"></td></tr>
<tr><td>车间意见</td><td colspan="5">负责人签名/日期：</td></tr>
<tr><td>主管领导意见</td><td colspan="5">负责人签名/日期：</td></tr>
<tr><td colspan="6">处置情况：　　返工（　　）　　报废（　　）</td></tr>
<tr><td colspan="6">跟踪验证情况记录：</td></tr>
</table>

填单人/日期：

附表3：纠正和预防措施处理单

序号：　　　　　　　　　　　　　　　　　　　　　　　　　编号：

责任部门(人)		时间	
不合格项目			
不合格事实描述	填单人/日期：		
原因分析	责任部门(人)/日期：		
拟采取的纠正和(预防)措施	责任部门(人)/日期：		
完成情况	责任部门(人)/日期：		
跟踪验证结果	验证部门(人)/日期：		

填单人/日期：

附表 4：采购计划表

编号：

序号	品名	规格型号	单位	数量	供货厂商	供货地点	电话	备注

制表人/日期：　　　　审核/日期：

附表 5：合格供方名录

编号：

序号	合格供方名称	地址	电话	传真	联系人	所供产品名称	备注

制表人/日期：　　　　审核/日期：

附表 6：采购产品退货通知单

序号：　　　　　　　　　　　　　　　　编号：

供货单位			
产品、材料名称		采购日期	
型号规格		数量	
退货原因			
注：本单一式三份，由质检科填写，报送供销、财务各一份，以联系退货，拒做事宜。			

质检科/日期：

附表 7：原材料进货检验记录

序号：　　　　　　　　　　　　　　　　编号：

产品名称		型号规格	
供货单位		进货/生产日期	
进货/生产数量		验证数量	
验证方式			
检验项目	标准要求	检验结果	合格否
检验结论： 合格（　　）　　不合格（　　）			
不合格品处置： 退货（　）　让步接收（　）　选用（　）　报废（　）			

检验员/日期：

附表 8：成品质量检验记录表

序号：　　　　　　　　　　　　　　　　　　　　　编号：

产品名称		型号规格	
制作车间/班组			
检验员		检验日期	
检验和测量依据			

序号	检测项目	现场检验记录	质量合格情况
1			
2			
3			
4			
5			
检验结论：			
不合格品情况记录：			

检验员/日期：

第5章　市场营销

营销在我们的生活中无处不在，企业需要营销以满足消费者的需要，学校需要营销以满足广大学生的需要，医生需要营销以满足其患者的健康需要，政治家需要营销以满足他的人民的需要，我们自己也需要营销以满足与人有效交往的需要。总有人试图向我们推销什么，我们需要识别他们这么做的方式及原因；我们在不久的将来进入职业市场，必须进行“营销调研”以找到最佳机遇和向我们未来的老板“自我营销”的最佳方式。

掌握市场营销学的基本规律和理论知识，以及市场营销学的专业分析工具是必备的技能，把理论知识和模型运用到实践，指导企业营销实践能力。

任何人在从事营销活动之前，应具备一定的知识和技能；如经济合同法、商标法、广告法、营销学以及该厂的规章制度和程序文件，这些知识可以通过理论知识的学习获得；而很多实际销售方面的知识、技能、应变能力以及填制合同的能力，就只能在实践中逐渐积累。在营销模块中我们力求使同学们在这方面的能力得到较大提高。

本训练模块设置四个子模块：市场营销的定义、发展阶段和职能体系，工厂营销方式及实例分析，营销实践及实践报告，营销合同条款解析及填写合同。

5.1　市场营销的定义及历史

5.1.1　市场营销的定义

市场营销作为一种计划及执行活动，其过程包括对一个产品、一项服务或一种思想的开发制作、定价、促销和流通等活动，其目的是经由交换及交易的过程达到满足组织或个人的需求目标。市场营销是指在以顾客需求为中心的思想指导下，企业所进行的有关产品生产、流通和售后服务等与市场有关的一系列经营活动。有些学者从宏观角度对市场营销下定义。

例如，Mccarthy 把市场营销定义为一种社会经济活动过程，其目的在于满足社会或人类需要，实现社会目标。

又如，Philop Kotler 指出“市场营销是与市场有关的人类活动。市场营销意味着和市场打交道，为了满足人类需要和欲望，去实现潜在的交换”，还有些定义是从微观角度来表述的。例如，美国市场营销协会于 1960 年对市场营销下的定义是：市场营销是“引导产品或劳务从生产者流向消费者的企业营销活动”。市场营销 MBA 的定义：指企业以顾客为中心，以市场为导向，从产品规划开始，综合利用各种营销手段，最终实现企业经营目标的全过程。

Mccarthy 于 1960 年也对微观市场营销下了定义：市场营销“是企业经营活动的职责，它将产品及劳务从生产者直接引向消费者或使用者以便满足顾客需求及实现公司利 润”。这一定义虽指出了满足顾客需求及实现企业盈利成为公司的经营目标，但这两种定义都说明，市场营销活动是在产品生产活动结束时开始的，中间经过一系列经营销售活动，当商品转到用户手中就结束了，因而把企业营销活动仅局限于流通领域的狭窄范围，而不是视为企业整个经营销售的全过程，即包括市场营销调研、产品开发、定价、分销广告、宣传报道、销售促进、人员推销、售后服务等。

Philop Kotler 于 1984 年对市场营销又下了定义：市场营销是指企业的这种职能，“认识目前未满足的需要和欲望，估量和确定需求量大小，选择和决定企业能最好地为其服务的目标市场，并决定适当的产品、劳务和计划(或方案)，以便为目标市场服务”。

美国市场营销协会(AMA)于 1985 年对市场营销下了更完整和全面的定义：市场营销“是对思想、产品及劳务进行设计、定价、促销及分销的计划和实施的过程，从而产生满足个人和组织目标的交换。”这一定义比前面的诸多定义更为全面和完善。主要表现是：①产品概念扩大了，它不仅包括产品或劳务，还包括思想；②市场营销概念扩大了，市场营销活动不仅包括盈利性的经营活动，还包括非营利组织的活动；③强调了交换过程；④突出了市场营销计划的制订与实施。

此外，我们还可以这样理解：市场营销是一种企业活动，是企业有目的、有意识的行为。满足和引导消费者的需求是市场营销活动的出发点和中心。企业必须以消费者为中心，面对不断变化的环境，作出正确的反应，以适应消费者不断变化的需求。满足消费者的需求不仅包括现在的需求，还包括未来潜在的需求。现在的需求表现为对已有产品的购买倾向，潜在需求则表现为对尚未问世产品的某种功能的愿望。企业应通过开发产品并运用各种营销手段，刺激和引导消费者产生新的需求。

分析环境，选择目标市场，确定和开发产品，产品定价、分销、促销和提供服务以及它们间的协调配合，进行最佳组合，是市场营销活动的主要内容。市场营销组合中有四个可以人为控制的基本变数，即产品、价格、(销售)地点和促销方法。由于这四个变数的英文均以字母“P”开头，所以又称“4Ps”。企业市场营销活动所要做的就是密切注视不可控制的外部环境的变化，恰当地组合“4Ps”，千方百计使企业可控制的变数(4Ps)与外部环境中不可控制的变数迅速相适应，这也是企业经营管理能否成功、企业能否生存和发展的关键。

实现企业目标是市场营销活动的目的。不同的企业有不同的经营环境，不同的企业也会处在不同的发展时期，不同的产品所处生命周期里的阶段亦不同，因此，企业的目标是多种多样的，利润、产值、产量、销售额、市场份额、生产增长率、社会责任等均可能成为企业的目标，但无论是什么样的目标，都必须通过有效的市场营销活动完成交换，与顾客达成交易方能实现。

2004 年 8 月，在 AMA(美国市场营销协会)夏季营销教学者研讨会上，AMA 揭开了关于市场营销新定义的面纱，以此更新了近 20 年来 AMA 对营销的官方定义。此后，关于市场营销的新定义在美国的市场营销理论界、实践界都引起了广泛的讨论。这次公布的市场营销新定义是在整合了来自全球的理论界和实践界众多营销者的贡献基础之上而修订出来的。中国人民大学商学院郭国庆教授建议将这次的新定义完整地表述为：市场营销既是一种组织职能，也是为了组织自身及利益相关者的利益而创造、传播、传递客户价值，管理客户关系的一系列过程。

推动重新审视和修订 AMA 关于市场营销的官方定义的主要力量之一是来自于 AMA 的 CEO 丹尼斯·杜兰普。关于市场营销的第一版官方定义是 1935 年由 AMA 的前身——美国营销教师协会所采用的，1948 年被 AMA 正式采用。1960 年，当 AMA 重新审视第一版定义时决定依然保持不变，不做任何修改。就这样，关于市场营销的最初的定义一直沿用了 50 年，直到 1985 年被重新修订了。修订后的定义也就是当今我们见到的关于市场营销最普遍的定义：市场营销是计划和执行关于商品、服务和创意的观念、定价、促销和分销，以创造符合个人和组织目标的交换的一种过程。这个定义一直沿用至今，直到今年夏天才被重新修订。这次新定义是近 20 年来关于市场营销定义的首次修订，无怪乎引起了广大营销者的普遍重视。当然，引起大家关注的原因也还在于 AMA 的地位。因而，由它来做出如此之修订，自然会引起各方面的关注。

5.1.2 市场营销发展阶段

第一阶段，市场营销于 20 世纪初到 20 年代在美国创立，源于工业的发展，这时的市场营销所研究的范围很窄，只是研究广告和商业网点的设置。并在伊利诺等洲的大学开设相关课程。并由“美国广告协会”改为“全广告学与市场营销学教员协会”，给市场营销学的研究提供了组织保证。市场营销学的研究特点是：①着重推销术和广告术，至于现代市场营销的理论、概念、原则还没有出现；②研究活动基本上局限于大学的课堂和教授的书房，还没有得到社会和企业界的重视。

第二阶段，20 世纪 20 年代至 50 年代为发展阶段，此时初具规模，美国国内企业开始大规模运用市场营销学来运营企业，打开海外市场，欧洲国家也纷纷效仿。1931 年成立“美国市场营销协会”，宣讲市场营销学，并于 1937 年上述两组织合并，广泛吸收学术界与企业界人士参加，市场营销学开始从大学讲台走向社会。此阶段市场营销的发展表现在应用上。因 1929 年资本主义世界爆发了空前的经济危机，经济出现大萧条、大萎缩，社会购买力急剧下降，市场问题空前尖锐。危机对整个资本主义经济打击很大。这个阶段，市场营销学的研究特点是：①并没有脱离产品推销这一狭窄的概念；②在更深更广的基础上研究推销术和广告术；③研究有利于推销的企业组织机构设置；④市场营销理论研究开始走向社会，被广大企业界所重视。

第三阶段，20 世纪 50 年代至 80 年代为市场营销学的发展阶段，美国军工经济开始转向民众经济，社会商品急剧增加，社会生产力大幅度提升，而与此相对应的居民消费水平却没有得到多大的提升，市场开始出现供过于求的状态。此时美国市场营销学专家 Aderson 与 Cox 提出“广义的市场营销学，是促进生产者与消费者进行潜在商品或劳务交易的任何活动。”此观点使营销学开始步入全新的阶段。原先认为市场是生产过程的终点，现在认为是生产过程的起点；原先认为市场营销就是推销产品，现在认为市场营销是通过调查了解消费者的需求和欲望，而生活符合消费者的需求和欲望的商品或服务，进而满足消费者的需求和欲望；从而使市场营销学摆脱企业框架而进入社会视野。并有明显的管理导向。

第四阶段，20 世纪 80 年代至今，为市场营销学的成熟阶段，表现在：①与其他学科关联，如经济学、数学、统计学、心理学等；②开始形成自身的理论体系；80 年代是市场营销学的革命时期，开始进入现代营销领域，使市场营销学的面貌焕然一新。

目前我国仍处于社会主义市场经济初级阶段，由于社会生产力发展程度及市场发展趋势，经济体制改革的状况及广大居民收入状况等因素的制约，我国企业经营观念仍处于以推销观念为主、多种观念并存的阶段。

5.1.3 市场营销职能体系

在日益激烈的市场竞争面前，市场营销部门应当发挥出更大的作用。那么，市场营销部门究竟需要做些什么呢？

1934 年美国全国市场营销教师协会定义委员会提出，市场营销的职能包括商品化、购买、销售、标准化和分级、风险管理、集中、融资、运输和储存等 9 项，它们又被归纳为三类，即交换职能(购买和销售)；物流职能(运输和储存)；辅助职能(融资、风险承担、沟通和标准化等)。随着生产力的发展和市场竞争 的激烈化，市场营销实践也在不断创新。一些市场营销学者通过总结实践经验，又提高了若干新的市场营销职能。例如，1942 年克拉克(Fred E·Clark)提出，销售要以创造需求为先。20 世纪 50 年代末霍华德(John A·Howard)提出，市场营销应当能够让企业“创造性地适应”动态环境。进入 80 年代以后，“内部市场营销”、“关系市场营销”又先后被提出来，大大地丰富了市场营销的职能体系。

那么，现代的市场营销职能体系的框架是什么呢？按照现代市场营销环境的要求，现代市场营销职能体系应当是包括商品销售、市场调查研究、生产与供应、创造市场需求和协调平衡公共关系五大职能。现将各项职能具体介绍如下。

1. 商品销售

研究市场营销职能、经验的做法是从商品销售入手。美国市场营销协会定义委员会 1960 年曾发表过这样一个定义：“市场营销是引导商品或劳务从生产者流向消费者或其使用者的一种企业活动。”这个定义虽不承认市场营销就是销售，但是认为市场营销包含着销售，也包含着对商品销售过程的改进与完善。许多学者认为这个定义过于狭窄，不能充分展示市场营销的功能。然而，不论其是否恰当，这个定义清楚地揭示了市场营销与商品销售的关系。商品销售对于企业和社会来说，具有两种基本功能，一是将企业生产的商品推向消费领域；二是从消费者那里获得货币，以便对商品生产中的劳动消耗予以补偿。企业是为了提高人们的生活水平而采用先进生产组织方式进行社会化生产的产物。在资源短缺的现实经济中，它通过在一定程度上实现资源集中和生产专业化，能够利用规模经济规律来提高生产效率，创造和传播新的生活标准。商品销售是生产效率提高的最终完成环节，即通过这个环节把企业生产的产品转移到消费者手上，满足其生活需要。在另一方面，社会选择市场和商品交换方式，在企业转让产品给消费者的同时，通过让企业获得货币，是因为社会需要保持企业生产经营的连续，以便更多地获得提高生产效率的好处。通过商品销售，让商品变为货币，社会可以为企业补充和追加投入生产要素，而企业因此也获得了生存和发展的条件。商品销售十分重要，企业需要尽最大努力来加强这一职能。其具体的活动包括：寻找和识别潜在顾客，接触与传递商品交换意向信息，谈判，签订合同，交货和收款，提供销售服务。然而，进行商品销售是有条件的。要顺利进行商品交换的有关条件包括：①至少有两个主体，他们分别拥有在自己看来是价值相对较低，但在对方看来具有更高价值的有价物(商品、服务的货币)，并且愿意用自己所拥有之物来换取对方所拥有的有价物；②他们彼此了解对方所拥有的商品的质量和生产成本；③他们相互之间可以有效地进行意见沟通。例如，洽谈买卖条件，达成合同；④交易发生后他们都能如意地消费和享受所得之物。但是常常发现，这些条件不是处处成立的，因此企业经常会面临销售困难的局面。为了有效地组织商品销售，将企业生产的商品更多地销售出去，营销部门就不能仅仅只做销售工作，还必须进行市场调查研究、组织整体营销、开发市场需求等活动，而且要等到后面这些工作取得一定效果以后，才进行商品销售。

2. 市场调查研究

企业销售商品的必要外部条件之一是该商品存在着市场需求。人们把具备这个条件的商品称为是适销对路的。只有存在市场需求，商品才能销售出去。某种商品的市场需求，是指一定范围的所有潜在顾客在一定时间内对于该商品有购买力的欲购数量。如果某种商品的市场需求确实存在，而且企业知道需要的顾客是谁，在哪里，就可以顺利地进行商品销售。

由于生产分工和商品生产本身在不断地创造着市场需求，因此，笼统地讲，潜在市场需求总是存在的。问题在于人们现实需要的商品是不是市场上供应的商品。经常存在的商品销售困难的根源在于市场上供应的商品不是人们现实需要的商品，或者说，市场上的商品与人们的现实需要(期望)之间存在着差异。这个问题，一方面造成了商品销售困难，而另一方面造成部分顾客的需要得不到满足。

理智的生产者和经营者当然不会生产经营那些没有人需要的商品，要选择生产那些有人购买的商品。然而问题在于，一定范围的市场对于某种商品的需求量是经常变动的。有许多因素会对潜在顾客的需求产生影响。例如，居民收入的增长会使人们逐步放弃对低档、过时商品的消费，随之将购买力转向档次较高、新颖的商品；一种商品价格过高是许多人认为消费它不合算而很少购买它，但当它的价格下降时，人们就会产生消费合算的念头，愿意多购买、多消费。潜在顾客对于一种商品的购买欲望从来就是不稳定的。购买欲望的变化必然影响购买力的支付方向，导致市场需求的变化。对于这种变化，生产者和经营者可能缺乏信息，因而在变化发生以后，处于被动状态。为了有效地实现商品销售，企业营销经理需要经常地研究市场需求，弄清楚谁是潜在顾客，他们需要什么样的商品，为什么需要，需要多少，何时何地需要，研究本企业在满足顾客需要方面的合适性，研究可能存在的销售困难和困难来源，并且对应地制定满足每一个顾客需要的市场营销策略。这就是市场调查与研究职能的基本内容。不难发现，市场调查和研究不单纯是组织商品销售的先导职能，实际上是整个企业市场营销的基本职能。

3. 生产与供应

如何把已经来临的市场销售与盈利机会并将它充分有效地加以利用？如何对即将来临的市场需求的变化灵活适应？关键在于内部是否进行着生产和销售、内部与外部之间两者协调的管理。企业作为生产经营者需要适应市场需求的变化，经常调整产品生产方向，借以保证生产经营的产品总是适销对路的。这就是说，要争取利用每个时期的市场需求来保持企业销售收入的稳定和增长，争取利用每个所生产经营商品的盈利机会。在市场需求经常变动的条件下，企业的这种适应性就来自于企业对市场的严密监测，对内部的严格管理，对变化的严阵以待，对机会的严实利用。所有这些职能在企业经营管理上笼统地成为生产与供应职能。这个职能名称实际上是沿用传统的说法。在现代市场营销理论中，这个职能称作整体营销。

整体营销是由企业内部的多项经营职能综合来体现的。要让销售部门在每个时期都能向市场销售适销对路的产品，市场调研部门就要提供准确的市场需求信息；经营管理部门就要把市场需求预测资料转变成生产指令，指挥生产部门生产和其他部门的协作。要让销售部门及时向顾客提供他们需要的产品，就要让生产部门在顾客需要来临之前将相应的产品生产出来；为了让生产部门能够做到这一点，技术开发部门就要在更早的时候完成产品设计和技术准备工作，能够向生产部门提供生产技术；财务部门就要在更早的时候筹集到资金，提供给生产部门进行生产线或机器设备的调整，提供给采购部门进行原料、材料、零部件的采购和供应；人事部门也要在更早的时候对工人进行技术培训和岗位责任教育，激发职工提高生产劳动的积极性和主动性。要让销售部门能够迅速打开销路，扩大商品销售数量，公共关系部门就应当在此之前在顾客心目中建立高尚的企业形象和企业产品形象，扩大服务顾客的声势和信誉传播范围；广告宣传部门就要在此之前有效地展开广告宣传攻势；促销部门要组织对潜在顾客有吸引力的促销活动；销售渠道和网络管理部门要在此之前争取尽可能多的中间商经销或代销企业的商品。这样，各个部门相互之间协同作战，共同来做好市场营销工作，就是整体营销。

实行整体营销需要对传统上各个职能部门各自为政的做法加以改变，甚至需要改变某些职能部门的设置。在市场营销中，要让技术开发部门根据顾客的需要开发人们愿意购买的商品；让财务部门按照市场营销需要筹集资金，供给资金，补充“给养”；让生产部门在顾客需要的时间出产顾客需要的产品，保证销售部门及时拿到合适的产品、采用顾客喜闻乐见的方式，向存在需要的顾客进行销售。这样技术开发部门、生产部门、财务部门和销售部门就结合起来了，共同为促进商品的销售而运作。这样才能形成整体营销的效果。

4. 创造市场需求

不断提高社会生活水平的社会责任要求企业努力争取更多地满足消费者需要。这就是说，仅仅向消费者销售那些他们当前打算购买的商品是不够的。消费者普遍存在着“潜在需求”，即由于某些原因，消费者在短期内不打算购买商品予以满足的需求。例如，对于目前市场上某种商品的质量水平不满意的消费者，即使存在需要，也可能不去购买这种商品；对于目前市场上价格相对较高、人们认为多消费就有些奢侈的非生活必需品，消费者即使存在需要，也可能不去购买，或者很少购买；有些消费者因为某种后顾之忧，把一部分钱储蓄起来，不用于目前的生活消费，会形成“潜在需求”；另外一些消费者虽然有一定的生活收入来源，可是由于目前手持货币数量的限制，不能购买某种他所需要的商品，也形成了“潜在需求”。当然，还有相当多的顾客拿着钱买不到自己所需要的商品，因此形成“潜在需求”。潜在需求的客观存在是由消费者生活需要的广泛性和可扩张性决定的。潜在需求实质上就是尚未满足的顾客需求，代表着在提高人们生活水平方面还有不足之处，也是企业可开拓的市场中的“新大陆”。

企业既要满足已经在市场上出现的现实性顾客需求，让每一个愿意购买企业的商品的顾客确实买到商品，也要争取那些有潜在需求的顾客，提供他们所需要的商品和服务，创造某些可以让他们买得起、可放心的条件，解除他们的后顾之忧，让他们建立起购买合算、消费合理的信念，从而将其潜在需求转变成为现实需求，前来购买企业的商品。这就是“创造市场需求”。例如，通过适当降价，可以让那些过去买不起这种商品的消费者能够购买和消费这种商品，让那些过去觉得多消费不合算的消费者愿意多购买、多消费，真正满足其需要；通过广告宣传，让那些对某种商品不了解因而没有购买和消费的消费者了解这种商品，产生购买和消费的欲望；通过推出新产品，可以让那些难以从过去的那种商品获得需要满足的消费者有机会购买到适合其需要、能让他满意的商品；通过提供销售服务，让那些觉得消费某种商品不方便、不如意、不安全因而很少购买的消费者也能尽可能多地购买和消费这种商品，创造市场需求可以使市场的现实需求不断扩大，提高顾客需求的满足程度；也可以使企业开创一方属于自己的新天地，大力发展生产；同时使企业在现有市场上可进可退，大大增强对市场需求变化的适应性。

5. 协调平衡公共关系

公共关系活动早就有。21 世纪初美国还出现过专业公共关系咨询公司。企业管理理论界在 30 年代就承认了职工关系、顾客关系的重要性。然而，在存在落后的生产观念、销售观念的条件下，公共关系没有作为市场营销的一个“内在职能”。到 60 年代再次爆发保护消费者权益运动之后，公共关系职能才得到广泛的重视。在 80 年代，人们不再把公共关系看成企业的“额外负担”，而是把它当成了市场营销的一种职能。1981 年，葛郎儒（Christian Gronroos）提出了“内部营销”的理论；到 1985 年，巴巴拉·本德·杰克森（BarbaraB·Jackson）提出要开展

“关系营销”。这些新观点综合起来，就是认为需要在市场营销职能中增加一个新项目：协调平衡各种公共关系。

企业作为一个社会成员，与顾客和社会其他各个方面都存在着客观的联系。改善和发展这些联系既可改善企业的社会形象，也能够给企业带来市场营销上的好处，即增加市场营销的安全性、容易性。按照杰克森的观点，商品销售只是企业与顾客之间营销关系的一部分。事实上，他们之间还可以发展经济的、技术的和社会的联系和交往。通过这些非商品交换型的联系，双方之间就可以增进相互信任和了解，可以发展为相互依赖、相互帮助、同甘共苦的伙伴关系，让企业获得一个忠实的顾客群，还可以将过去交易中的烦琐谈判改变为惯例型交易，节省交易费用。这种“关系营销”的思想同样适合于发展和改善企业与分销商、供应商、运输和仓储商、金融机构、宣传媒体以及内部职工的关系，使企业在市场营销过程中，都可以找到可以依赖、可予以帮助的战略伙伴。协调平衡公共关系需要正确处理三个关系，即商品生产经营与企业“社会化”的关系，获取利润与满足顾客需要的关系和满足个别顾客需要与增进社会福利的关系。

5.2 工厂营销方式及实例分析

5.2.1 工厂营销工作及科务工作的开展

1. 销售科人员结构

工程素质训练中心属二级管理，即中心主任和各科室的科长。销售科设两个科长，正科长管理全面工作，副科长分管销售工作。

根据人员工作性质的不同分为以下工作人员。

销售工作人员：由正科长和一名销售人员组成，负责中心所有民品的宣传、销售工作。

售后服务人员：由副科长和两名销售服务人员组成。

内勤人员：设置一人。

全科人员均是固定工资制。

2. 各类人员的工作职责

1) 营销人员的工作职责

以增强顾客满意为目标，收集、分析和利用顾客对工厂提供的产品是否满足其要求的有关信息，确保顾客的需求和期望得到确定，并转化为对产品的具体要求，并予以满足。销售科为顾客满意度测量控制程序的归口管理部门，负责与顾客联络，处理顾客投诉，建立顾客档案，组织对顾客满意程度进行测量，确保顾客的需求和潜在需求，并将有关情况提供评审。

销售科负责监视顾客满意或不满意的信息，作为对质量管理体系业绩的一种测量。

对与顾客面谈、信函、电话、传真等方式所进行的沟通及对顾客提出的建议，由销售科负责人解答记录、收集；暂时未能解答的，要详细记录并与有关部门研究后予以答复。

销售科销售员利用外出的活动，及时掌握市场动态和顾客需求的动向，积极与顾客沟通，收集有关产品质量、交付和服务方面的信息以及对包装、标识及发货方式的建议，并及时反馈给有关部门。销售科负责处理顾客的投诉，执行 CWZ/CX-13-2008《与顾客有关过程的控制程序》中的有关规定。每年第四季度，销售科向顾客发送《顾客满意程度调查表》，调查顾客对产品、服务的满意程度，收集相关意见和建议，调查表的回收应在 50%以上，以便于统计分析。销售科对上述调查统计表进行分析，确保顾客的需求和期望及工厂需改进的方面，得出定性(形成材料)可定量(产品故障率、顾客抱怨率、返修率等)的结果。当数据接近或低于控制下限时，应采用适当的分析手段寻找主要原因，销售科发出《纠正和预防措施处理单》给责任部门，采用相应的纠正和预防措施，并监督实施结果。销售科对购买本厂产品的主要顾客应建立档案，详细记录其名称、地址、电话、联系人、订购每批产品的型号和数量、使用产品后反馈的信息等，以便了解顾客的订货期望，及时做好准备。处理日常工作中的电话咨询，根据自己掌握的信息给对方邮寄资料或办事处联系宣传或直接上门做宣传销售工作。

销售人员接待日常工作中的上门客户。上门客户有的是来咨询业务，有的是寻求售后服务，对于前者销售人员应向他们介绍单位的产品改进情况，从大环境使其对自己的产品质量、单位的信誉认可，其后介绍各种产品的技术参数、功能、可靠性等。通过一系列的宣传介绍，达到其对本厂产品的认同及购买意向，其后就是价格的磋商。作为销售工作：一是争取用户的购买意向，二是价格的谈判，两者是整个过程的核心。在谈判过程中要有敏捷的观察思维应变能力，同时要具备一定的耐心。有了结果后还要商定付款方式(三种付款方式及其优缺点)、技术要求、供货时间等。

最后拟定合同，对于合同中的前后要约及时间要注意一致性(否则合同将无效)，用词要准确，语句要严密，合同条款要完整，根据已签的合同组织安排产品出厂。根据合同签订的供货时间通知总装车间包装产品，产品包装完备经质检部门验收后，一般由销售科内勤人员签收。

宣传工作：任何产品在其销售过程中，一般都有与其属性相适应的宣传方式。“中心”的宣传方式主要是参加各类展销会及在全国发行的《电加工与模具》杂志上刊登广告。展销会有全国性的，有各省市举办的(如中国机床总公司承办的“中国国际机床展销会”。四川省模具工业协会承办的“西南模具及设备展销会”等)。参加展销会的优点如下。

(1)在展销会上可以很直观将设备展现在新老用户面前，使用户可以对同类产品进行比较，并对设备的行程、精度、操作等技术指标有一定感性认识。

(2)参展人员对感兴趣的客户作针对性的宣传介绍工作。

(3)可将各类宣传资料发到各用户手中(指已有该产品的用户，准备买该产品的用户，将来可能买该产品的用户)。有宣传资料后，各类用户在需要的时候，就能与我厂销售人员取得联系。

(4)在展销会上，通过与客户及其他厂家的接触可以了解到许多信息，如各厂家的价格、质量、销售形势，在什么地区是热点，不同地区用有对设备有何新的要求等。总之在展销会上，可使自己了解到竞争对手的情况，也可获得用户的需求信息。

2)售后服务人员的工作职责

机床设备是耐用产品，但随着元件的老化，难免出现各类故障。我厂的产品线切割机是专用机床，很多用户没有维修能力，厂家能为用户排除故障，及时恢复生产，对用户十分重要。用户在选购机床时，非常在意售后服务是否及时，购维修配件是否方便。我厂售后服务人员的工作，主要在产品出厂后在用户处为其安装调试好设备，在第一年中设备出现问题，维修人员都得上门免费为其服务，这就是常说的一年保修期。过了一年之后属于终身服务时期，在这期间厂家有义务为用户维护设备，收取元件费和适当的人工费。

3)后勤人员的职责

首先是合同管理。销售人员将合同签订后，并同进行管理，非相关人员不得进行查阅。根据合同条款，对回款进行管理。根据供货时间组织提货。销售各种备品备件。

3. 销售业绩

简介历年的销售业绩。

简介销售政策对销售人员的工作影响。

简介厂内环境对销售人员工作的影响。

5.2.2 实际工作中的主要销售方式及利弊

(1)闭门式：即通常说的坐商，是指销售人员几乎常年在单位里，用户自己上门或来电话，销售人员予以处理。偶尔有用户来电话或其他方式联系后，销售人员再到用户处商谈。这种方式主要是源于计划经济体制。

其优点是：销售成本低。

其缺点是：销售量不大，捕捉信息慢，市场占有率低。本销售方式适合于：①计划经济体制下的企业；②小型且有一定知名度的企业；③行业被自己垄断、产品供不应求的企业等。

(2)根据地式：是指以企业所在地为基础，向周边地区辐射。利用较好的通信、交通工具，每隔一定时间销售人员到辐射地区逐一上门了解情况、推销产品。在上门了解情况过程中自然可以了解更多的需求信息(扬州伯升的销售方式)。

其优点是：销售成本较低，捕捉信息快。

其缺点是：触及的市场范围不大，销售量有限。

(3)堡垒式：是指以企业所在地为依托，在销售工作所能触有而又较远的地区建立销售网点，由各销售网点再向其所在地区辐射。这种销售网点可以是企业直派人员(设办事处)，也可以是委托他人代销。

其优点是：捕捉信息及时、量大，销售量多，具有较强的竞争力。

其缺点是：销售成本较高。

(4)传销方式：简单地说，是指销售人员去发展新的销售人员，每一位新的销售人员就是最新的消费者。特点是：抓住了几乎每人都想发财的心理，准确地说是快速发财的心理，尽管产品销售价很高，仍有不少乐于此道之人。从思维方式上说，对我们从事销售工作的人员不失为一种好的启迪。

(5)渗透式：是指将销售工作渗透到同行业厂家的销售工作中去。

5.2.3 营销实例分析

2010年4月与中国电子科技集团公司第二十九研究所的谈判。

1. 寻找客户

该研究所在这以前分两次购买四台我厂的DK7735B型电火花线切割机床，同时也有另外两厂家的电火花线切割机床，在与我们谈这笔业务时，他们已经同苏州一厂家谈好一笔15台的业务，且已经运到7台(单价：每台五万一仟元，40%的质保金，且是计算机控制)。我厂的线切割机是单片机控制，在成都的售价也是五万二仟元以上，并且是款清发货。

2. 联系客户

我厂在获知该厂仍需线切割机后，多次通过电话与其厂长联系。于2010年4月上旬，委托代理人黄立来到我厂，通过商谈，他们只接受了五万二仟元/台的单价，并且要留20%的货款作为质保金。我们将情况向领导汇报后，答复是“无法做”。第二天晚上，在宾馆，我们与委托代理人黄立商谈了近四个小时，他们同意将单价提到五万三仟元/台，质保金留10%，这结果仍与我厂可执行的单价有差距，仍然做不成这笔业务。这时候我们所需要的转机在哪里？该怎么操作才能出现转机？

3. 签订合同

经过反反复复多次商谈，终于达成共识。对方购买一台，每台五万五千元整，不留质保金。先付三万元定金。原始合同见附页 1。

4. 付款

在定金支付后，对方再付了一部分的款项。

5. 发货

在对方付了一部分款项后，根据装箱清单进行发货，原始装箱清单见附页 2。

6. 安装调试

设备到达用户处后，我们派出售后维修人员上门安装调试，调试合格，将主要参数填写到安装卡上，并由用户签字。

原始安装卡见附页 3。

附页 1：国营成都无线电专用设备厂购销合同

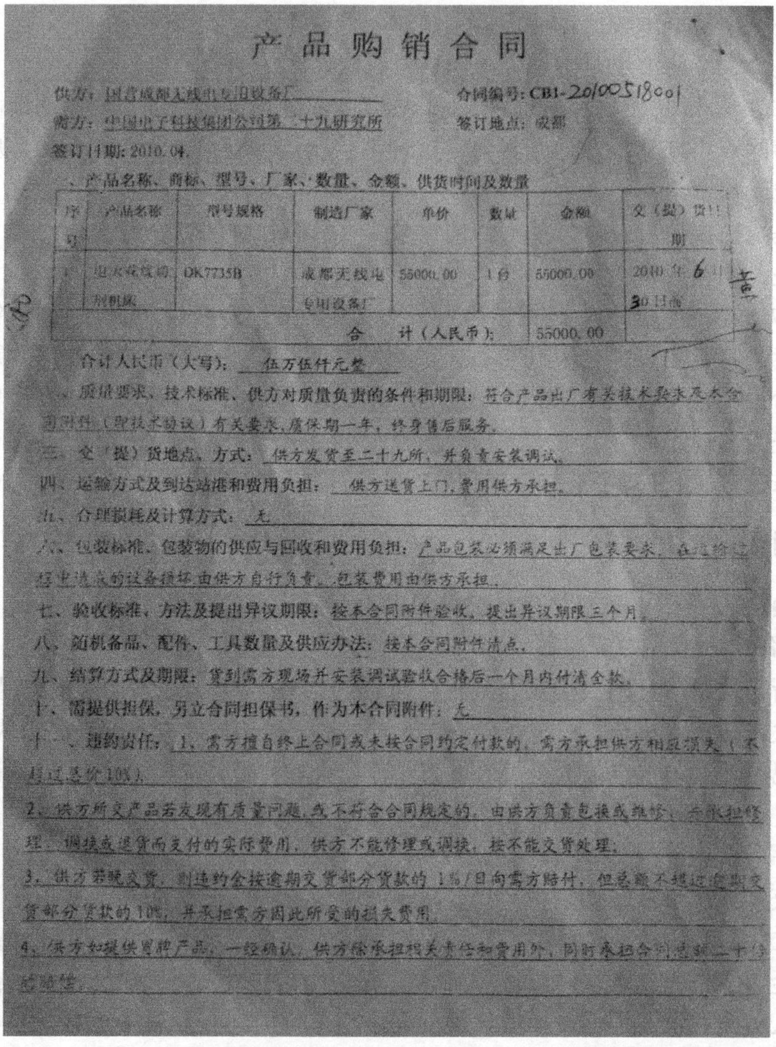

产 品 购 销 合 同

供方：国营成都无线电专用设备厂　　合同编号：CB1-20100518001

需方：中国电子科技集团公司第二十九研究所　　签订地点：成都

签订日期：2010. 04.

一、产品名称、商标、型号、厂家、数量、金额、供货时间及数量

序号	产品名称	型号规格	制造厂家	单价	数量	金额	交（提）货日期
1	电火花线切割机床	DK7735B	成都无线电专用设备厂	55000.00	1台	55000.00	2010年6月30日前
		合　计（人民币）：				55000.00	

合计人民币（大写）：伍万伍仟元整

二、质量要求、技术标准、供方对质量负责的条件和期限：符合产品出厂有关技术要求及本合同附件（即技术协议）有关要求，质保期一年，终身售后服务。

三、交（提）货地点、方式：供方发货至二十九所，并负责安装调试。

四、运输方式及到达站港和费用负担：供方送货上门，费用供方承担。

五、合理损耗及计算方式：无

六、包装标准、包装物的供应与回收和费用负担：产品包装必须满足出厂包装要求，在运输过程中造成的设备损坏由供方自行负责，包装费用由供方承担。

七、验收标准、方法及提出异议期限：按本合同附件验收，提出异议期限三个月。

八、随机备品、配件、工具数量及供应办法：按本合同附件清点。

九、结算方式及期限：货到需方现场并安装调试验收合格后一个月内付清全款。

十、需提供担保，另立合同担保书，作为本合同附件：无

十一、违约责任：1、需方擅自终止合同或未按合同约定付款的，需方承担供方相应损失（不超过总价10%）。

2、供方所交产品若发现有质量问题，或不符合合同规定的，由供方负责包换或维修，并承担修理、调换或退货而支付的实际费用，供方不能修理或调换，按不能交货处理。

3、供方若晚交货，则违约金按逾期交货部分货款的 1%/日向需方赔付，但总额不超过逾期交货部分货款的10%，并承担需方因此所受的损失费用。

4、供方如提供冒牌产品，一经确认，供方除承担相关责任和费用外，同时承担合同总额二十倍的赔偿。

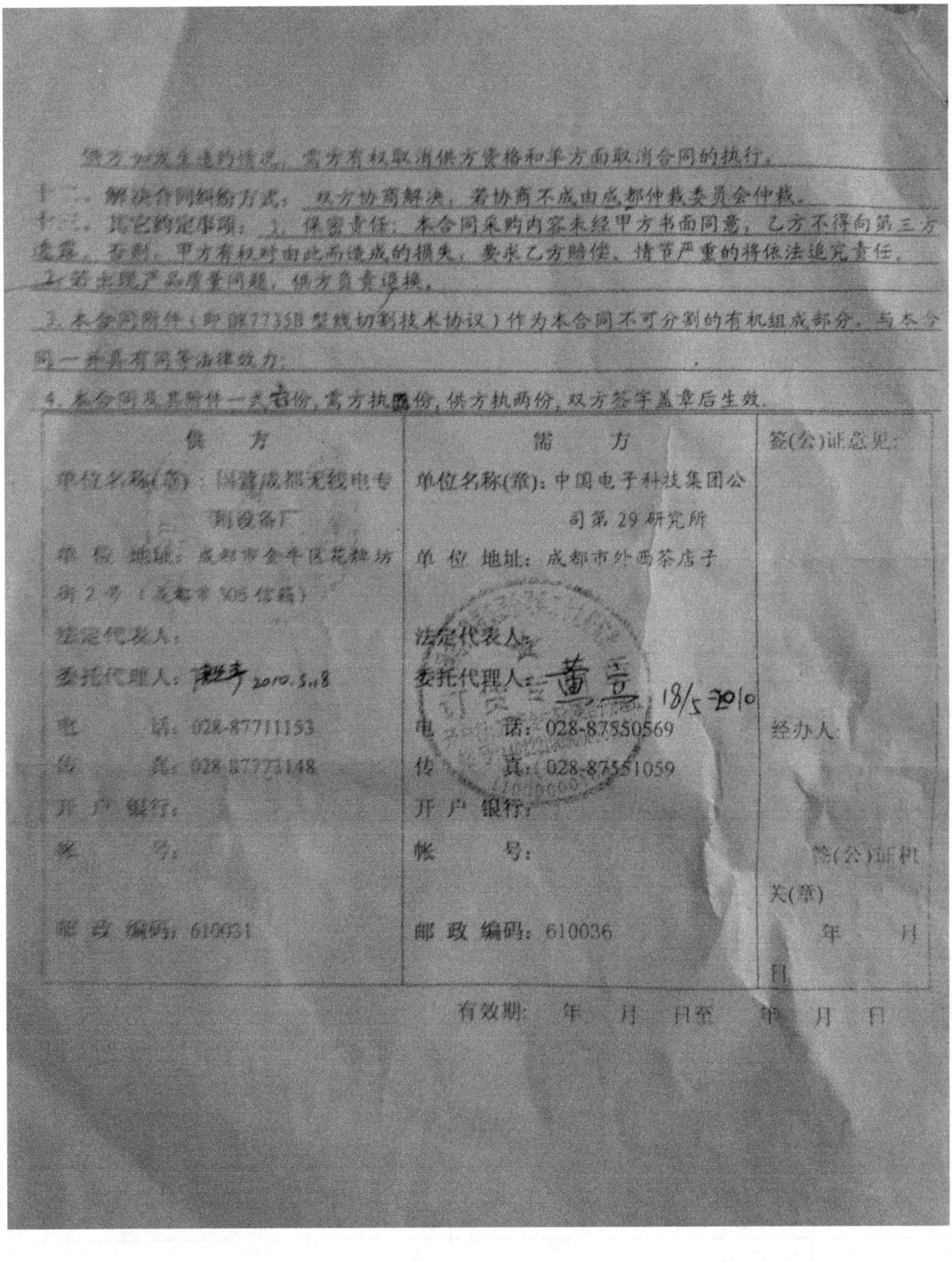

供方如发生违约情况，需方有权取消供方资格和单方面取消合同的执行。

十二、解决合同纠纷方式：双方协商解决，若协商不成由成都仲裁委员会仲裁。

十三、其它约定事项：1. 保密责任：本合同采购内容未经甲方书面同意，乙方不得向第三方透露，否则，甲方有权对由此而造成的损失，要求乙方赔偿，情节严重的将依法追究责任。

2. 若出现产品质量问题，供方负责退换。

3. 本合同附件（即DK7735B型线切割技术协议）作为本合同不可分割的有机组成部分，与本合同一并具有同等法律效力；

4. 本合同及其附件一式叁份，需方执壹份，供方执两份，双方签字盖章后生效。

供方	需方	签(公)证意见：
单位名称(章)：国营成都无线电专用设备厂	单位名称(章)：中国电子科技集团公司第29研究所	
单位地址：成都市金牛区花牌坊街2号（成都市305信箱）	单位地址：成都市外西茶店子	
法定代表人：	法定代表人：	
委托代理人：[签名] 2010.5.18	委托代理人：董[签名] 18/5 2010	
电话：028-87711153	电话：028-87550569	经办人：
传真：028-87773148	传真：028-87551059	
开户银行：	开户银行：	
帐号：	帐号：	签(公)证机关(章)
邮政编码：610031	邮政编码：610036	年 月 日

有效期： 年 月 日至 年 月 日

附页 2：装箱单

DK7725 线切割机装箱单

箱号：1　　　　出厂编号：

序号	名称	数量	备注
1	机床	1 台	
2	油枪	1 支	附件均装入附件箱
3	十字拖螺母座拆卸扳手	各 1 件	
4	导轮轴承套用钢丝扳手	1 件	
5	绕丝架(组件)	1 件	
6	紧丝轮(组件)	1 件	
7	校丝块	1 件	
8	宽改刀	1 件	
9	M6 内六角螺钉扳手	1 件	S=5mm
10	M8 内六角螺钉扳手	1 件	S=6mm
11	M12 内六角螺钉扳手	1 件	S=10mm
12	储丝筒联轴器联轴套	8 件	备件均装入附件箱
13	机床使用说明书	1 份	
14	微机控制台使用说明书	1 份	
15	脉冲电源使用说明书	1 份	
16	机床电器使用说明书	1 份	
17	机床电器电路图	1 份	
18	机床合格证	1 份	

注：地脚螺钉、地脚螺母各 4 件用于机床安装。装入附件箱。

SNC-1 微机控制台装箱单

箱号：2　　　　出厂编号：

序号	名称	数量	备注
1	SNC-1 微机控制台	1 台	
2	电源插头	1 只	附件均装入附件箱
3	控制台电源线	1 根	
4	整机接口电缆线	1 根	
5	控制器至驱动源电缆线	1 根	
6	保险管 1A	1 只	
7	保险管 2A	1 只	
8	保险管 10A	1 只	

MCY-95 脉冲电源装箱单

箱号：3　　　　　　出厂编号：

序号	名称	数量	备注
1	MCY-95 脉冲电源	1 台	
2	电源电缆	1 根	
3	控制线插头 CA-20JW[1]	1 只	
4	保险管 5(6)A	1 只	$\phi5\times18$mm
5	保险管 10A	1 只	$\phi5\times18$mm

装箱员：

装箱检验员：

年　月　日

附页 3：国营成都无线电专用设备厂

线切割机床安装卡

卡号：　　　　　　签发：

型号		出厂日期		编号	
供电电源	切割试件(材料、热处理、尺寸)			电极丝	工作液
试件切割情况					

用户意见(签章)			
安装时间	年 月 日至月 日共 天	安装人员	
备注			

5.3　营销实践及实践报告

5.3.1　目标

(1)通过学习使同学们提高观察问题、分析问题、处理问题的能力。

(2)锻炼同学们适应陌生环境和陌生人的能力。

(3)力求使大家体会销售的全过程和挣钱的艰辛，养成勤俭节约的美德。

5.3.2　学习活动

(1)将全班同学分为 2 人一小组，6 人一大组，每一小组一个小组长，每一大组一个大组长，负责各大、小组的安全，全班统一由班长和团支部书记负责安全。每人出一定的经费，自己在市场上采购货物，然后将其卖出。将整个过程及心得体会整理成书面报告，字数不少于 2000 字。

(2) 以模拟公司或单位组织实施进行现场观察，全班同学各自在商场或超市里选择一个观察点(柜台或者货架)。同学以普通顾客身份观察该地点消费者选择购买商品的行为表现。观察并记录每位顾客从接触商品到购买或离开商品的行为过程，包括推测顾客的职业、年龄、收入状况；观察表情、语言运用、浏览与购买行动以及你对顾客购买心理的初步推测等。观察并记录营业员接待顾客与服务的行为过程，主要包括形象(给顾客的印象)、迎接顾客推介商品成交、结算、送客等。并能评价其服务态度、服务技能等方面。活动结束后在班级组织交流和评价并作相应的书面实践报告。

(3) 将全班同学分成几组，每组学生围成一个圈。每位同学伸出右手食指向上顶着右边同学的左掌心，依次类推。老师讲一些话，当提到指定词语时，同学的右手食指尽量逃脱不要被旁人的手掌抓住，而左手则尽量去抓住旁人手指。例如，指定词语为“人”字。老师可以说：“我们今天这里来了很多的朋友，他们是一些非常优秀的“人”。”当提到“人”字时。同学就做所指示的动作。游戏活动结束后写出活动体会并作相应的书面实践报告。

(4) 在日内瓦会议期间，一个美国记者先是主动和周恩来总理握手，周总理出于礼节没有拒绝，但没有想到这个记者刚握完手，忽然大声说：“我怎么跟中国的好战者握手呢？真不该！真不该！”然后拿出手帕不停地擦自己刚和周恩来总理握过的那只手，然后把手帕塞进裤兜。这时很多人在围观，看周总理如何处理。周总理略略皱了一下眉头，他从自己的口袋里也拿出手帕，随意地在手上扫了几下，然后——走到拐角处，把这个手帕扔进了痰盂。他说：“这个手帕再也洗不干净了！”

① 分析周总理是如何缓解双方之间的矛盾的？

② 结合自身，谈谈如何培养交际与感情沟通的能力？

(5) 在美国零售业中，有一家很有知名度的商店，它就是彭奈创设的“基督教商店”。

彭奈的第一个零售店开设不久，有一天，一个中年男子到店里买搅蛋器。

店员问：“先生，你是想要好一点的，还是要次一点的？”

那位男子听了显然有些不高兴：“当然是要好的，不好的东西谁要？”

店员就把最好的一种“多佛”牌搅蛋器拿了出来给他看。男子看了问：“这是最好的吗？”

“是的，而且是牌子最老的。”“多少钱？”“120 元。”

“什么！为什么这样贵？我听说，最好的才六十几块钱。”

“六十几块钱的我们也有，但那不是最好的。”

“可是，也不至于差这么多钱呀！”

“差得并不多，还有十几元一个的呢。”男子听了店员的话，马上面露不悦之色，想掉头离去。

彭奈急忙赶了过去，对男子说：“先生，你想买搅蛋器是不是，我来介绍一种好产品给你。”

男子仿佛又有了兴趣，问：“什么样的？”

彭奈拿出另外一种牌子来，说：“就是这一种，请你看一看，式样还不错吧？”

“多少钱？”“54 元。”

“照你店员刚才的说法，这不是最好的，我不要。”

“我的这位店员刚才没有说清楚，搅蛋器有好几种牌子，每种牌子都有最好的货色，我刚拿出的这一种，是同牌中最好的。”

“可是为什么比多佛牌的差那么多钱？”

“这是制造成本的关系。每种品牌的机器构造不一样，所用的材料也不同，所以在价格上会有出入。至于多佛牌的价钱高，有两个原因：一是它的牌子信誉好；二是它的容量大，适合做糕饼生意用。”彭奈耐心地说。

男子脸色缓和了很多：“噢，原来是这样的。”

彭奈又说：“其实，有很多人喜欢用这种新牌子的，就拿我来说吧，我就是用的这种牌子，性能并不怎么差。而且它有个最大的优点，体积小，用起来方便，一般家庭最适合。府上有多少人？”

男子回答：“5个。”

“那再适合不过了，我看你就拿这个回去用吧，担保不会让你失望。”最后彭奈成功地推销了搅蛋器。

① 分析店员的独自推销与彭奈的推销有何不同？

② 试分析店员在推销过程中忽略了哪些细节，有何不妥之处？

③ 请说明这个案例给你的启示是什么？

(6) 据调查显示，目前中国功能饮料的人均消费量每年仅为0.5公斤，距离全世界人均7公斤的消费量尚有巨大空间，功能饮料的在国内的市场潜力极其巨大。另外，中国的人均GDP已经超出1000美元，消费者的购买能力也已经有了大幅提升。在这种令人乐观的市场形势下，1995年就登陆中国的国际品牌——红牛原本可以放手一搏，大有作为。然而，进入中国10多年来，红牛却始终没有像它的名字那样真正地“红”起来，“牛”起来。深入研究，可以发现红牛的营销并不十分成功，某些方面甚至可以归入失败的行列。红牛制造了“功能饮料”的概念，同时也依靠这个概念成就了一个知名品牌，但在某些方面红牛做得明显不够，有些甚至是策略性的。

① 讨论红牛为何“牛”不起来？

② 如何制定相应的营销策略才能使红牛强大起来？

5.3.3 实践报告

指导资源：工程素质训练中心营销模块指导老师。

系部名称：________________ 专业：____________________

年级______ 班级：_________ 姓名：_____ 学号：____

实践单位：

实践时间： 年 月 日 至 年 月 日 共 天

(1) 实践目的：介绍实践的目的、意义、实践单位或部门的概况及发展情况、实践要求等内容。这部分内容通常以前言或引言形式，不单列标题及序号。

(2) 实践内容：先介绍实践安排概况，包括时间、内容、地点等，然后按照安排顺序逐项介绍具体实践流程与实践工作内容、专业知识与专业技能在实践过程中的应用。以记叙或白描手法为基调，在完整介绍实践内容基础上，对自己认为有重要意义或需要研究解决的问题重点介绍，其他一般内容则简述。

(3) 实践结果：围绕实践目的要求，重点介绍对实践中发现的问题的分析、思考，提出解决问题的对策、建议等。分析讨论及对策建议要有依据，有参考文献，并在正文后附录。分析讨论的内容及推理过程是实践报告的重要内容之一，包括所提出的对策建议，是反映或评价实习报告水平的重要依据。

(4)实践总结或体会：用自己的语言对实践的效果进行评价，着重介绍自己的收获体会，内容较多时可列出小标题，逐一汇报。总结或体会的最后部分，应针对实践中发现的自身不足之处，简要地提出今后学习，锻炼的努力方向。

(5)正文字体：宋体小四号字。字数：3000 字左右。

5.4 营销合同条款解析及填定合同

1. 目标

(1)通过学习使同学们能了解经济合同的主要条款及关键字句的重要性。

(2)达到基本会填写合同。

2. 学习活动

(1)听取指导老师讲解经济合同的主要条款及关键条款的不同填写造成的不同后果。

(2)每两位同学一小组，分别以供需双方的身份填写一份合同。

3. 资源

(1)指导教师：工程素质训练中心营销模块指导老师。

(2)素质训练中心签订的合同。

(3)素质训练中心的产品样本说明书。

(4)素质训练中心及工商局印制的空白合同各一份(见附页 4)。

4. 教学资料

讲解合同的主要条款，主要内容如下。

(1)时间。主要指合同签订时间、合同生效时间、合同执行时间。合同签订时间：是指合同的填写时间，不需双方讨论，自然产生。合同生效时间：指合同生效的时间，一般是首款到达供方的时间，有时也是合同签订的时间。这时双方都得认真对待合同中的条款，并按其规定严格执行。合同执行时间：是指每一笔款的支付时间、供货时间及售后服务期限等，必须双方商定，并明确写入合同条款中(说明时间要约一致性的重要性)。

(2)货物名称、型号及数量等。是双方讨论所有条款的基本点，明确需方所购的是什么产品，哪些型号及相应的数量。

(3)技术要求。是指这种产品具有的技术参数(如机床的行程、精度、粗糙度、效率等)及功能等。有时供方的产品在某些方面不能满足需方的要求，可以商定特殊技术要求(如西安团结机械厂所购的 DK7732TCA 大锥度四轴联动上下异型机)。

(4)价格。现在是市场经济，很多商品的价格是随行就市的，那么供、需双方除了谈判购买意向外，还有一点关键的是谈判价格。无论是谈购买意向还是谈价格，都是对一个销售工作人员的谈判技巧及说服工作能力的考验，它直接决定谈判的成功与否及利润的高低(举实例加以印证)。

(5)收标准、方式及提出异议期限。一般产品出厂，都有其独特的验收条款，大多数是以技术要求验收(以重庆前卫仪表厂为例说明验收机床的方法)。

(6)售后服务。是指在合同中明确供方为需方正常使用产品提供的服务。

(7)付款方式。是指需方支付供方货款的方法和时间等。主要方式有：款清发货；分期付款；赊账。以及关于几种方式的利弊，不同付款比例的谈判技巧及剩余货款收回的保障措施。

(8)包装标准及回收。指在合同中明确物品的包装情况，所用包装材质及使用后是否将其收回，包装方式及其所使用的材质是多种多样的，视其商品的不同及购买对象的不同而有所不同。

(9)运输及交货地点。指需方在合同中明确货物运输的方式及收取货物的地点，以便供方为其办理提货及发运货物的手续等。

(10)签订地点。指合同签订时的所在地，在合同出现纠纷时，它是决定在什么地方解决纠纷的依据。

(11)签字盖章。合同只有在供、需双方签字盖章之后才有效，才是一份完整的合同，出现纠纷时才具有法律依据。

(12)违约及解决方式。在合同中一定要明确双方如违反约定该怎么办？赔偿金是多少？解决纠纷的方式是什么？一般是找某仲裁机构裁决或是向合同签订地点所在人民法院起诉。

(13)双方各自填写自己的单位名称、通讯地址、电话、开户行、账号等。填写合同以购销线切割机床为例，每两位同学为一组，分别以供需双方的身份填写一份合同，对合同的填写提出具体要求，根据这些具体的要求，对同学们所填的合同进行考核。

附页 4：工商局印制的空白合同

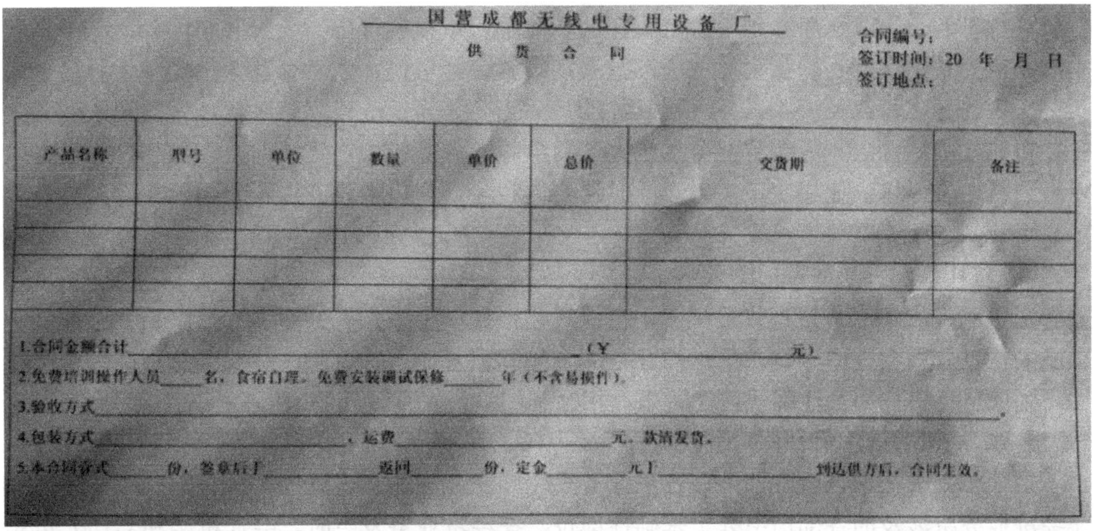

国营成都无线电专用设备厂

供 货 合 同

合同编号：
签订时间：20 年 月 日
签订地点：

产品名称	型号	单位	数量	单价	总价	交货期	备注

1.合同金额合计____________（￥____________元）

2.免费培训操作人员____名，食宿自理。免费安装调试保修____年（不含易损件）。

3.验收方式____________。

4.包装方式____________，运费____________元，款清发货。

5.本合同壹式____份，签章后于____________返回____份，定金____元于____________到达供方后，合同生效。

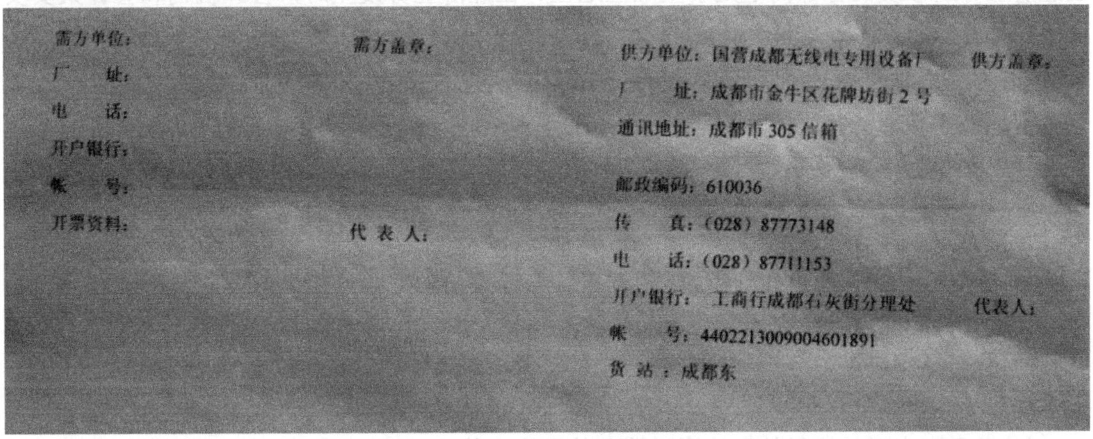

需方单位：
厂　址：
电　话：
开户银行：
帐　号：
开票资料：

需方盖章：

代 表 人：

供方单位：国营成都无线电专用设备厂
厂　址：成都市金牛区花牌坊街2号
通讯地址：成都市305信箱
邮政编码：610036
传　真：（028）87773148
电　话：（028）87711153
开户银行：工商行成都石灰街分理处
帐　号：4402213009004601891
货 站：成都东

供方盖章：

代表人：

第6章 财务管理

6.1 概 述

1. 会计的主要功能

国营成都无线电专用设备厂有军品汇流环和民品线切割机床两种产品，这两种产品到底花费了多少资金？企业是盈利还是亏损？企业到底有多少现金和银行存款？企业有多少固定资产？有多少货款没有收回来？我们还欠别人多少钱？企业的利润是由哪些经济活动产生的？以上这些指标都是通过会计核算来进行的，它们对工厂领导(和厂级领导)来说是极其重要的。例如，管理层在了解了哪些单位本年在本厂购买了多少产品，哪些单位或个人欠了本厂多少钱后，就可以针对不同客户采取不同的销售政策，对那些信用好、业务量大的单位给予一定的优惠和照顾，以鼓励交易。

2. 会计机构的设立

会计机构是直接从事和领导会计工作的职能部门。根据《中华人民共和国会计法》第三十六条规定各单位应当根据会计业务的需要，设置会计机构，或者在有关机构中设置会计人员并指定会计主管人员；不具备设置条件的，应当委托经批准设立从事会计代理记账业务的中介机构代理记账。我厂经济业务量较大，财务收支数额较大，还要向校领导和厂领导提供以上经济信息，以供他们决策参考。同时还要向税务部门提供税务资料，因此我厂独立设置了会计科，进行集中核算。

3. 会计机构与其他部门的关系

经济业务由本厂其他各部门产生，会计机构根据《中华人民共和国会计法》和有关财务制度的规定，用会计语言记录下这些业务的金额和数量，同时监督这些业务的正确性和合法性。因此会计机构和其他部门密切联系，相互制约。

4. 会计机构的地位和职责

由于会计机构和企业各部门、各项业务发生广泛、直接、连续的关系，因此，会计机构在经济业务所涉及的各部门中处于基础性地位。在经济业务发生时，会计机构和会计人员实现核算和监督职能。

5. 会计岗位的设置及职责

会计机构设置财务科长、会计员、出纳员三个岗位。

1)财务科长岗位职责

(1)执行国家会计制度及有关规定，组织制定本企业的财务管理办法和财务会计制度，检查财经纪律的执行情况。

(2)建立会计工作岗位责任制，组织本单位会计人员学习业务知识，提高会计人员的素质，考核会计人员的能力，合理调配会计人员的工作。

(3)参与经营决策，分析、研究会计数据，考核资金使用效果，向管理层提供财务信息，报告财务状况和经费收支情况。

(4)负责审查对外提供的会计资料等有关经济文件。

(5) 负责加强会计档案的管理，做好会计人员工作的交接。

(6) 编制月份、季度、年度会计报表并及时上报或对外公布。

2) 会计员岗位职责

(1) 学习、执行国家颁发的财经法规政策。

(2) 熟悉本岗位工作，按照国家统一规定设置会计科目，按照会计制度规定设置总账与明细账。

(3) 按照会计制度及有关规定对本单位实际发生的经济业务事项进行会计核算，填制会计凭证。

(4) 按规定登记总账，进行对账和结账。

(5) 登记收入、费用和债权、债务，计算财务成果，按期计算并交纳各种税款。

(6) 装订、保管会计档案。

3) 出纳员岗位职责

(1) 掌握库存现金管理制度的主要内容和银行结算的有关规定。

(2) 负责库存现金日记账和银行存款日记账的核算与登记。

(3) 负责签发支票，办理银行结算业务，保管支票、电汇、进账单等空白凭证。

(4) 负责保管库存现金，负责保管库存收讫、库存现金付讫印章。

(5) 按月与银行对账，编制银行存款余额调节表，随时处理未达账项。

(6) 按月发放工资，负责每周向厂领导汇报银行账户余额，以便厂领导正确决策。

6. 会计工作流程

图 6-1 为会计工作流程图。

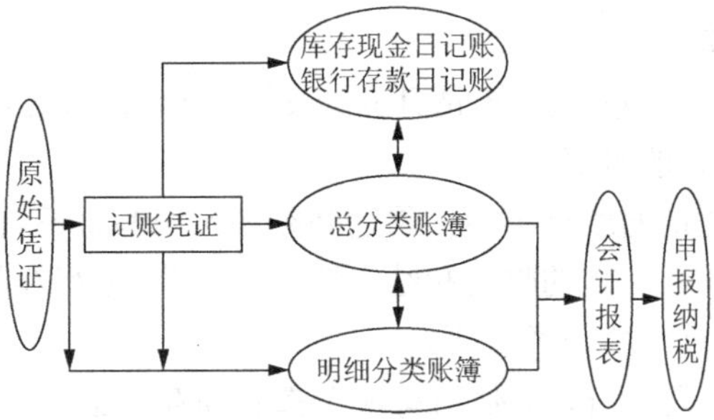

图 6-1　会计工作流程图

6.2 会 计 档 案

所谓会计档案是本单位在会计核算中产生，并经过整理归档保存起来的会计凭证、会计账簿、会计报表、纳税报表、进项税额抵扣明细、银行存款余额调节表及银行存款对账单等材料。

1. 会计档案的归档

年度终了，财务人员应将原始凭证、记账凭证、会计账簿、会计报表等会计资料进行整理并归档。

(1) 记账凭证连同所附原始凭证应折叠整齐，订成一册或数册，并附加统一规定的凭证封面，在封面上注明记账凭证日期、编号、种类，装订人签名或盖章。然后在凭证左上角打孔装订。一册会计凭证作为一个案卷。

⑵打印成册的会计账簿采用三孔一线左册装订，装订后附加账簿封面，并注明日期、账簿名称。

⑶年度决算之后将月报、季报、年报分别立卷。装订成卷的会计报表附加统一规定的报表封面，采用三孔一线左册装订。

⑷银行存款余额调节表和银行对账单的归档，参照会计账簿整理方法。

2. 会计档案的保存

会计档案保存期限分为永久和定期两类。定期保管期限一般分为3年、5年、10年、15年、25年等，保管期限从会计年度终了后的第一天算起。

3. 会计档案的调阅

会计人员由于工作需要查对账外，其余人员调阅档案需经财务部门相关负责人或办公室批准。在调阅会计档案时，不得将原始资料借出，若确需借出原始资料，应由会计人员陪同进行复印。

4. 会计档案的销毁

会计档案保管期满，需要销毁的应由档案保管人员提出申请，会同会计人员共同鉴定，严格审查，编制会计档案销毁清册，报有关领导批准后才可实施。在销毁时档案管理人员和财务人员应共同到场监销。

6.3 出 纳 工 作

1. 银行存款管理制度

本厂按照《银行账户管理办法》，申请开立或变更银行账户，银行存款的收支严格遵守银行结算管理制度，接受银行的监督。

⑴各种银行收付款凭证的款项事源，用途必须如实填写，不得弄虚作假。

⑵本厂为随时掌握银行存款的收支和结存情况，设置《银行存款日记账》进行序时检要，同时设置银行存款总账，进行总分类检要。

⑶除银行检交的库存现金外，其他所有现金都必须存入银行。经济业务中发生的资金收付，除按规交可以使用现金外，其余都必须通过银行办理转账结要。

⑷对每笔银行存款的收支业务，会计人员必须严格审核原始凭证的正确性、合法性、完整性和真实性，经审核无误后才能据以填制记账凭证。

⑸月末，出纳人员应根据银行对账单及《银行存款日记账》编制《银行存款全额调节表》。存在的不符事项，应及时查明原因，采取相应措施，并及时清理未达账项。

⑹银行空白支票、财务专用章、财务负责人名章、会计名章必须分别保管，禁止由一个人管理。

2. 现金日记账的登记方法

⑴现金日记账必须采用订本式账簿，如图6-2所示。

⑵其账页格式一般采用“供方”、“贷方”和“金额”三栏式。

⑶根据审核无误的记账凭证逐日、逐笔序时登记，并于当日结出余额，不拖延积压。

⑷连续登记不得随便更换账簿，不准撕毁账页，作废的账页也应留在纸簿中，在一个会

计年度内，账簿尚未用完时，不得以任何借口更换账簿或重抄账页。不得跳行、隔页，若不慎发生跳行，隔页时，应在空页或空行中间画线加以注销，或注明“此行空白”、“此页空白”字样。

(5)日记账中书写的文字或数字上面要留有适当空格，不要写满格，一般应占格距的1/2。登记日记账要用蓝黑墨水或碳素墨水书写，不得使用圆珠笔、铅笔书写。

(6)按时结账，账款相符，做到日清月结。现金日记账不得出现贷方(或红字)余额。

(7)月末现金日记账余额与会计现金总账余额核对一致。

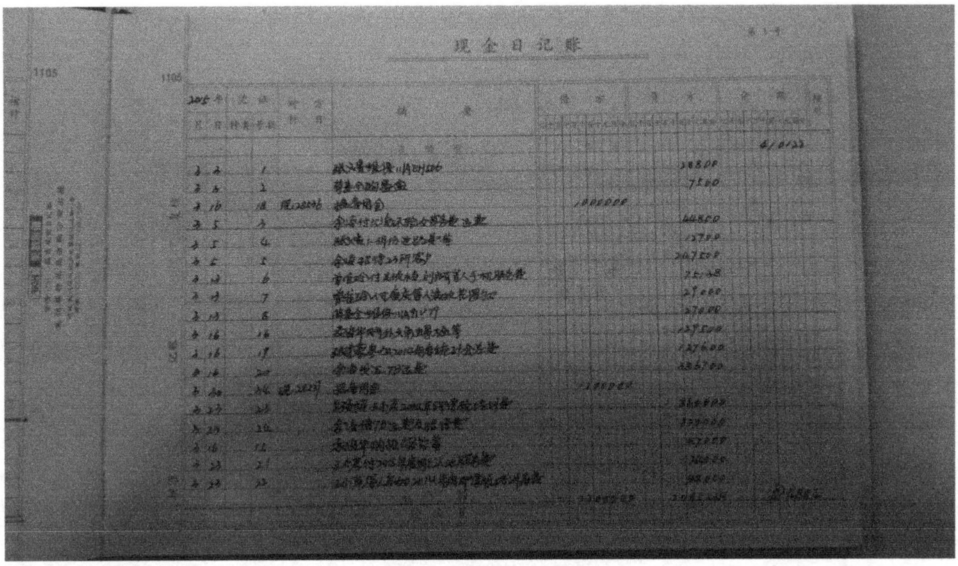

图6-2 现金日记账

3. 银行存款日记账的登记方法

(1)银行存款日记账也必须采用订本或账簿，如图6-3所示。

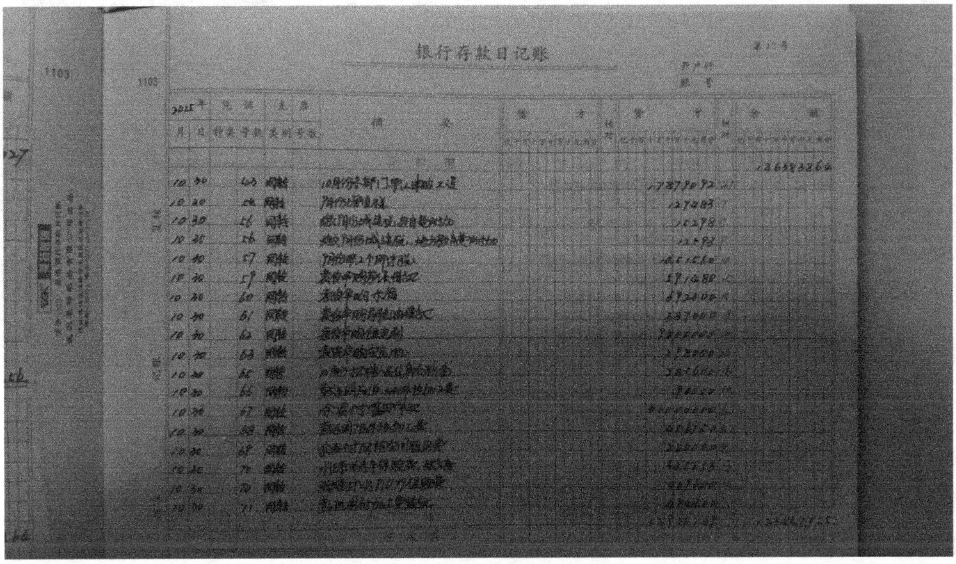

图6-3 银行存款日记账

(2) 银行存款日记账中的“结算凭证”和“对方科目”两栏必须填写，以便与银行对账单核对。

(3) 账页格式采用“借方”、“贷方”和“余额”三栏式。

(4) 根据审核无误的记账凭证逐笔序时登记。

(5) 月末银行存款日记账的余额应与会计银行存款总账的余额核对相符。银行存款日记账还应与银行对账单逐笔核对。

4. 编制银行存款余额调节表

企业与银行对账单余额存在误差的原因是因为存在未达账项。它包括以下内容。

(1) 企业已经入账，银行尚未入账的款项；

(2) 银行已经入账，企业尚未入账的款项；

(3) 银行已经付款入账，而企业尚未付款入账的款项；

(4) 企业已经付款入账，而银行尚未付款入账的款项。

清查未达账项的程序和方法是首先核对双方账面的期末余额和本期发生额合计，若彼此完全一致，则不存在未达账项；若彼此余额有出入，则可能存在未达账。此时应将银行对账单同企业银行存款日记账逐笔进行核对，对双方一致的记录，做出标记，无标记的则视为未达账项。根据查明的未达账项，编制“银行存款余额调整表”(图 6-4)，如果无记账错误，为企业银行存款的实有数额，需注意的是，对于银行区入账而企业尚未入账的未达账项，要待银行结算凭证到达企业后，方可据以入账，而不能以“银行存款余额调整表”作为记账的依据。

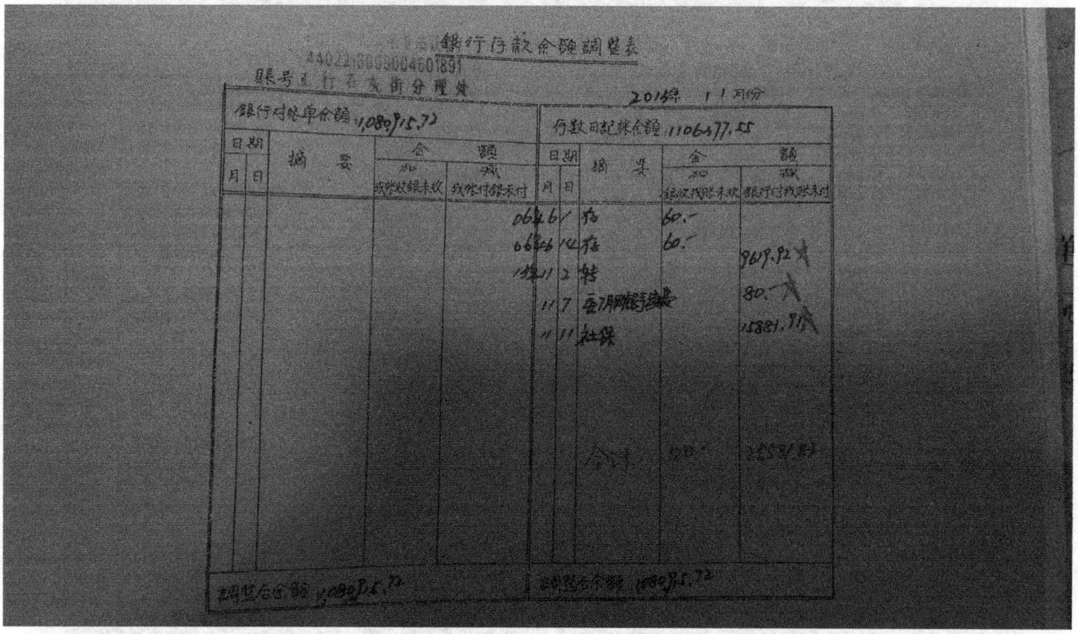
银行存款余额调整表
银行对账单余额 1,080,915.72
存款日记账余额 1106377.55
调整后余额 1,080,915.72
调整后余额 1080,915.72

图 6-4　银行存款余额调整表

5. 现金管理制度

第 1 条：严格按照国务院颁发的《现金管理暂行条例》规定的范围使用现金；

第 2 条：对取得的货币资金必须及时入账，不得挪用、挤占公款，不得私设小金库，不得账外设账或截留收入；

第 3 条：超过现金支付范围的现金，应通过银行转账结算；

第 4 条：支付现金，应该从库存现金中支付或从银行提取。不得从现金收入中直接支付，不得坐支现金；

第 5 条：购买物品或支付货款，尽量使用支票、汇款等转账方式，减少现金支付量；

第 6 条：对库存现金实现限额管理，超过库存限额的现金应及时送交银行；

第 7 条：存放现金必须用保险柜，下班前要检查保险柜和门窗是否锁好，才能离开；

第 8 条：出纳人员必须做到日清月结，不得以借据、白条、实物或其他不符合财务制度的凭证冲抵库存现金；

第 9 条：财务部必须严格认真地审核发生的库存现金收支凭证(收据、报销发票等)是否合法、合规、准确、完整，对不符合报销制度的单据，财务部长、会计或出纳人员有权拒绝办理，或要求更换。

6. 签发支票与电子汇票的方法

我厂资金结算的方式有支票和电子汇票两种。支票适用于同城结算，电子汇票适用于异地结算。图 6-5 为转账支票。现金支票如图 6-6 所示。

(1) 签发支票遵循《票据法》正确填写支票的方法。

(2) 电子汇票我厂从开户银行购买，并就购买的份数及电汇号码起止数签字确认。

(3) 开户银行售出电子汇票时把委托人的全称、账号、开户名称打印在汇票上，以防止购买方私自转借、出售汇票。

(4) 当发生异地付款业务时，委托人填写汇票的正联和回执联，正联交开户行，作为划转资金依据，回执联交给付款方会计作为银行存款减少的凭据。

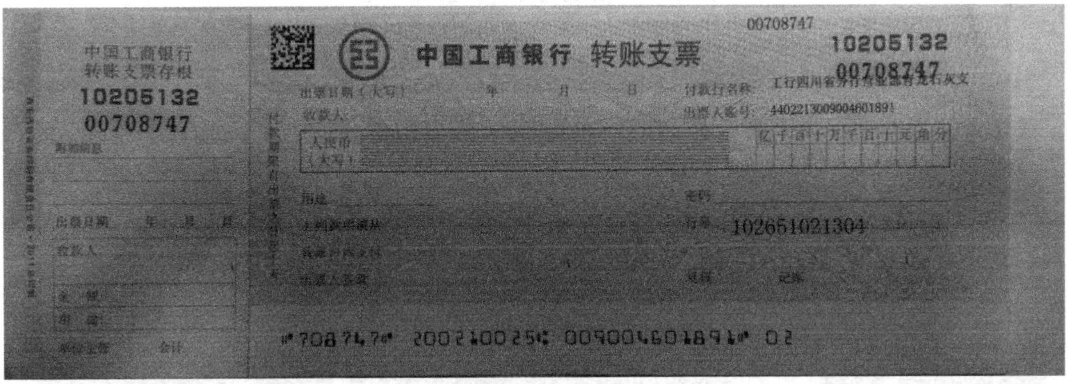

图 6-5　转账支票

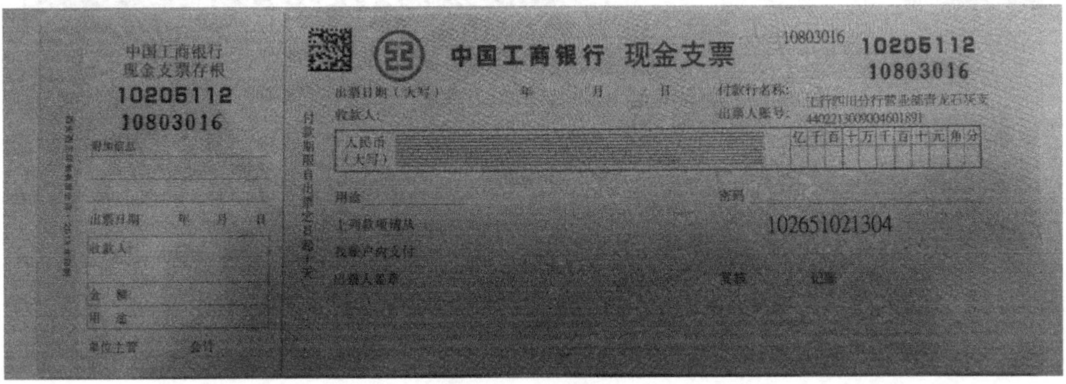

图 6-6　现金支票

7．编制库存现金及银行存款日报表

月末出纳员将银行存款日记账和现金日记账的期初余额、借方发生额、贷方发生额、期末余额分别登记日报表相应栏(图 6-7)。使得银行存款额期初金额加本期借方发生额等于银行存款本期贷方发生额加期末余额。现金期初余额加本期借方发生额等于现金本期贷方发生额加期末余额。该表编制平衡，该报表附在当月记账凭证的首页，反映当月银行。

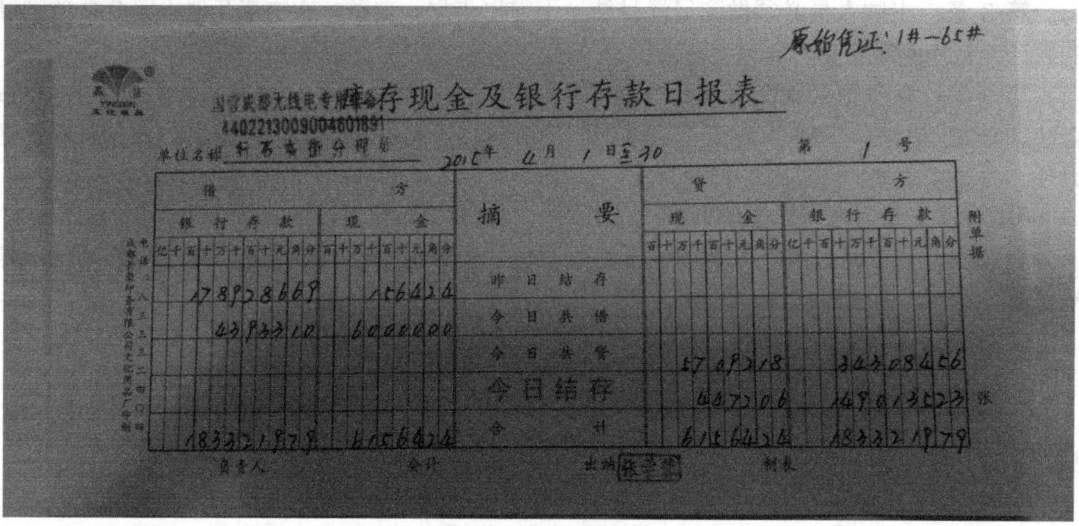
原始凭证：1#—65#

库存现金及银行存款日报表

单位名称　2015年 4月 1日至30　第 1 号

借方 银行存款	借方 现金	摘要	贷方 现金	贷方 银行存款
1789286 69	156424	昨日结存		
4393310	6000000	今日共借		
		今日共贷	5709218	3433 08456
		今日结存	447206	149013523
1833219 79	6156424	合计	6156424	183321979

负责人　会计　出纳　制表

图 6-7　库存现金及银行存款日报表

8．网上银行

1)登录网银操作

【第一步】双击桌面上的 ICBC 在线银行图标，弹出如图 6-8 所示界面。

图 6-8

【第二步】单击图 6-8 中的“企业网上银行”，弹出如图 6-9 所示界面。

图 6-9

【第三步】单击图 6-9 中的“U 盾登录”，弹出如图 6-10 所示界面，选择数字证书。

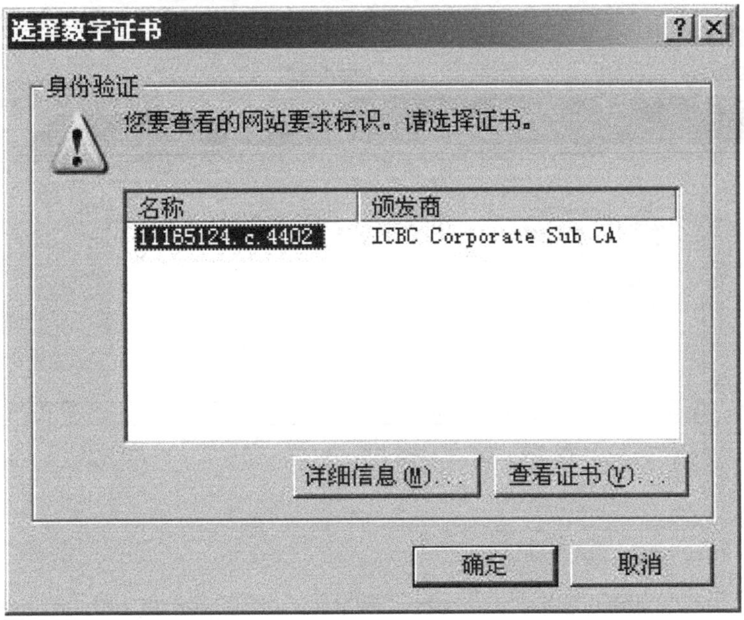

图 6-10

【第四步】单击图 6-10 中的“确定”按钮，弹出如图 6-11 所示界面。

图 6-11

【第五步】在图 6-11 界面中，输入密码后，单击“确定”按钮，弹出如图 6-12 所示界面。

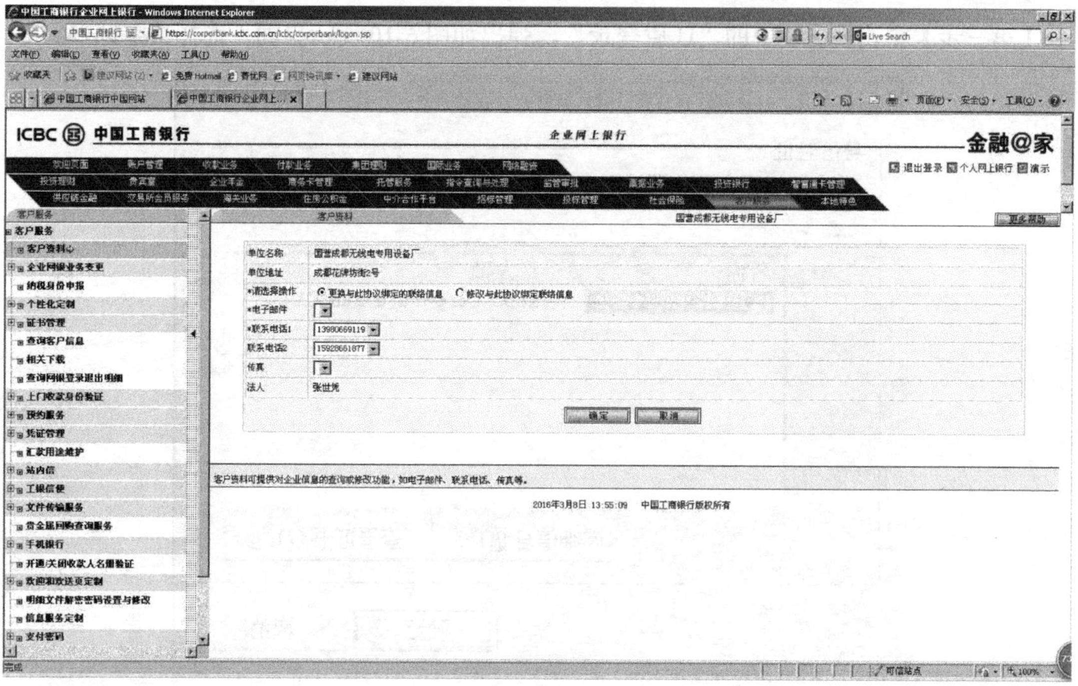

图 6-12

至此登录网银界面已经完成。

2) 付款业务操作

【第一步】在登录界面中，单击“付款业务”按钮，弹出如图 6-13 所示界面。

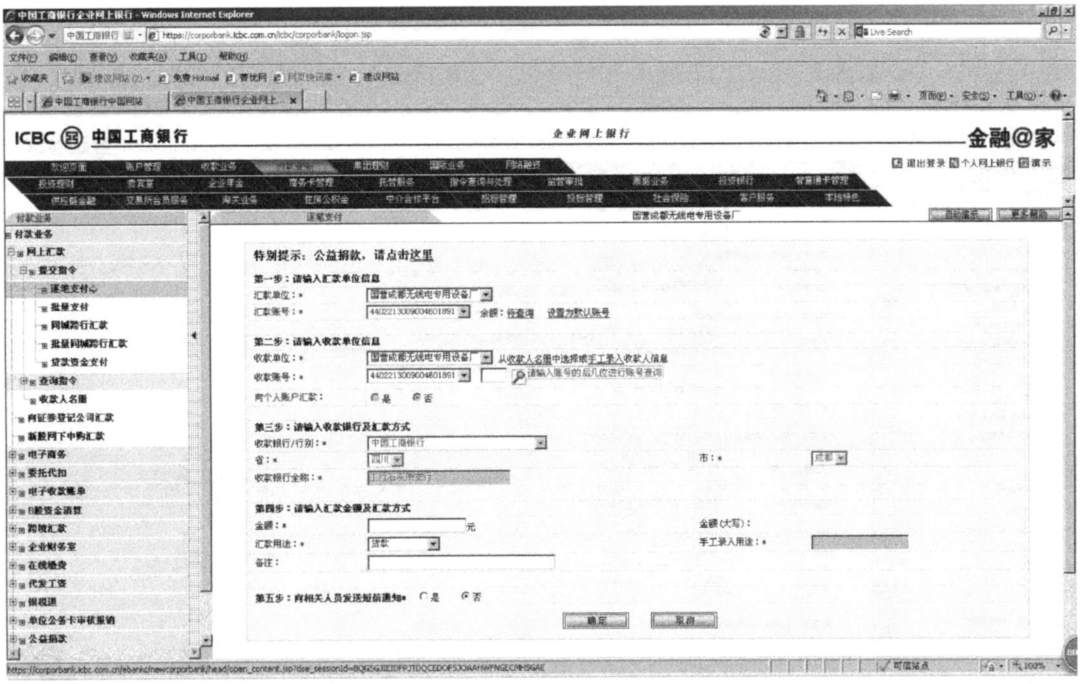

图 6-13

【第二步】单击图 6-13 中的“逐笔支付”，弹出如图 6-14 所示界面。

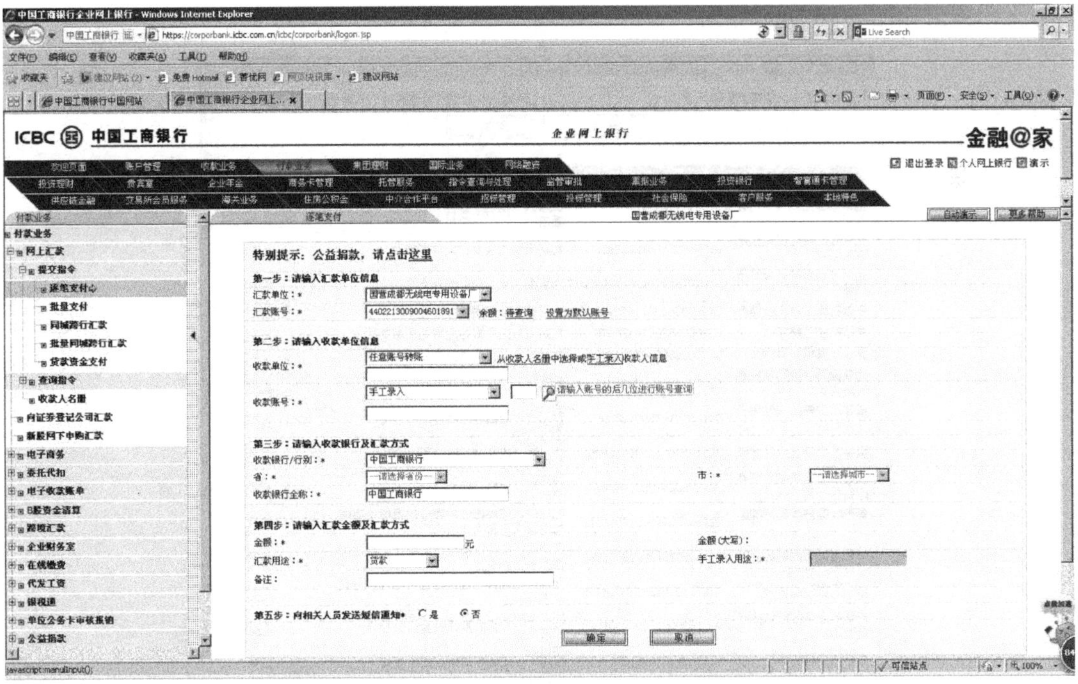

图 6-14

【第三步】单击图 6-14 中的“手工录入”，弹出如图 6-15 所示界面。

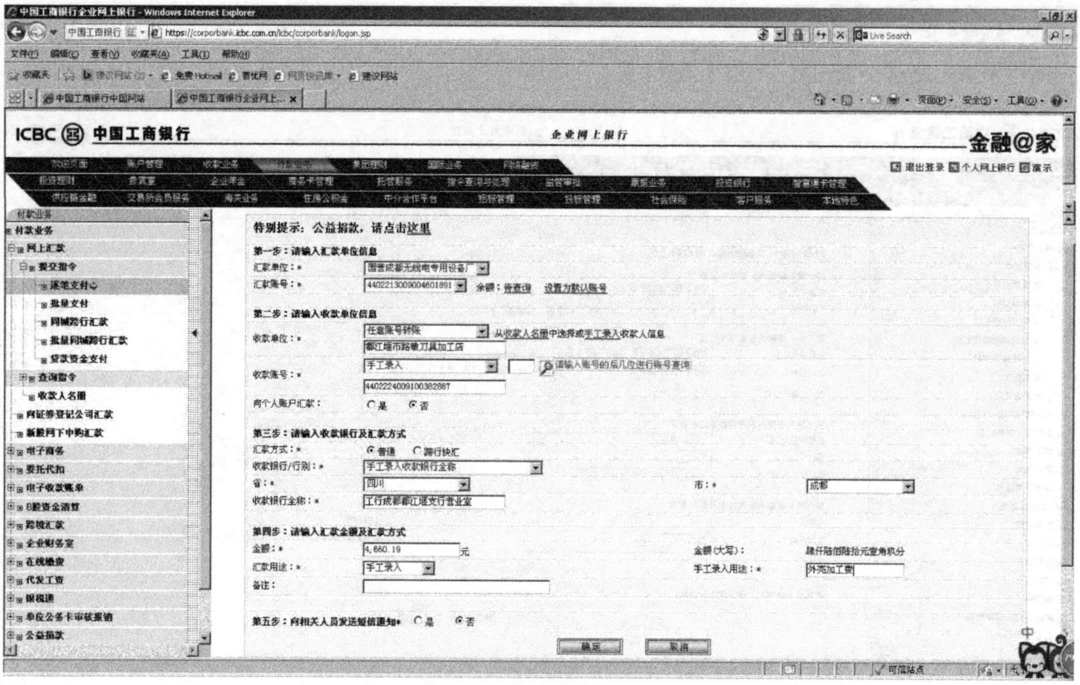

图 6-15

在此页面上输入收款单位名称、账号和金额，或者在如图 6-14 所示界面中单击“收款人名册”，弹出如图 6-16 所示界面。

图 6-16

【第四步】单击如图 6-15 所示界面中的“确定”按钮，弹出如图 6-17 所示界面。

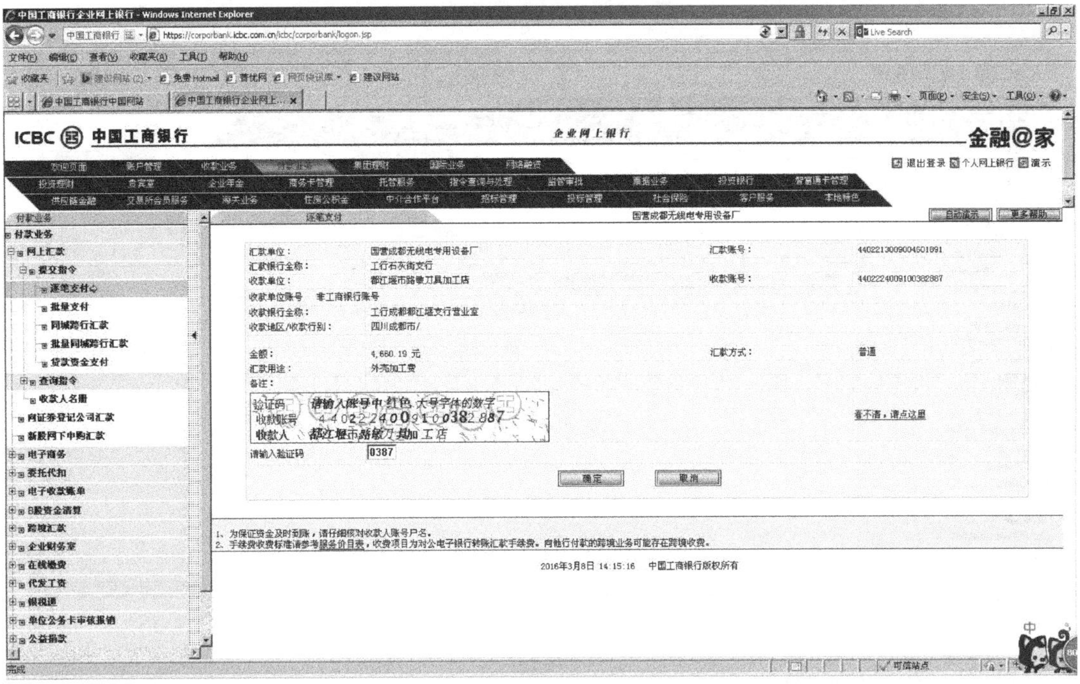

图 6-17

【第五步】在图 6-17 中的输入验证码区域输入备注中的提示数字，并单击“确定”按钮，弹出如图 6-18 所示界面。

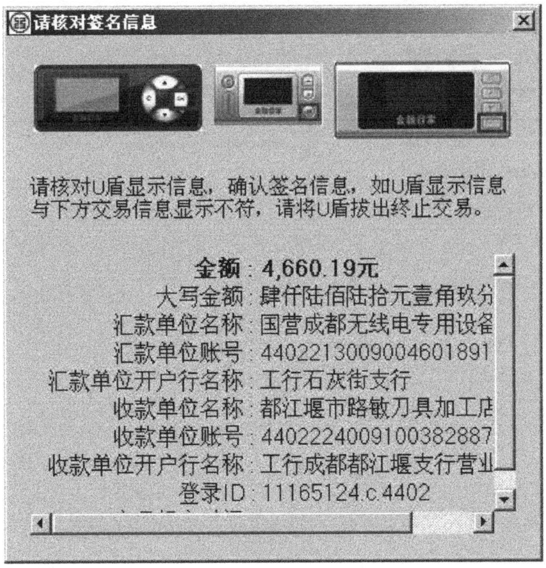

图 6-18

【第六步】根据图 6-18 中的提示，再次核对付款信息是否正确，确定无误后，按 U 盾上的“OK”按钮，否则按 U 盾上的“C”按钮，以便取消本次付款操作。按“OK”按钮后，弹出如图 6-19 所示界面。

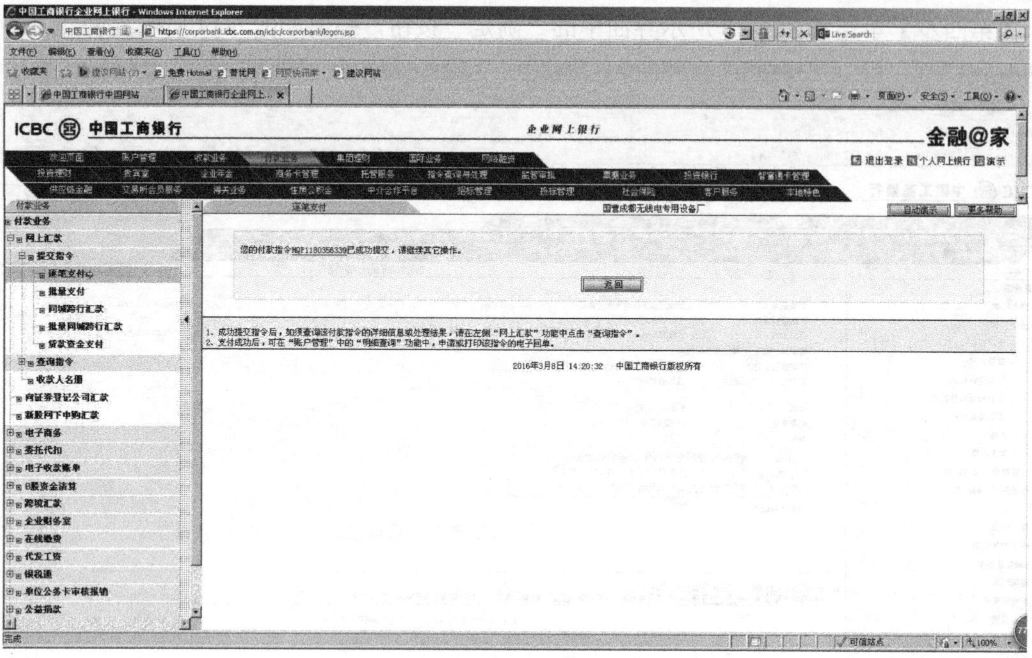

图 6-19

至此，付款业务支付完毕。

3) 工资发放操作

【第一步】打开“网银代发工资”文件夹，显示如图 6-20 所示界面。

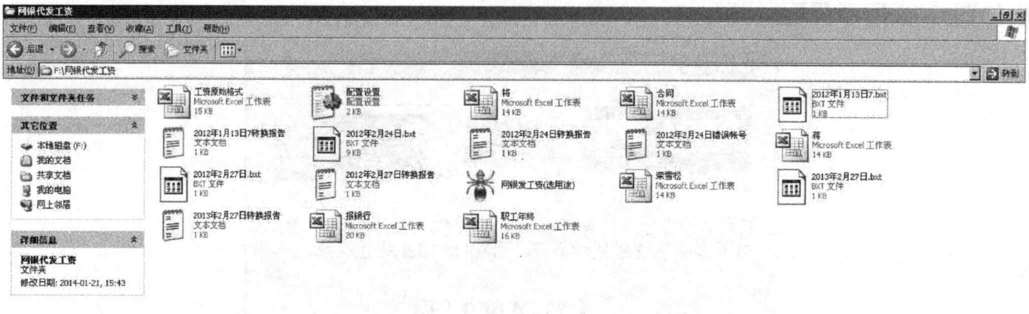

图 6-20

【第二步】在图 6-20 界面中，选中“网银发工资(选用途)”，并双击该按钮，弹出如图 6-21 所示界面。

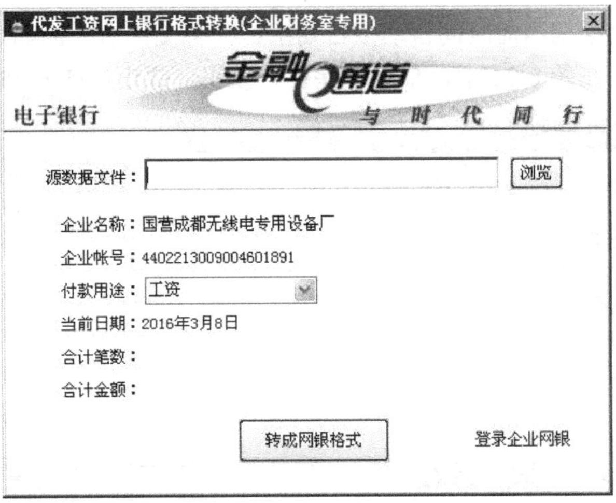

图 6-21

【第三步】在图 6-21 中，单击“浏览”按钮，选中“网银代发工资”的目录(图 6-22)，找到名称为“报银行”的 excel 文件，并单击“打开”按钮，弹出如图 6-23 所示界面。

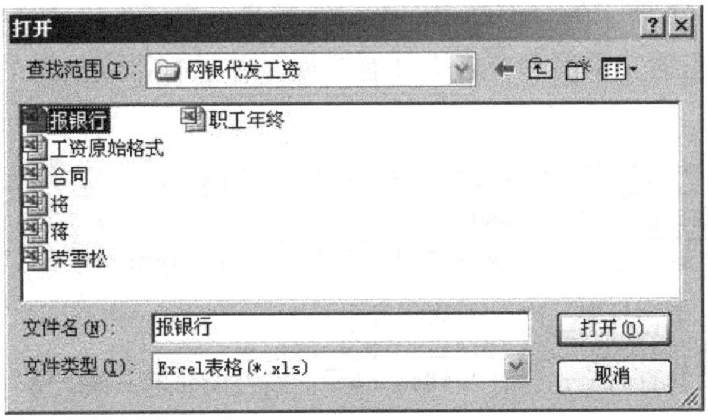

图 6-22

【第四步】在如图 6-23 所示界面中，单击“转成网银格式”按钮，弹出如图 6-24 所示界面。

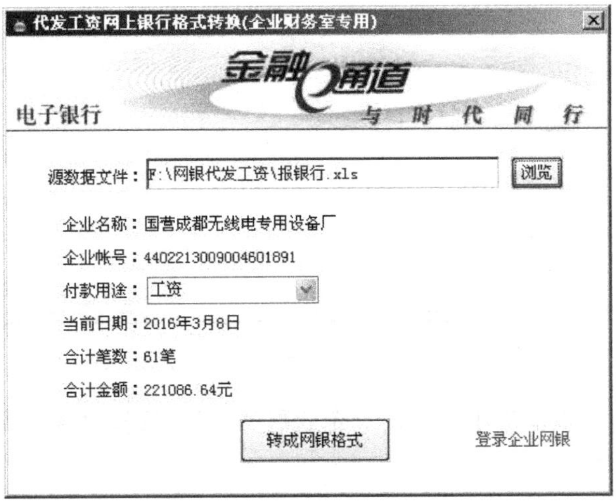

图 6-23

【第五步】系统会根据当前时间自动按日期生产一个文件名，例如，2016 年 3 月 8 日，文件的后缀名为.bxt。在图 6-24 中，单击“保存”按钮，弹出如图 6-25 所示界面。

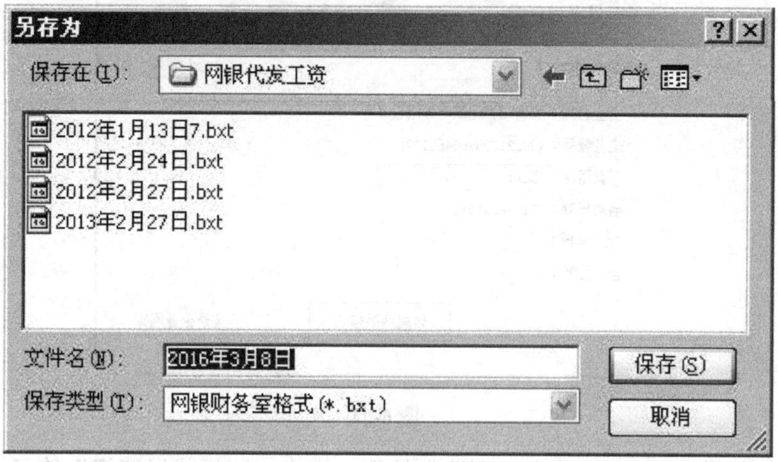

图 6-24

【第六步】如图 6-25 所示的界面弹出一个文本消息，告诉你格式转换成功。如果 excel 文件中有错误，则在弹出的文本消息会告诉你有错误，并且有错误信息的提示，方便用户去修改或更正。

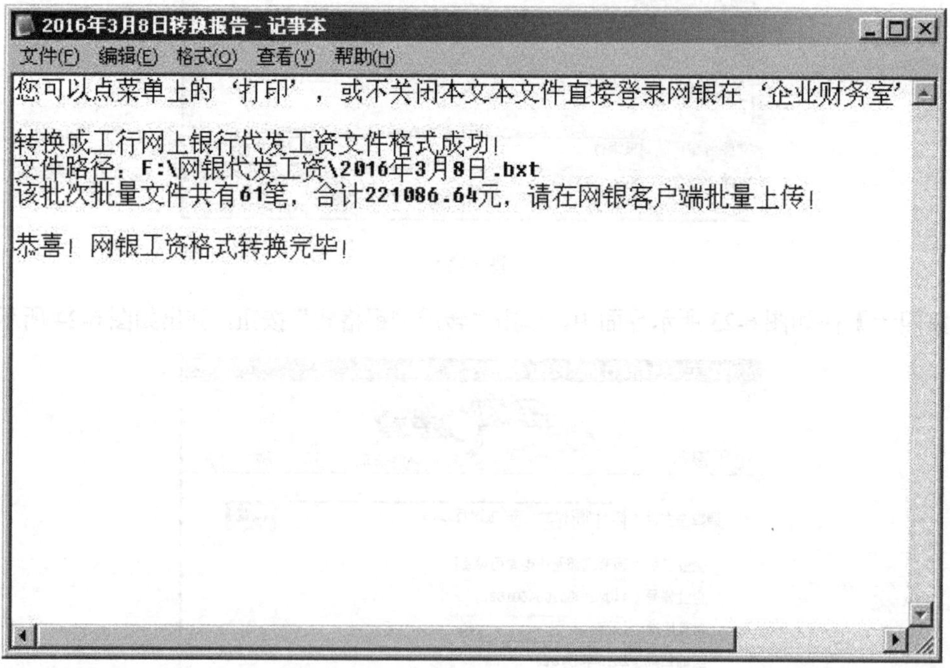

图 6-25

【第七步】在“付款页面”中，单击“企业财务室”，选择“逐笔支付”，弹出如图 6-26 所示界面。

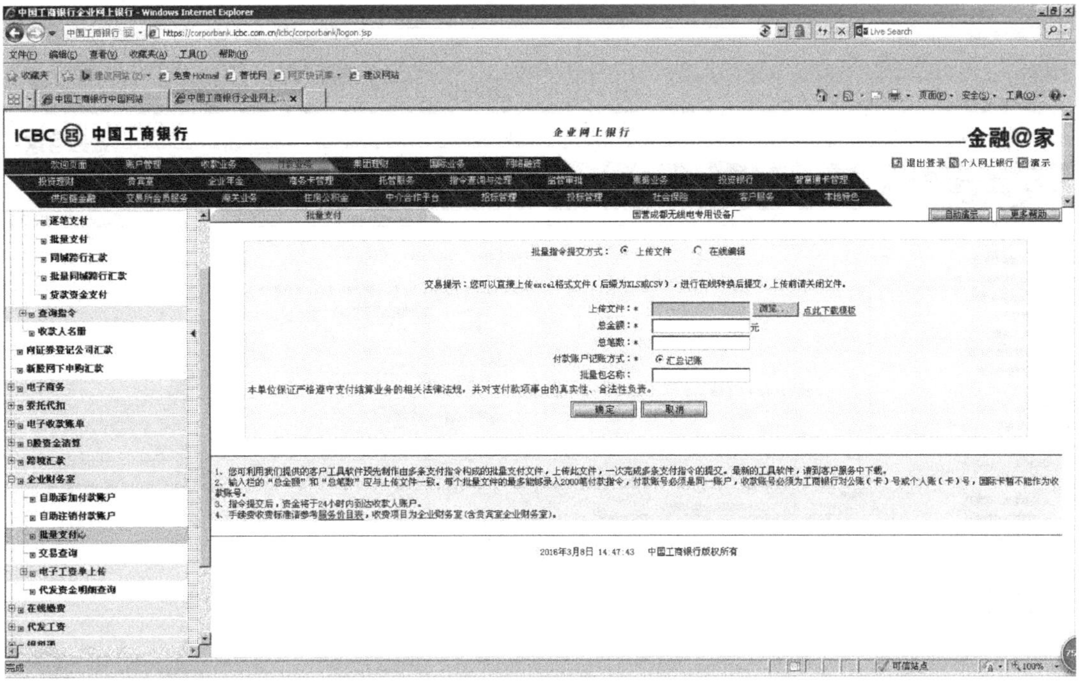

图 6-26

【第八步】在图 6-26 所示界面中，在上传文件中的方框右侧单击“浏览”，弹出如图 6-27 所示界面。

图 6-27

【第九步】在图 6-27 中，选择以当前时间命名的.bxt 文件，单击“打开”按钮，弹出如图 6-28 所示界面。

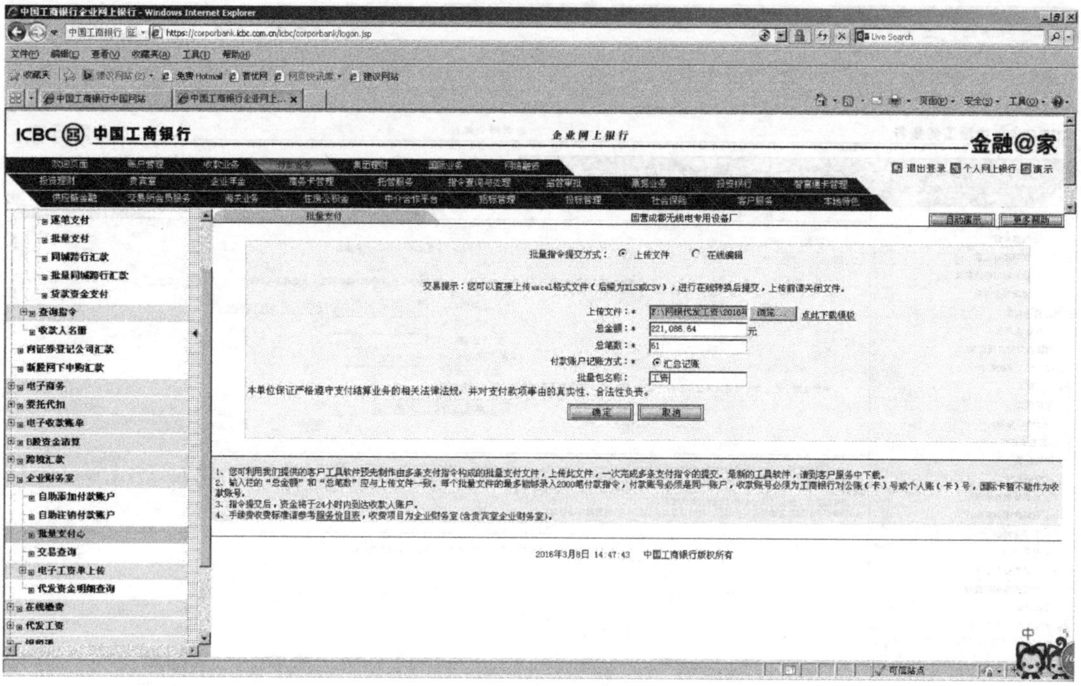

图 6-28

【第十步】在图 6-28 所示界面中，输入“总金额”、“总笔数”和“批量包名称”后，单击“确定”按钮。弹出如图 6-29 所示界面。

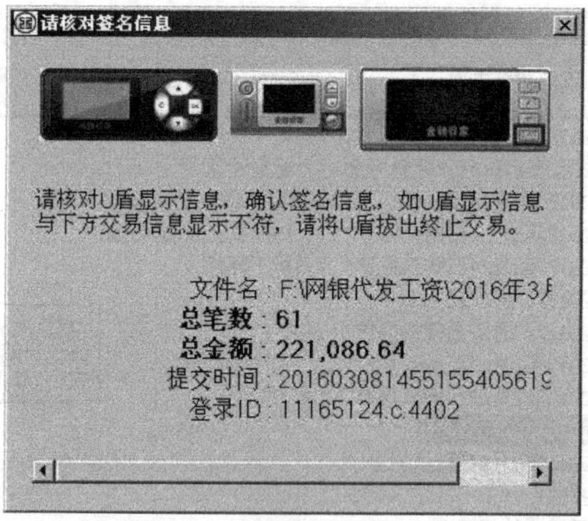

图 6-29

根据图 6-29 中的提示，再次核对付款信息是否正确，确定无误后，按 U 盾上的“OK”按钮，否则按 U 盾上的“C”按钮，以便取消本次付款操作。按“OK”按钮后，至此工资的发放就已经提交到银行。待银行审批后就可以直接将工资打到每个职工的账户上。

在工厂现金业务的管理中，审批权限分成两级。在 20 万元以内的单笔现金业务属于第一级，由第一级的 U 盾进行管理，单笔业务超过 20 万元但小于 50 万元的现金业务，除了需要第一级的 U 盾进行管理外，还需要第二级的 U 盾进行授权，只有当第二级 U 盾批准后的现金业务银行才予以受理，方能进行现金支付。

4)账号管理业务操作

【第一步】单击登录界面后的"账户管理"按钮，弹出如图6-30所示界面。

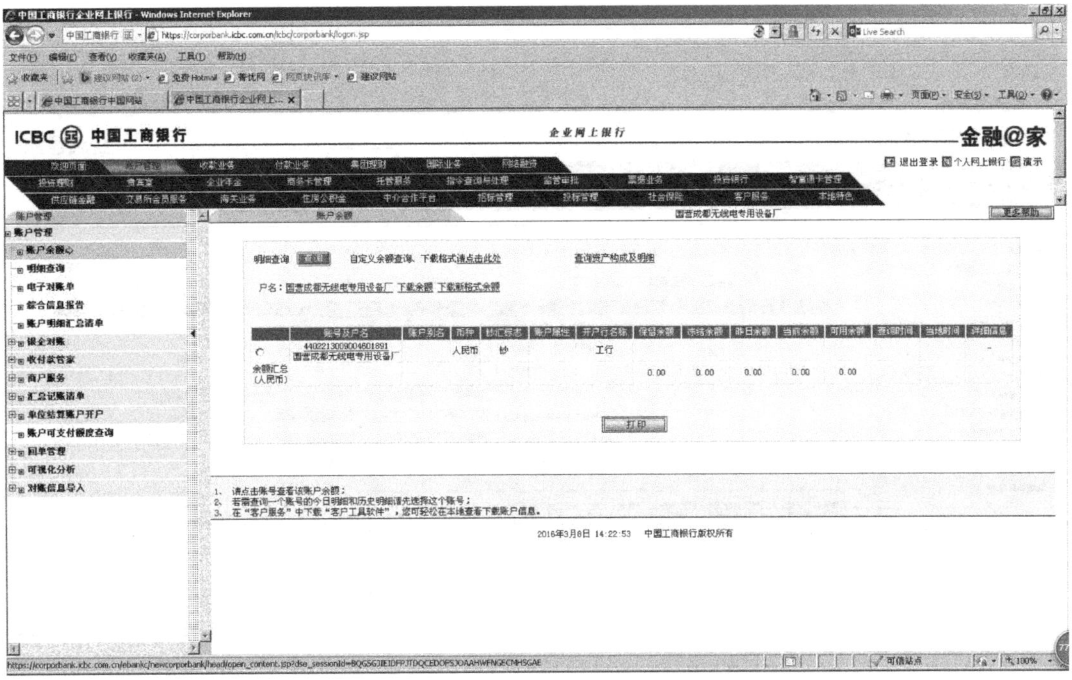

图 6-30

【第二步】在图6-30中，单击"账户余额"按钮，单击本单位账户，弹出如图6-31所示界面，便可方便地进行余额信息的查询。

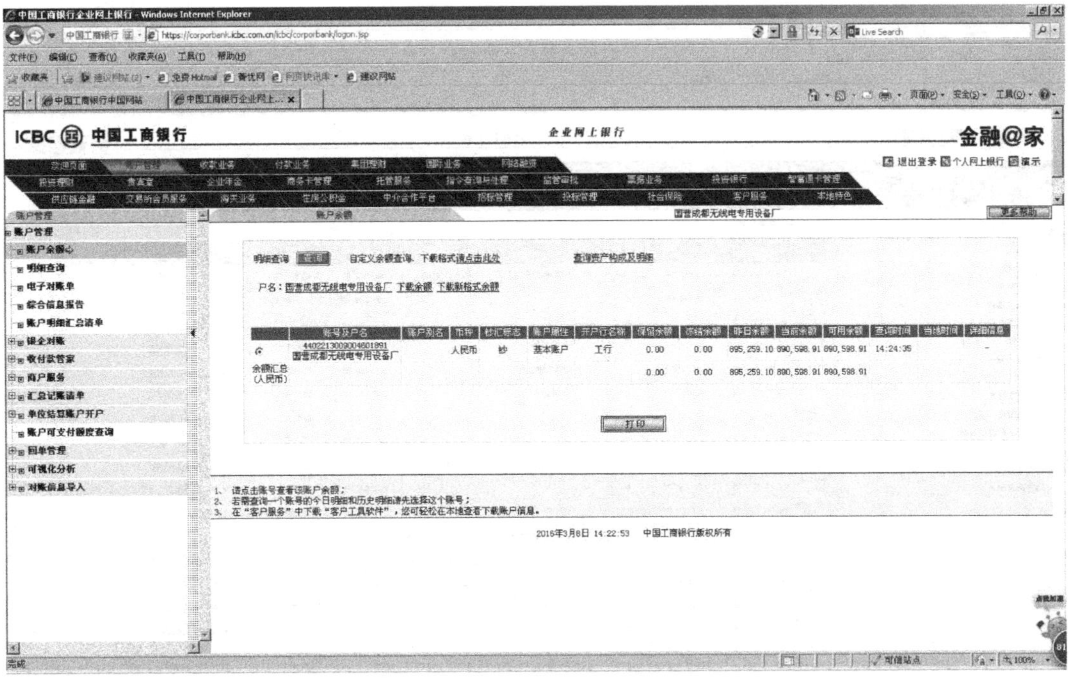

图 6-31

【第三步】在图 6-30 中，单击“明细查询”按钮，随即弹出如图 6-32 所示界面，可以输入查询条件进行按需查询。

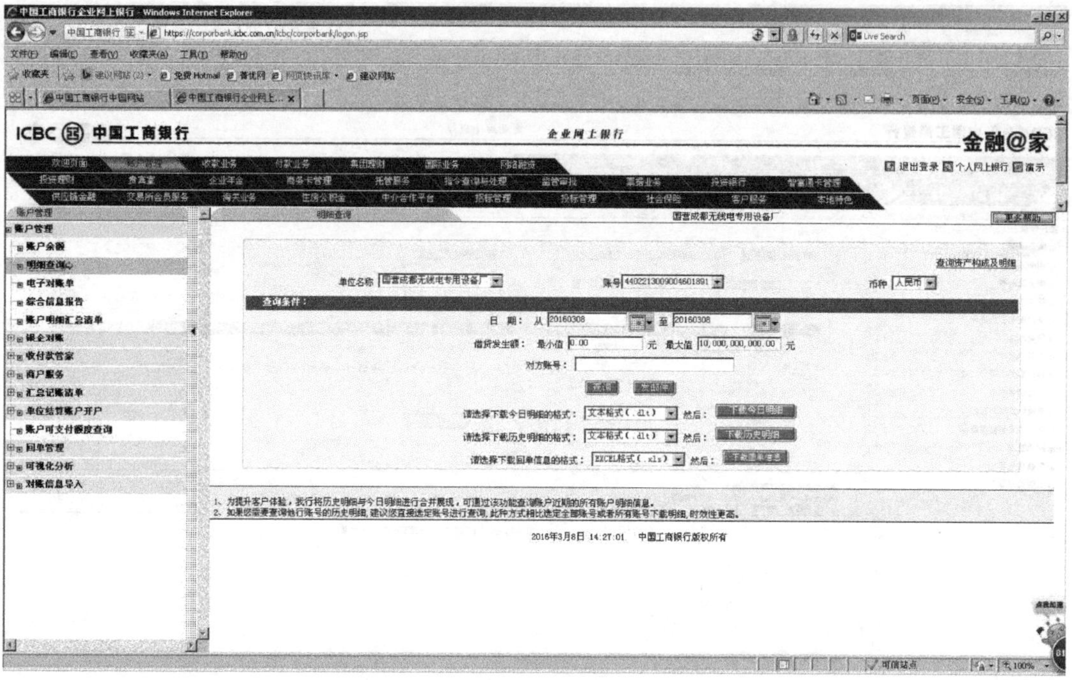

图 6-32

【第四步】在图 6-32 中，将初期查询日期选择为 2016 年 2 月 1 日后，并单击“查询”按钮，随即弹出如图 6-33 所示界面。

图 6-33

【第五步】在图 6-30 中，单击“银企对账”按钮，在弹出的下一级按钮中，选择“银企对账”按钮，随即弹出如图 6-34 所示界面。该界面显示出已经与银行完成了对账。

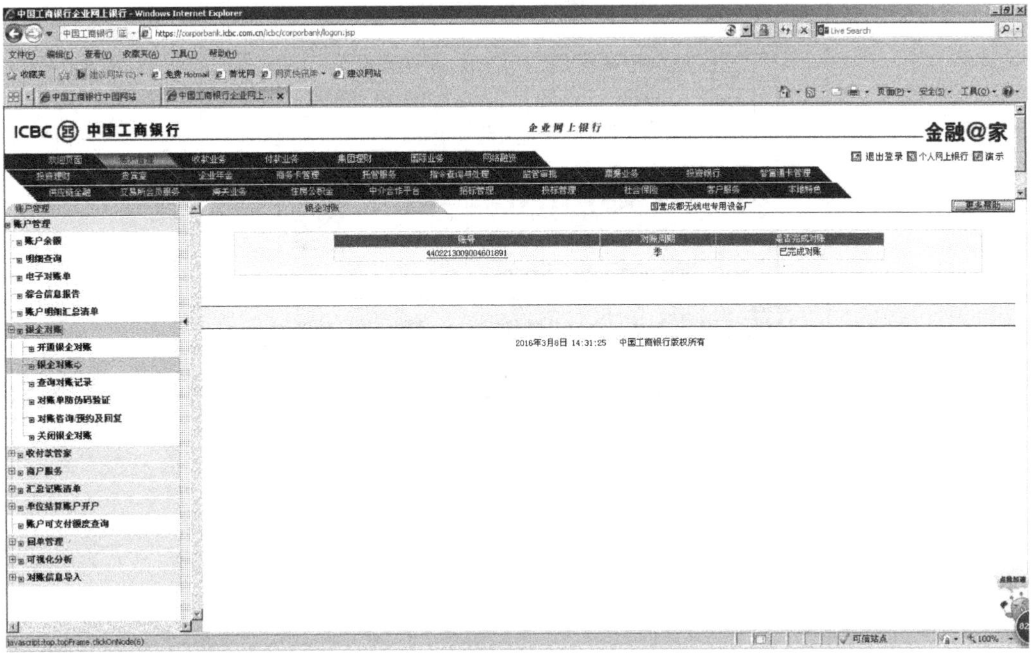

图 6-34

【第六步】在图 6-30 中，单击“明细查询”按钮，随即弹出如图 6-32 所示界面，输入查询条件后选中一个已经发生的业务，可以进行回单的打印，如图 6-35 所示。

图 6-35

【第七步】在图 6-35 中，单击“回单”按钮，弹出如图 6-36 所示界面。单击“打印回单”

按钮即可进行打印操作。

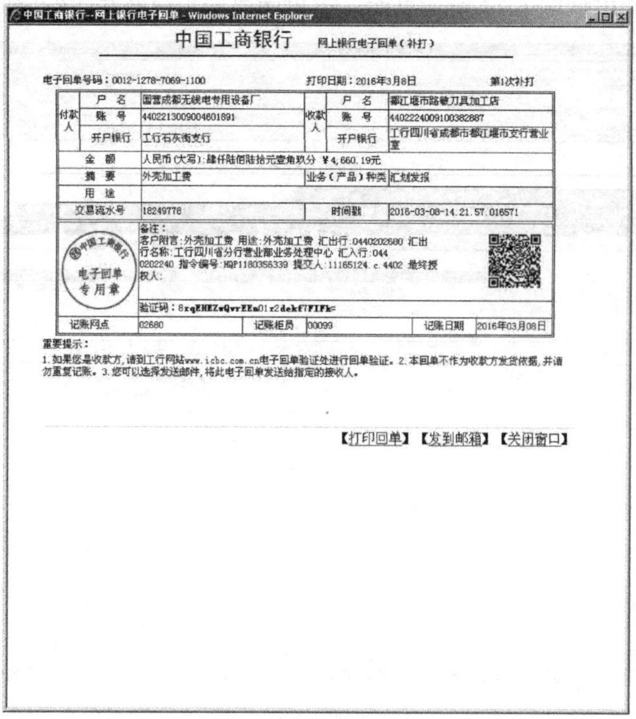

图 6-36

5) 预约服务操作

【第一步】单击登录界面后的“预约服务”按钮后，弹出如图 6-37 所示界面。

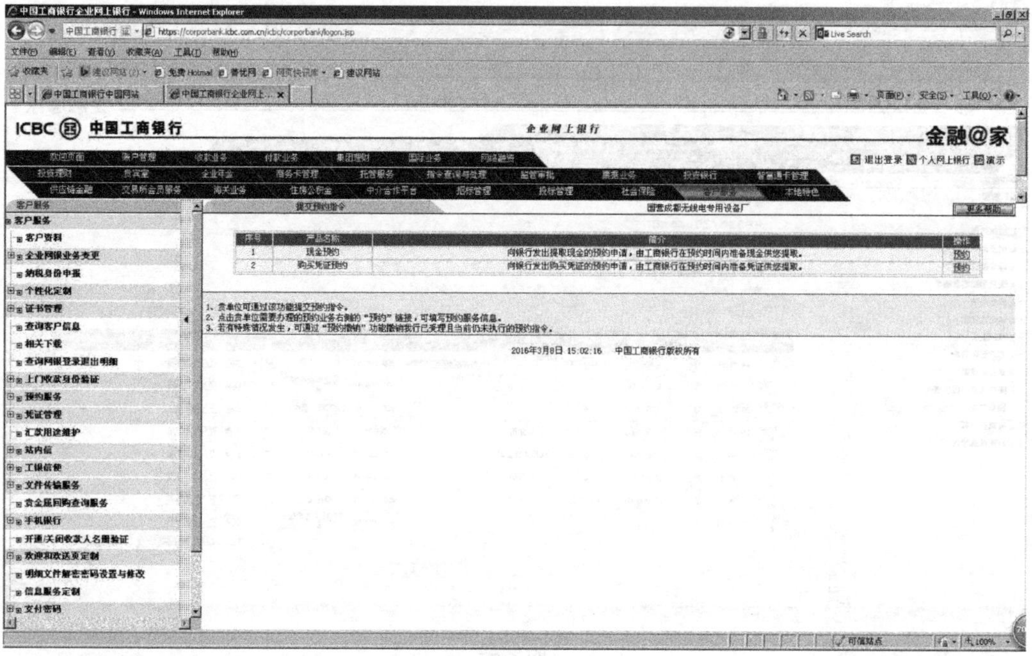

图 6-37

【第二步】在图 6-37 界面上，单击“购买凭证预约”，弹出如图 6-38 所示界面。

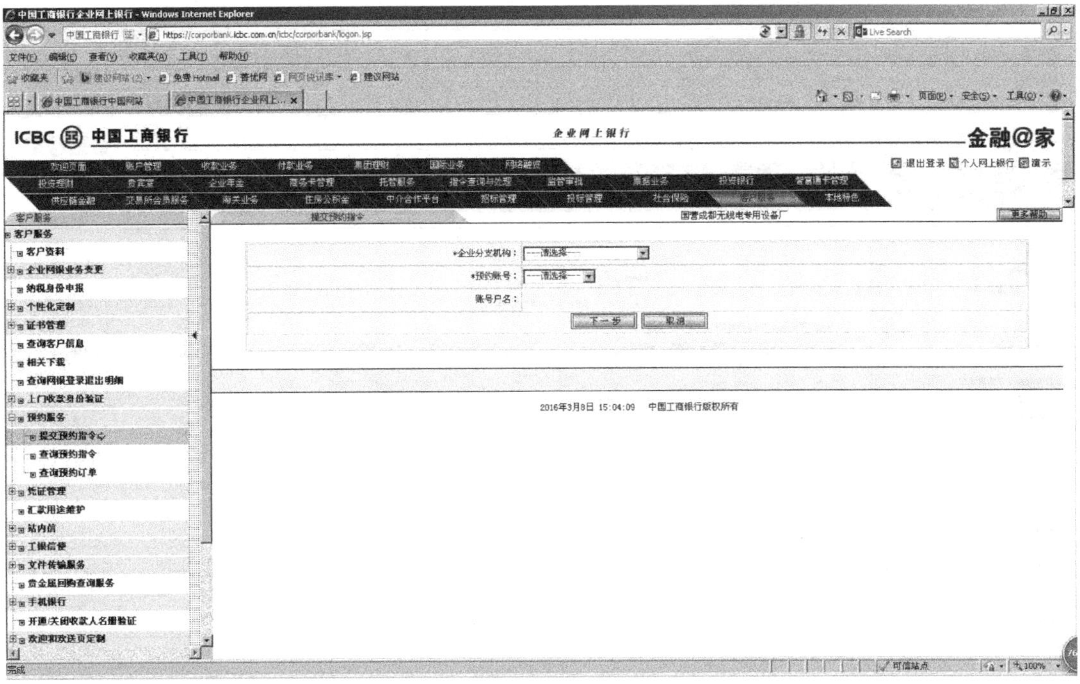

图 6-38

【第三步】在图 6-38 所示界面上，在分支机构中选择本单位名称，在预约账户中选择本单位的银行账号，弹出如图 6-39 所示界面。

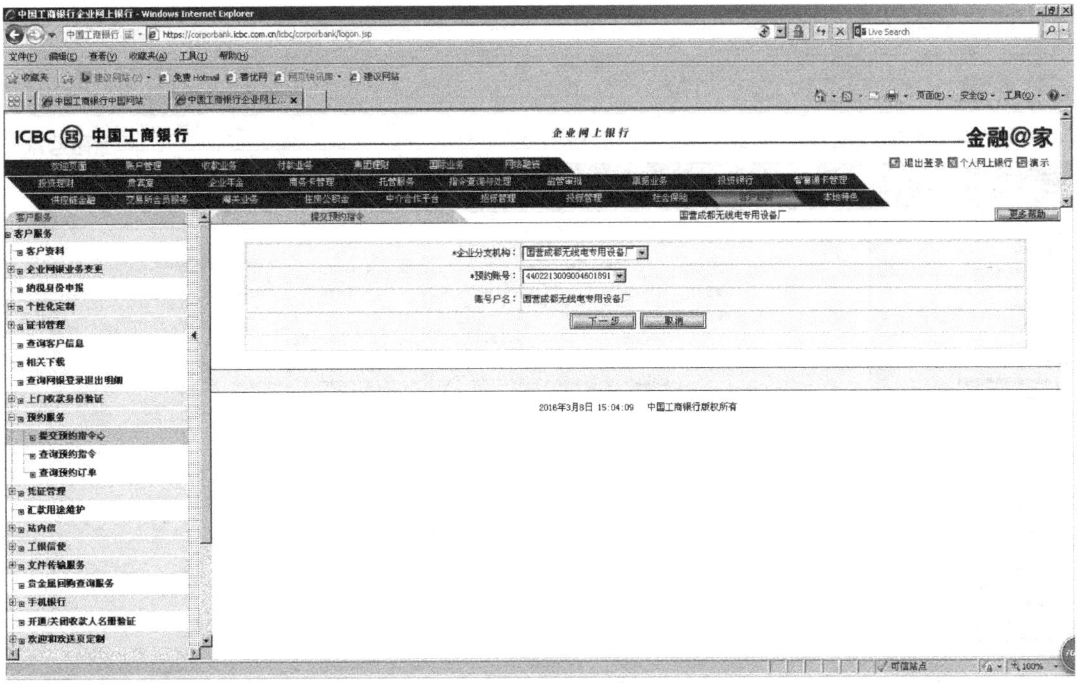

图 6-39

【第四步】在图 6-39 界面中，单击“下一步”按钮，弹出如图 6-40 所示界面。

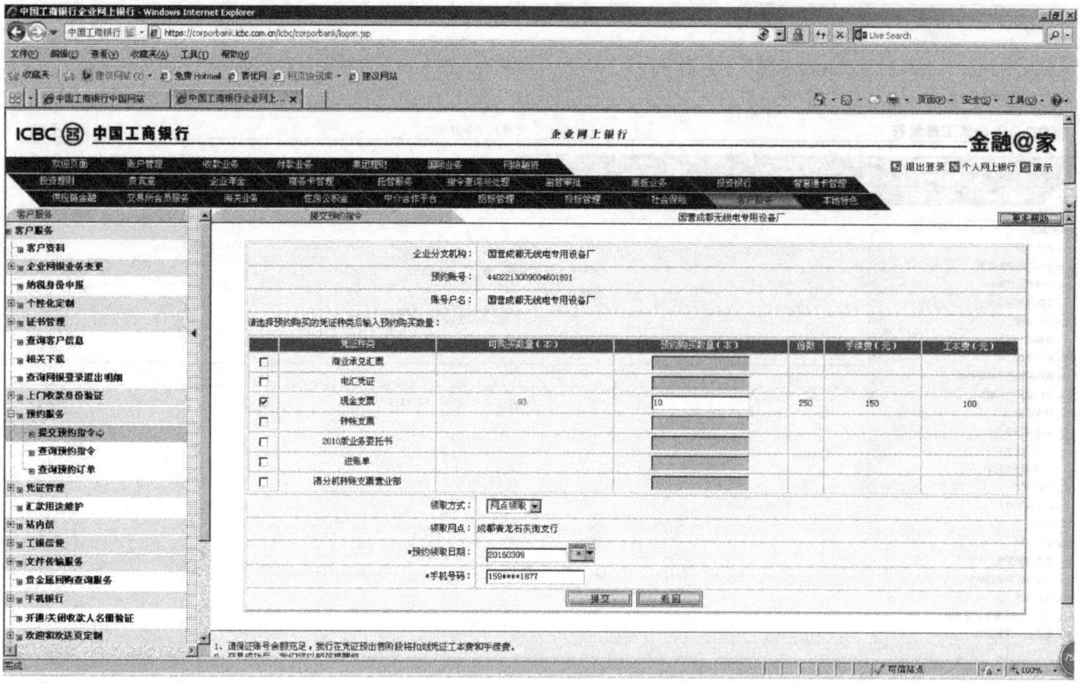

图 6-40

【第五步】在图 6-40 中，选择“现金支票”，并填写要预约购买的现金支票数量，单击“确定”按钮，弹出如图 6-41 所示界面。

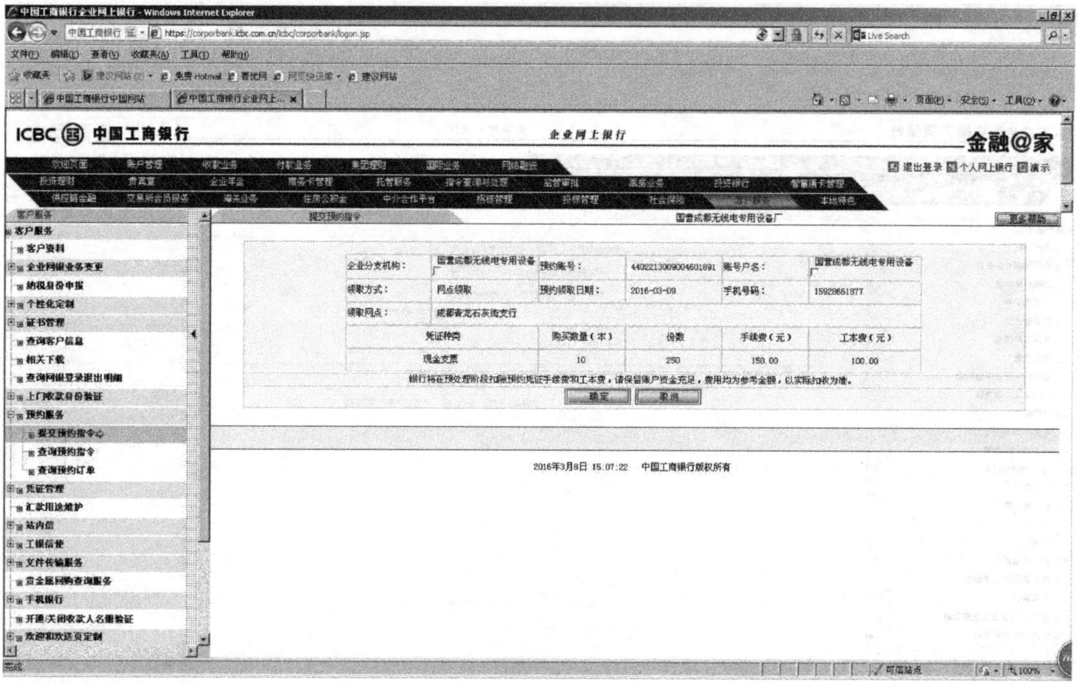

图 6-41

【第六步】在图6-41所示的信息中，单击“确定”按钮后，系统提示输入U盾密码，输入U盾密码后，弹出如图6-42所示界面。根据图6-42中的提示，再次核对付款信息是否正确，确定无误后，按U盾上的“OK”按钮，否则按U盾上的“C”按钮，以便取消本次付款操作。按“OK”按钮后，至此预约服务已经提交到银行。出纳人员便可根据预约的时间去到指定的网点购买现金支票。

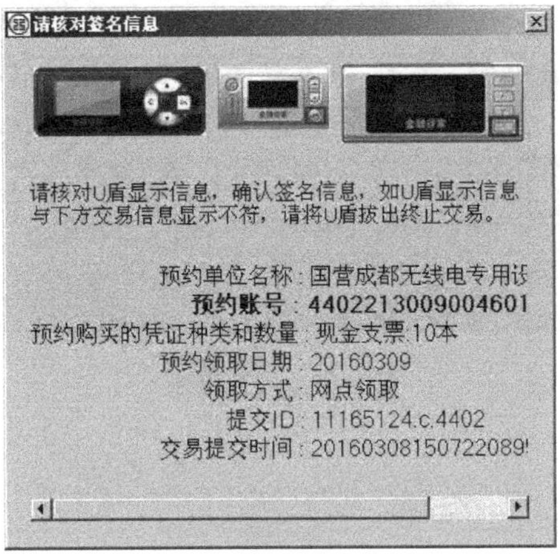

图6-42

6.4 会计工作

6.4.1 会计人员审核原始凭证的真实性、合法性和正确性

会计人员首先需要确认在报销凭证(图6-43)上应有厂长的签名，“厂长签名”的含义：确认此业务的真实性和告诉会计人员此业务产生的费用由本厂承担。其次要确认此业务的正确性，发票金额数(图6-44)与报销凭证上的金额数核对一致。最后要确认此业务产生的合法性。

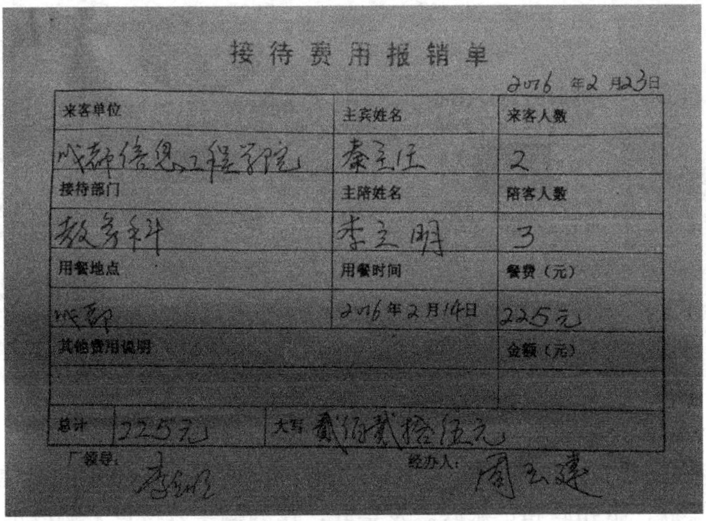

接待费用报销单

2016年2月23日

来客单位	主宾姓名	来客人数
成都信息工程学院	秦主任	2
接待部门	主陪姓名	陪客人数
教务科	李主明	3
用餐地点	用餐时间	餐费（元）
成都	2016年2月14日	225元
其他费用说明		金额（元）
总计 225元	大写 贰佰贰拾伍元	

厂领导：[illegible]　经办人：周云建

图6-43 接待费用报销单

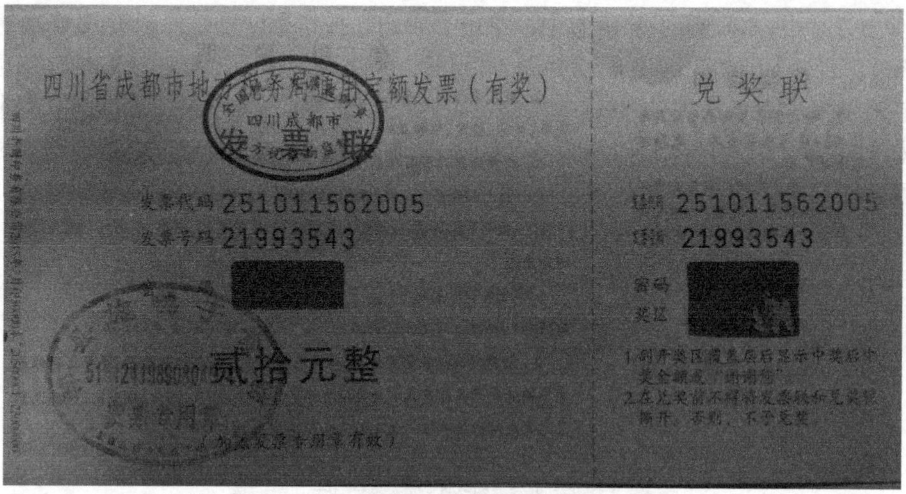
四川省成都市地方税务局通用定额发票（有奖）

发票联

发票代码 251011562005

发票号码 21993543

贰拾元整

（加盖发票专用章有效）

兑奖联

251011562005

21993543

图 6-44　定额发票

6.4.2　发票

1．增值税专用发票

(1) 增值税专用发票(图 6-45)的定义：是增值税一般纳税人(以下简称一般纳税人)销售货物或者提供应税劳务开具的发票，是购买方支付增值税额并可按照增值税有关规定据以抵扣增值税进项税额的凭证。

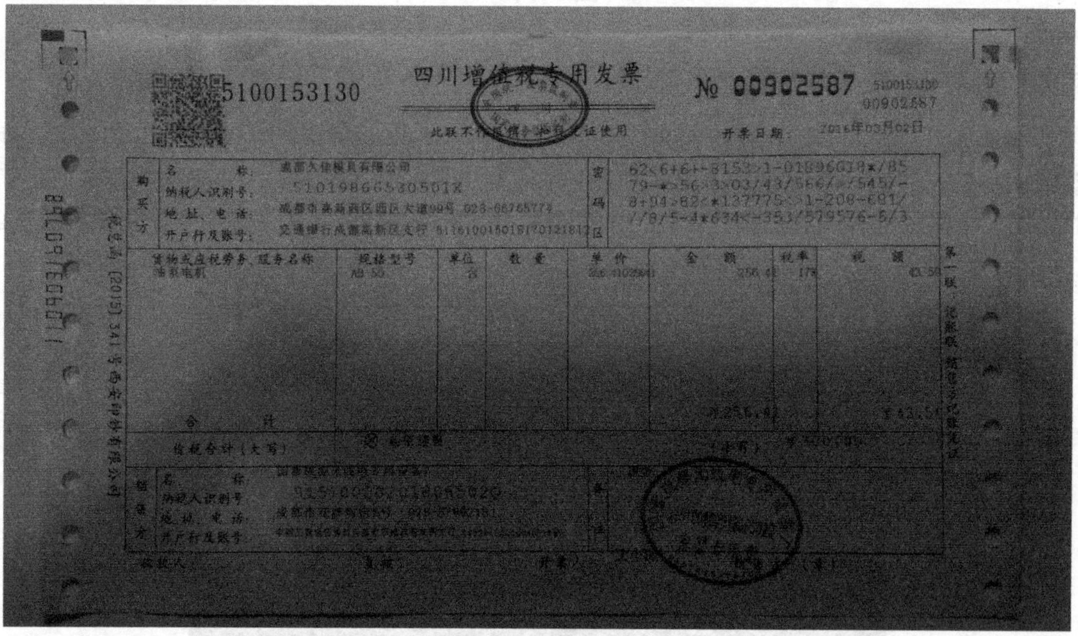
四川增值税专用发票

5100153130

№ 00902587

此联不作报销、扣税凭证使用

开票日期：2016年03月02日

图 6-45　增值税专用发票

(2) 增值税专用发票的结构：专用发票由基本联次或者基本联次附加其他联次构成，基本联次为三联：发票联、抵扣联和记账联。发票联，作为购买方核算采购成本和增值税进项税额的记账凭证；抵扣联，作为购买方报送主管税务机关认证和留存备查的凭证；记账联，作为销售方核算销售收入和增值税销项税额的记账凭证。其他联次用途，由一般纳税人自行确定。

(3)增值税专用发票使用规定：一般纳税人应通过增值税防伪税控系统(以下简称防伪税控系统)使用专用发票。使用，包括领购、开具、缴销、认证纸质专用发票及其相应的数据电文。

这里所称防伪税控系统，是指经国务院同意推行的，使用专用设备和通用设备、运用数字密码和电子存储技术管理专用发票的计算机管理系统。

所谓专用设备，是指金税卡、金税盘、读卡器和其他设备。

所谓通用设备，是指计算机、打印机、扫描器具和其他设备。

专用发票领购：一般纳税人凭《发票领购簿》、金税盘和经办人身份证明领购专用发票。

一般纳税人有下列情形之一的，不得领购开具专用发票。

① 会计核算不健全，不能向税务机关准确提供增值税销项税额、进项税额、应纳税额数据及其他有关增值税税务资料的。上列其他有关增值税税务资料的内容，由省、自治区、直辖市和计划单列市国家税务局确定。

② 有《税收征管法》规定的税收违法行为，拒不接受税务机关处理的。

③ 有下列行为之一，经税务机关责令限期改正而仍未改正的。

a．虚开增值税专用发票；

b．私自印制专用发票；

c．向税务机关以外的单位和个人买取专用发票；

d．借用他人专用发票；

e．未按本规定第十一条开具专用发票；

f．未按规定保管专用发票和专用设备；

g．未按规定申请办理防伪税控系统变更发行；

h．未按规定接受税务机关检查。

有上列情形的，若已领购专用发票，主管税务机关应暂扣其结存的专用发票和金税盘。

(4)专用发票开具：专用发票应按下列要求开具。

① 项目齐全，与实际交易相符；

② 字迹清楚，不得压线、错格；

③ 发票联和抵扣联加盖发票专用章；

④ 按照增值税纳税义务的发生时间开具；

⑤ 全部联次一次填开，上、下联的内容和金额一致；

⑥ 不得开具票样与国家税务局统一制定的票样不相符合的专用发票。

对不符合上列要求的专用发票，购买方有权拒收。

一般纳税人销售货物或者提供应税劳务，应向购买方开具专用发票。

商业企业一般纳税人零售的烟、酒、食品、服装、鞋帽(不包括劳保专用部分)、化妆品等消费品不得开具专用发票。

专用发票实行最高开票限额管理。最高开票限额，是指单份专用发票开具的销售额合计数不得达到的上限额度。

最高开票限额由一般纳税人申请，税务机关依法审批。最高开票限额为十万元及以下的，由区县级税务机关审批；最高开票限额为一百万元的，由地市级税务机关审批；最高开票限额为一千万元及以上的，由省级税务机关审批。防伪税控系统的具体发行工作由区县级税务机关负责。

(5) 专用发票的保管如下。

① 专人保管专用发票和专用设备；

② 按税务机关要求存放专用发票和专用设备；

③ 将认证相符的专用发票抵扣联、《认证结果通知书》和《认证结果清单》装订成册。

2. 增值税普通发票

增值税普通发票，如图 6-46 所示，是将除商业零售以外的增值税一般纳税人纳入增值税防伪税控系统开具和管理，也就是说一般纳税人可以使用同一套增值税防伪税控系统开具增值税专用发票、增值税普通发票等，俗称“一机多票”。“一机多票”系统使用的普通发票统称为“增值税普通发票”，实行统一印制(于 2005 年 8 月 1 日起陆续在全国启用)。

增值税普通发票和普通发票不是一回事，具体说明如下。

(1) 通常说的普通发票和增值税发票都是增值税发票，普通发票、普通增值税发票、增值税发票和增值税专用发票，区别是增值税普通发票是不可以抵扣税款的，而增值税专用发票可以抵扣进项税款。

(2) 发票为什么能抵税是基于中国不重复征税和在流转中征税的税收政策。增值税是流转税，在流转的每个环节征收，那么在后一征收环节就会有该货物在前一环节已征收的税金，那么基于政策就要抵减已税款。

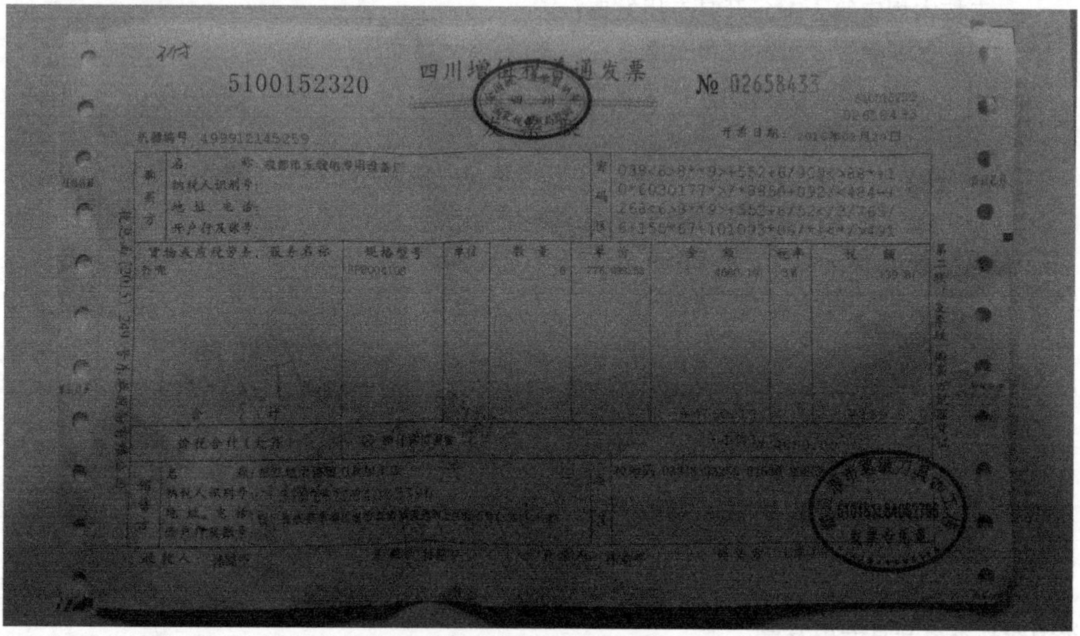

图 6-46　增值税普通发票

3. 定额发票的真伪鉴别

在假发票猖獗的今天，面对形形色色的发票，企业财务人员如何去识别它的真假，从而避免损失呢？在这里，有全国统一的防伪措施可以借鉴。

(1) 手写版普通发票的发票联采用水印纸印制，水印图案为菱形，中间标有 SW 字样，发票联不加印底纹。

(2) 部分普通发票使用干式复写纸印制。如公路、内河货物运输统一发票，不动产销售发票、建筑业统一发票、机动车销售统一发票等。

(3) 电脑发票尚未采取全国统一防伪措施，部分地区使用带有 SW 字样的水印纸，其他省市使用普通压感纸。

(4) 定额发票用纸暂由各省、自治区、直辖市和计划单列市自行确定，可以通过从“手摸”和“眼看”两方面进行鉴别。

① 手摸：手摸发票的纸质感觉质量，真的发票纸质质量好，手感也好。例如，广东地税新版发票用两手指(拇指与其他四指，尤其与中指)轻夹发票滑动触摸，可感觉对黑水印有浮凸感，对白水印有凹陷感；发票透光可见黑色水印(英文字母)和白色水印(税徽)；黑水印线条周围纸质较薄而透明、白亮，白水印线条周围纸质较厚而不透明、灰暗。

② 眼看：查看发票的印刷，真的发票，印刷精美，字体字迹清晰。

查看发票上套印的税务机关统一的椭圆形发票监制章。新版的发票监制章形状为椭圆形，上环刻有“全国统一发票监制章”，下环刻有“税务局监制”，中间刻有国税、地税机关所在省、市的简称或全称，字体为正楷，颜色为大红色，套印在发票联票头的正中央，同时，监制章清楚，椭圆形边缘清晰，不会出现模糊现象。

6.4.3 增值税防伪税控系统

增值税防伪税控系统是国家为加强增值税的征收管理，提高纳税人依法纳税的自觉性，及时发现和查处增值税偷、骗税行为而实施的国家金税工程的主要组成部分。

增值税防伪税控系统是 1994 年由国家税务总局与航天工业总公司等部门，组织力量，联合攻关，集计算机、微电子、光电技术和数据加密等技术于一体开发研制的。该系统采用复合式加密认证算法，采用理论上不可破译的一机一密，一次一密的密码体制，具有很强的保密性和安全性。税务部门和企业利用该系统能独立实现发票的防伪认证，不需联网即可随时随地稽查假发票和大头小尾的“阴阳”票。同时，从该系统的报税子系统取得的存根联数据和认证子系统取得的抵扣联数据将直接进入增值税计算机稽核系统，通过增值税计算机稽核系统，对增值税专用发票信息和纳税申报信息进行全面的交叉比对，及时掌握税源情况和发现增值税税收管理过程中的各种问题，能够遏制利用增值税专用发票违法犯罪行为。

1. 组成

增值税防伪税控系统由四个子系统(图 6-47)：税务发行子系统、企业发行子系统、防伪开票子系统和认证报税子系统(认证和报税为二套软件，但必须装在同一台计算机中)。税务发行子系统的主要功能是对下级税务发行子系统、下级企业发行子系统及下级认证报税子系统进行发行；企业发行子系统的功能是对企业开票子系统进行初始发行和向企业发售专用发票；认证报税子系统的主要功能是接收企业的抄税数据并对发票的真伪进行辨别，以上三个子系统是分别用于各级税务机关。防伪开票子系统则是专门用于企业开具专用发票，防伪税控开票子系统必须通过其主管防伪税控税务机关对其所持有的“金税盘和金税卡”进行发行后才能使用。

2. 适用范围

1996 年 1 月 1 日起，取消手写百万元版、千万元版增值税专用发票，凡一次开票其销售额达到百万元以上的增值税一般纳税人，均纳入防伪税控系统，开具电脑版发票；自 2000 年 1 月 1 日起，手写十万元版增值税专用发票停止使用，凡一次开票其销售额达到十万元以上的增值税一般纳税人，以及被认定为增值税一般纳税人的企业，均纳入防伪税控系统，开具电脑版发票。2014年8月随着营改增的推广，凡属于增值税的纳税人均纳入防伪税控系统，开具电脑版发票。

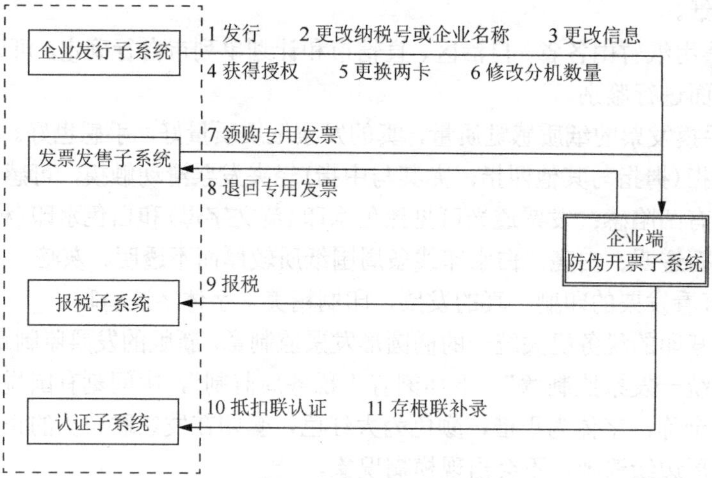

图 6-47　增值税防伪税控系统

3. 原理

防伪税控开票子系统由插有企业开票金税卡和微机安全保护卡的普通PC计算机、税控金税盘、打印机和运行在DOS环境下的开票软件共同构成。

企业开票金税卡是防伪税控系统的核心部件，它具有三个功能部件：加密功能部件、税控黑匣子、金税盘读写接口。税控黑匣子具有大容量的存贮功能，企业开具的发票数据被逐票存储于其中。增值税防伪税控系统防伪开票子系统、金税盘是企业与税务机关传递信息的介质。金税盘上的信息不易人工修改，可以保证数据的安全性，所以它充当了企业与税务机关信息传递的介质，除此以外金税盘还具有以下几个作用：

(1) 企业购买发票的凭证之一；

(2) 传递企业所购发票的发票号码和张数；

(3) 抄取企业纳税信息；

(4) 进入防伪税控开票子系统的钥匙。

微机安全保护卡是用于保护开票软件的安全，使开票软件免受病毒侵蚀和非许可的修改。

防伪税控企业在利用防伪税控开票子系统开具发票时，该系统将利用防伪税控开票子系统提供的加密功能，将发票上主要信息(包括开票日期、发票号、购销双方的税务登记号、金额和税额)，经数据加密形成防伪电子密码(也称密文)打印在专用发票上，同时也将用于加密的所有信息逐票登录在金税卡的黑匣子中。

如需识别一张发票的真伪，可通过数据扫描器或键盘将发票上的密文输入认证系统，经解密恢复出六项关键数据，再与发票上相应内容对比，若不相等即为假票。

由于每次交易的很重要信息(包括开票日期、发票号、购销双方的税务登记号、金额和税额)都被记录在金税卡的黑匣子中，而黑匣子中的信息只能读出不能修改，企业用税控金税盘抄取黑匣子中的信息再持金税盘到主管税务机关报税，税务机关通过报税子系统读取该金税盘中数据，同时与企业提交的纳税申报表及记录有每笔交易数据文件的软盘中的数据对比，两卡记录的金额与税额和累计值应一致。这样税务机关便得到企业所有交易的真实信息，在纳税申报过程中就有效地控制了税源，即达到“税控”的目的。

防伪开票子系统具有以下主要功能：

(1)开具带有防伪电子密码的增值税专用发票(包括红字发票)；

(2)企业增值税进项税额和销项税额情况的自动抄报；

(3)各种含税价与不含税价的自动换算，不必使用计算器；

(4)方便灵活的客户信息库和商品库操作，最大限度减轻开票人员填写发票的麻烦，缩短开票时间；

(5)各种发票库和资料库的统计查询；

(6)各种报表的统计、打印；

(7)自动形成存根联报表和抵扣联报表及软盘数据文件。

4. 登记发行

(1)纳入防伪税控系统的企业必须由主管税务机关根据防伪税控系统推行计划下达《增值税防伪税控系统使用通知书》；防伪税控企业应于《增值税防伪税税控系统通知书》规定的时间内，向主管税务机关填报《防伪税控企业认定登记表》；主管税务机关须认真审核防伪税控企业提供的有关资料和填写的登记事项，确认无误后签署审批意见。

防伪税控企业认定登记事项发生变化，应到主管税务机关办理变更认定登记的手续。

(2)经主管税务机关审批同意后，纳入防伪税控系统的企业应凭《防伪税控企业认定登记表》第三联、加盖有一般纳税人确认专章的税务登记证(副本)、企业经办人身份证到税务机关指定的单位领购“金税卡”、“金税盘”后，持以上有关证件和金税盘及金税卡到到其主管防伪税控税务机关进行办理发行事宜，并领购增值税专用发票。在从税务机关领购专用发票时，主管防伪税控的税务机关在对企业所持有的“金税盘和金税卡”进行发行时，将发票的起止范围及购买数量登记在其金税盘上，同时也将有关这些发票流向信息记录在发票发售子系统中。

(3)防伪税控系统实行分级管理。省直属企业纳入防伪税控系统，应由省国家税务局直属分局对其“金税盘和金税卡”予以发行；市州所属直属企业应由市州国家税务局直属分局对其“金税盘和金税卡”进行发行；其他纳入防伪税控系统的企业由所属县级国税局对其进行企业发行。

5. 发票发售

防伪税控系统专用设备包括金税卡、金税盘、读卡器、延伸板及相关软件等。税务机关防伪税控专用设备由国家统一配备。企业所需防伪税控专用设备由防伪税控服务单位实施发售管理。

防伪税控服务单位应凭主管税务机关下达的《增值税防伪税控系统使用通知书》向防伪税控企业发售专用设备。

防伪税控企业凭金税盘向主管税务机关领购电脑版发票。主管税务机关核对企业出示的相关资料、金税盘记录，确认无误后，按发票发售管理规定，通过企业发票发售子系统发售发票，并将发票的起始号码及发售时间登录在金税盘内。

防伪税控企业必须使用防伪税控系统开具发票，不得以其他方式开具手工版或电脑版发票。

6. 认证报税

防伪税控系统企业应在纳税申报期限内将抄有申报所属月份纳税信息的金税盘向主管税

务机关报税。

防伪税控企业取得的防伪税控系统开具的专用发票抵扣联，应据增值税有关扣税规定核算当期进项税额，如期申报纳税，属于扣税范围的，应于或前报主管税务机关认证。

主管税务机关应在企业申报月份内完成企业申报所属月份的防伪税控专用发票抵扣联的认证。对因褶皱、揉搓等无法认证的加盖“无法认证”戳记，认证不符的加盖“认证不符”戳记，属于利用丢失被盗金税卡开具的加盖“丢失被盗”戳记。认证完毕后，应将认证相符的和无法认证的专用发票抵扣联退还给企业，并同时向企业下达《认证结果通知书》。对认证不符和确认为丢失、被盗金税卡开具的专用发票，将及时组织查处。

认证戳记式样由省级税务机关统一制定。

防伪税控企业应将税务机关认证相符的专用发票抵扣联连同《认证结果通知书》和认证清单一起按月装订成册备查。

经税务机关认证确定为“无法认证”、“认证不符”以及“丢失被盗”的专用发票，防伪税控企业如已申报扣税的，应调减当月进项税额。

7. 生产保管

1）专用设备生产服务

防伪税控所需专用设备必须由有关研制生产单位按照国家总务总局制定的计划组织生产，并确保其产品质量和安全，“两卡”等关键设备在出厂时要进行统一编号，标贴国家密码管理委员会办公室核发的“商密产品认证标识”。

为切实保证防伪税控系统的正常，各地都设有防伪税控服务单位，负责防伪税控系统的安装调试、操作培训、维护服务和企业防伪税控系统专用设备的销售。

2）专用设备保管

服务单位在向防伪税控企业发售专用设备时，应和企业签订系统维护合同，按照税务机关的有关要求明确服务标准和违约现任等事项，并报当地税务机关备案。

防伪税控企业应采取有效措施保障开票设备的安全，对金税盘和发票应分开专柜保管。

任何单位和未以总局批准不得擅自改动防伪税控系统软、硬件。服务单位和防伪税控企业专用设备发生丢失被盗的，应迅速报告公安机关和主管税务机关。税务机关或企业损坏以及按规定收缴的两卡，应由省级税务机关统一造册并集中销毁。

防伪税控企业未按规定使用保管专用设备，发生下列情形之一的，视同未按规定使用和保管专用发票处罚：

因保管不善或擅自拆装专用设备造成系统不能正常运行；

携带系统外出开具专用发票。

附公告：四川省地方税务局关于简并发票种类统一发票式样的公告

根据《中华人民共和国发票管理办法》及其实施细则、《国家税务总局关于印发<全国普通发票简并票种统一式样工作实施方案>的通知》(国税发〔2009〕142 号)及《国家税务总局关于全国统一式样发票衔接问题的通知》(国税函〔2009〕648 号)规定，我局拟在全省开展简并发票种类统一发票式样工作。现将有关事项公告如下。

一、简并发票种类统一发票式样后我省地税发票(以下简称新版发票)的种类

(一)通用类发票

1. 公路、内河货物运输业统一发票
2. 建筑业统一发票
3. 销售不动产统一发票
4. 发票换票证
5. 四川省**市地方税务局通用机打发票
6. 四川省**市地方税务局通用机打发票(有奖)
7. 四川省**市地方税务局通用手工发票
8. 四川省**市地方税务局通用定额发票
9. 四川省**市地方税务局通用定额发票(有奖)

(二)印有单位名称发票

1. **公司机打发票
2. **公司定额发票
3. **保险公司**保险凭证(保单代发票)
4. **门票
5. **公交公司客票

二、特殊行业新旧发票的衔接

(一)从事代收费业务的银行，使用平推式通用机打发票或卷式通用机打发票。

(二)从事国际货物运输代理业、国际海运船舶代理业、国际海运业及报关代理业的纳税人，使用平推式通用机打发票。

(三)税务机关代开发票，使用平推式通用机打发票。

三、申请印有单位名称新版发票的条件

纳税人如同时符合下列条件可向地方税务机关申请印制有单位名称的发票：有固定生产经营场所、财务和发票管理制度健全、统一发票式样不能满足经营活动需要、发票年使用量在 10 万份以上。不符合上述条件的纳税人需使用印有单位名称发票的，可采取在通用机打发票上通过软件程序将单位名称(或标识)打印在票头左侧或下方的方式。

四、新版发票的防伪措施

1. 验证码。新版发票的发票联(城市公交客票除外)均采用验证码防伪措施。有奖发票验证码为密码，其他发票验证码为明码。验证码由 8 位数字组成。

2. 防伪纸。新版定额发票(无奖、有奖)和单联机打发票(平推、卷式(出租车发票除外))使用 70 克白水印税徽图案和黑水印“四川地税”字样加背面具有划痕显紫红色线条的防伪水印纸；新版多联机打发票(平推(含建筑业销售不动产发票)、卷式)和手工发票的发票联(第一联)使用 45 克有色和无色荧光彩纤加背面具有划痕显紫红色线条的防伪压感纸；新版货运发票各联仍使用背涂干式复写纸。
通用发票无法涵盖的门票和城市公交车客票暂不使用防伪纸。

五、新版发票各联印色及套印(加盖)发票专用章的规定

1．新版发票各联印色。发票联：棕色；记账联：蓝色；存根联：黑色。如联次有增加印色依次为紫色、红色。定额发票印色统一为棕色。

新版公路、内河货物运输业统一发票、建筑业统一发票、销售不动产统一发票各联印色与旧版发票印色一致。

2．新版发票的发票联套印(加盖)发票专用章的规定。所有印有单位名称发票原则上都必须在印制环节套印用票单位发票专用章，通用发票则由用票单位在开具发票时加盖发票专用章。发票专用章套印(加盖)在发票右下方。发票专用章的形状为椭圆形，长轴为40mm、短轴为30mm、边宽1mm，印色为红色。发票专用章中央刊纳税人识别号，外刊纳税人名称，自左而右环行，如名称字数过多，可使用规范化简称。下刊“发票专用章”字样。使用多枚发票专用章的纳税人，应在每枚发票专用章正下方刊顺序编码，如“(1)、(2)……”字样。发票专用章所刊汉字，应当使用简化字，字体为仿宋体。“发票专用章”字样字高4.6mm、字宽3mm；纳税人名称字高4.2mm、字宽根据名称字数确定；纳税人识别号数字为Arial体，数字字高为3.7mm，字宽1.3mm。

六、新版机打发票自开票软件规定

(一)开具公路、内河货物运输业统一发票的自开票纳税人，继续使用国家税务总局开发的货运发票税控开票软件。

(二)开具通用机打发票和印有单位名称机打发票的纳税人、开具建筑业统一发票和销售不动产统一发票的自开票纳税人，免费使用四川省地方税务局普通发票自开票软件(单机版 2.0)。纳税人使用该软件需到主管地方税务机关核定相关信息，具体程序和手续按本辖区市(州)地方税务局规定执行。

成都市地方税务局管辖的建筑业、销售不动产自开票纳税人通过登录“成都市地方税务局网络在线开具发票系统”开具建筑业统一发票和销售不动产统一发票。具体程序和手续按成都市地方税务局的规定执行。

(三)发票使用量较大、信息化程度较高、企业内部实现了数据集中或联网处理且开票数据存储安全可靠的纳税人，可使用自行开发的开票软件开具印有单位名称的机打发票，但必须将开票软件程序说明资料报主管地方税务机关备案，并按规定保存、报送开具发票的电子和纸质数据。如有违反，税务机关将按照《中华人民共和国发票管理办法》及其实施细则的规定予以处罚。

七、新版发票启用时间及旧版发票的处理

新版发票从2011年5月1日起逐步启用，具体时间由市(州)地方税务局确定。旧版发票可继续使用至2011年9月30日，2011年10月1日新版发票全面使用，旧版发票停止使用。请广大纳税人在满足使用的前提下合理领购发票，避免损失和浪费。

纳税人如需了解本公告关于简并发票种类统一发票式样的其他未尽事宜，请向主管地方税务机关咨询。

特此公告。

附录：国务院关于印发《中国制造 2025》的通知（本文有删减）

中国制造 2025

制造业是国民经济的主体，是立国之本、兴国之器、强国之基。十八世纪中叶开启工业文明以来，世界强国的兴衰史和中华民族的奋斗史一再证明，没有强大的制造业，就没有国家和民族的强盛。打造具有国际竞争力的制造业，是我国提升综合国力、保障国家安全、建设世界强国的必由之路。

新中国成立尤其是改革开放以来，我国制造业持续快速发展，建成了门类齐全、独立完整的产业体系，有力推动工业化和现代化进程，显著增强综合国力，支撑我世界大国地位。然而，与世界先进水平相比，我国制造业仍然大而不强，在自主创新能力、资源利用效率、产业结构水平、信息化程度、质量效益等方面差距明显，转型升级和跨越发展的任务紧迫而艰巨。

当前，新一轮科技革命和产业变革与我国加快转变经济发展方式形成历史性交汇，国际产业分工格局正在重塑。必须紧紧抓住这一重大历史机遇，按照“四个全面”战略布局要求，实施制造强国战略，加强统筹规划和前瞻部署，力争通过三个十年的努力，到新中国成立一百年时，把我国建设成为引领世界制造业发展的制造强国，为实现中华民族伟大复兴的中国梦打下坚实基础。

《中国制造 2025》，是我国实施制造强国战略第一个十年的行动纲领。

一、发展形势和环境

(一)全球制造业格局面临重大调整

新一代信息技术与制造业深度融合，正在引发影响深远的产业变革，形成新的生产方式、产业形态、商业模式和经济增长点。各国都在加大科技创新力度，推动三维(3D)打印、移动互联网、云计算、大数据、生物工程、新能源、新材料等领域取得新突破。基于信息物理系统的智能装备、智能工厂等智能制造正在引领制造方式变革；网络众包、协同设计、大规模个性化定制、精准供应链管理、全生命周期管理、电子商务等正在重塑产业价值链体系；可穿戴智能产品、智能家电、智能汽车等智能终端产品不断拓展制造业新领域。我国制造业转型升级、创新发展迎来重大机遇。

全球产业竞争格局正在发生重大调整，我国在新一轮发展中面临巨大挑战。国际金融危机发生后，发达国家纷纷实施“再工业化”战略，重塑制造业竞争新优势，加速推进新一轮全球贸易投资新格局。一些发展中国家也在加快谋划和布局，积极参与全球产业再分工，承接产业及资本转移，拓展国际市场空间。我国制造业面临发达国家和其他发展中国家“双向挤压”的严峻挑战，必须放眼全球，加紧战略部署，着眼建设制造强国，固本培元，化挑战为机遇，抢占制造业新一轮竞争制高点。

(二)我国经济发展环境发生重大变化

随着新型工业化、信息化、城镇化、农业现代化同步推进，超大规模内需潜力不断释放，为我国制造业发展提供了广阔空间。各行业新的装备需求、人民群众新的消费需求、社会管理和公共服务新的民生需求、国防建设新的安全需求，都要求制造业在重大技术装备创新、消费品质量和安全、公共服务设施设备供给和国防装备保障等方面迅速提升水平和能力。全面深化改革和进一步扩大开放，将不断激发制造业发展活力和创造力，促进制造业转型升级。

我国经济发展进入新常态，制造业发展面临新挑战。资源和环境约束不断强化，劳动力等生产要素成本不断上升，投资和出口增速明显放缓，主要依靠资源要素投入、规模扩张的粗放发展模式难以为继，调整结构、转型升级、提质增效刻不容缓。形成经济增长新动力，塑造国际竞争新优势，重点在制造业，难点在制造业，出路也在制造业。

(三)建设制造强国任务艰巨而紧迫

经过几十年的快速发展，我国制造业规模跃居世界第一位，建立起门类齐全、独立完整的制造体系，成为支撑我国经济社会发展的重要基石和促进世界经济发展的重要力量。持续的技术创新，大大提高了我国制造业的综合竞争力。载人航天、载人深潜、大型飞机、北斗卫星导航、超级计算机、高铁装备、百万千瓦级发电装备、万米深海石油钻探设备等一批重大技术装备取得突破，形成了若干具有国际竞争力的优势产业和骨干企业，我国已具备了建设工业强国的基础和条件。

但我国仍处于工业化进程中，与先进国家相比还有较大差距。制造业大而不强，自主创新能力弱，关键核心技术与高端装备对外依存度高，以企业为主体的制造业创新体系不完善；产品档次不高，缺乏世界知名品牌；资源能源利用效率低，环境污染问题较为突出；产业结构不合理，高端装备制造业和生产性服务业发展滞后；信息化水平不高，与工业化融合深度不够；产业国际化程度不高，企业全球化经营能力不足。推进制造强国建设，必须着力解决以上问题。

建设制造强国，必须紧紧抓住当前难得的战略机遇，积极应对挑战，加强统筹规划，突出创新驱动，制定特殊政策，发挥制度优势，动员全社会力量奋力拼搏，更多依靠中国装备、依托中国品牌，实现中国制造向中国创造的转变，中国速度向中国质量的转变，中国产品向中国品牌的转变，完成中国制造由大变强的战略任务。

二、战略方针和目标

(一)指导思想

全面贯彻党的十八大和十八届二中、三中、四中全会精神，坚持走中国特色新型工业化道路，以促进制造业创新发展为主题，以提质增效为中心，以加快新一代信息技术与制造业深度融合为主线，以推进智能制造为主攻方向，以满足经济社会发展和国防建设对重大技术装备的需求为目标，强化工业基础能力，提高综合集成水平，完善多层次多类型人才培养体系，促进产业转型升级，培育有中国特色的制造文化，实现制造业由大变强的历史跨越。基本方针是：

——创新驱动。坚持把创新摆在制造业发展全局的核心位置，完善有利于创新的制度环境，推动跨领域跨行业协同创新，突破一批重点领域关键共性技术，促进制造业数字化网络化智能化，走创新驱动的发展道路。

——质量为先。坚持把质量作为建设制造强国的生命线，强化企业质量主体责任，加强质量技术攻关、自主品牌培育。建设法规标准体系、质量监管体系、先进质量文化，营造诚信经营的市场环境，走以质取胜的发展道路。

——绿色发展。坚持把可持续发展作为建设制造强国的重要着力点，加强节能环保技术、工艺、装备推广应用，全面推行清洁生产。发展循环经济，提高资源回收利用效率，构建绿色制造体系，走生态文明的发展道路。

——结构优化。坚持把结构调整作为建设制造强国的关键环节，大力发展先进制造业，改造提升传统产业，推动生产型制造向服务型制造转变。优化产业空间布局，培育一批具有核心竞争力的产业集群和企业群体，走提质增效的发展道路。

——人才为本。坚持把人才作为建设制造强国的根本，建立健全科学合理的选人、用人、育人机制，加快培养制造业发展急需的专业技术人才、经营管理人才、技能人才。营造大众创业、万众创新的氛围，建设一支素质优良、结构合理的制造业人才队伍，走人才引领的发展道路。

(二)基本原则

市场主导，政府引导。全面深化改革，充分发挥市场在资源配置中的决定性作用，强化企业主体地位，激发企业活力和创造力。积极转变政府职能，加强战略研究和规划引导，完善相关支持政策，为企业发展创造良好环境。

立足当前，着眼长远。针对制约制造业发展的瓶颈和薄弱环节，加快转型升级和提质增效，切实提高制造业的核心竞争力和可持续发展能力。准确把握新一轮科技革命和产业变革趋势，加强战略谋划和前瞻部署，扎扎实实打基础，在未来竞争中占据制高点。

整体推进，重点突破。坚持制造业发展全国一盘棋和分类指导相结合，统筹规划，合理布局，明确创新发展方向，促进军民融合深度发展，加快推动制造业整体水平提升。围绕经济社会发展和国家安全重大需求，整合资源，突出重点，实施若干重大工程，实现率先突破。

自主发展，开放合作。在关系国计民生和产业安全的基础性、战略性、全局性领域，着力掌握关键核心技术，完善产业链条，形成自主发展能力。继续扩大开放，积极利用全球资源和市场，加强产业全球布局和国际交流合作，形成新的比较优势，提升制造业开放发展水平。

(三)战略目标

立足国情，立足现实，力争通过“三步走”实现制造强国的战略目标。

第一步：力争用十年时间，迈入制造强国行列。

到 2020 年，基本实现工业化，制造业大国地位进一步巩固，制造业信息化水平大幅提升。掌握一批重点领域关键核心技术，优势领域竞争力进一步增强，产品质量有较大提高。制造业数字化、网络化、智能化取得明显进展。重点行业单位工业增加值能耗、物耗及污染物排放明显下降。

到 2025 年，制造业整体素质大幅提升，创新能力显著增强，全员劳动生产率明显提高，两化(工业化和信息化)融合迈上新台阶。重点行业单位工业增加值能耗、物耗及污染物排放达到世界先进水平。形成一批具有较强国际竞争力的跨国公司和产业集群，在全球产业分工和价值链中的地位明显提升。

第二步：到 2035 年，我国制造业整体达到世界制造强国阵营中等水平。创新能力大幅提升，重点领域发展取得重大突破，整体竞争力明显增强，优势行业形成全球创新引领能力，全面实现工业化。

第三步：新中国成立一百年时，制造业大国地位更加巩固，综合实力进入世界制造强国前列。制造业主要领域具有创新引领能力和明显竞争优势，建成全球领先的技术体系和产业体系。

2020 年和 2025 年制造业主要指标

类别	指　标	2013 年	2015 年	2020 年	2025 年
创新能力	规模以上制造业研发经费内部支出占主营业务收入比重(%)	0.88	0.95	1.26	1.68
	规模以上制造业每亿元主营业务收入有效发明专利数[1](件)	0.36	0.44	0.70	1.10
质量效益	制造业质量竞争力指数[2]	83.1	83.5	84.5	85.5
	制造业增加值率提高	—	—	比 2015 年提高 2 个百分点	比 2015 年提高 4 个百分点
	制造业全员劳动生产率增速(%)	—	—	7.5 左右(“十三五”期间年均增速)	6.5 左右(“十四五”期间年均增速)
两化融合	宽带普及率[3](%)	37	50	70	82
	数字化研发设计工具普及率[4](%)	52	58	72	84
	关键工序数控化率[5](%)	27	33	50	64
绿色发展	规模以上单位工业增加值能耗下降幅度	—	—	比 2015 年下降 18%	比 2015 年下降 34%
	单位工业增加值二氧化碳排放量下降幅度	—	—	比 2015 年下降 22%	比 2015 年下降 40%
	单位工业增加值用水量下降幅度	—	—	比 2015 年下降 23%	比 2015 年下降 41%
	工业固体废物综合利用率(%)	62	65	73	79

(1)规模以上制造业每亿元主营业务收入有效发明专利数=规模以上制造企业有效发明专利数/规模以上制造企业主营业务收入。

(2)制造业质量竞争力指数是反映我国制造业质量整体水平的经济技术综合指标，由质量水平和发展能力两个方面共计 12 项具体指标计算得出。

(3)宽带普及率用固定宽带家庭普及率代表，固定宽带家庭普及率=固定宽带家庭用户数/家庭户数。

(4)数字化研发设计工具普及率=应用数字化研发设计工具的规模以上企业数量/规模以上企业总数量(相关数据来源于 3 万家样本企业，下同)。

(5)关键工序数控化率为规模以上工业企业关键工序数控化率的平均值。

三、战略任务和重点

实现制造强国的战略目标，必须坚持问题导向，统筹谋划，突出重点；必须凝聚全社会共识，加快制造业转型升级，全面提高发展质量和核心竞争力。

(一)提高国家制造业创新能力

完善以企业为主体、市场为导向、政产学研用相结合的制造业创新体系。围绕产业链部署创新链，围绕创新链配置资源链，加强关键核心技术攻关，加速科技成果产业化，提高关键环节和重点领域的创新能力。

加强关键核心技术研发。强化企业技术创新主体地位，支持企业提升创新能力，推进国家技术创新示范企业和企业技术中心建设，充分吸纳企业参与国家科技计划的决策和实施。瞄准国家重大战略需求和未来产业发展制高点，定期研究制定发布制造业重点领域技术创新路线图。继续抓紧实施国家科技重大专项，通过国家科技计划(专项、基金等)支持关键核心技术研发。发挥行业骨干企业的主导作用和高等院校、科研院所的基础作用，建立一批产业创新联盟，开展政产学研用协同创新，攻克一批对产业竞争力整体提升具有全局性影响、带动性强的关键共性技术，加快成果转化。

提高创新设计能力。在传统制造业、战略性新兴产业、现代服务业等重点领域开展创新设计示范，全面推广应用以绿色、智能、协同为特征的先进设计技术。加强设计领域共性关键技术研发，攻克信息化设计、过程集成设计、复杂过程和系统设计等共性技术，开发一批具有自主知识产权的关键设计工具软件，建设完善创新设计生态系统。建设若干具有世界影响力的创新设计集群，培育一批专业化、开放型的工业设计企业，鼓励代工企业建立研究设计中心，向代设计和出口自主品牌产品转变。发展各类创新设计教育，设立国家工业设计奖，激发全社会创新设计的积极性和主动性。

推进科技成果产业化。完善科技成果转化运行机制，研究制定促进科技成果转化和产业化的指导意见，建立完善科技成果信息发布和共享平台，健全以技术交易市场为核心的技术转移和产业化服务体系。完善科技成果转化激励机制，推动事业单位科技成果使用、处置和收益管理改革，健全科技成果科学评估和市场定价机制。完善科技成果转化协同推进机制，引导政产学研用按照市场规律和创新规律加强合作，鼓励企业和社会资本建立一批从事技术集成、熟化和工程化的中试基地。加快国防科技成果转化和产业化进程，推进军民技术双向转移转化。

完善国家制造业创新体系。加强顶层设计，加快建立以创新中心为核心载体、以公共服务平台和工程数据中心为重要支撑的制造业创新网络，建立市场化的创新方向选择机制和鼓励创新的风险分担、利益共享机制。充分利用现有科技资源，围绕制造业重大共性需求，采取政府与社会合作、政产学研用产业创新战略联盟等新机制新模式，形成一批制造业创新中心(工业技术研究基地)，开展关键共性重大技术研究和产业化应用示范。建设一批促进制造业协同创新的公共服务平台，规范服务标准，开展技术研发、检验检测、技术评价、技术交易、质量认证、人才培训等专业化服务，促进科技成果转化和推广应用。建设重点领域制造业工程数据中心，为企业提供创新知识和工程数据的开放共享服务。面向制造业关键共性技术，建设一批重大科学研究和实验设施，提高核心企业系统集成能力，促进向价值链高端延伸。

专栏 1　制造业创新中心(工业技术研究基地)建设工程
围绕重点行业转型升级和新一代信息技术、智能制造、增材制造、新材料、生物医药等领域创新发展的重大共性需求，形成一批制造业创新中心(工业技术研究基地)，重点开展行业基础和共性关键技术研发、成果产业化、人才培训等工作。制定完善制造业创新中心遴选、考核、管理的标准和程序。 到 2020 年，重点形成 15 家左右制造业创新中心(工业技术研究基地)，力争到 2025 年形成 40 家左右制造业创新中心(工业技术研究基地)。

加强标准体系建设。改革标准体系和标准化管理体制，组织实施制造业标准化提升计划，在智能制造等重点领域开展综合标准化工作。发挥企业在标准制定中的重要作用，支持组建重点领域标准推进联盟，建设标准创新研究基地，协同推进产品研发与标准制定。制定满足市场和创新需要的团体标准，建立企业产品和服务标准自我声明公开和监督制度。鼓励和支持企业、科研院所、行业组织等参与国际标准制定，加快我国标准国际化进程。大力推动国防装备采用先进的民用标准，推动军用技术标准向民用领域的转化和应用。做好标准的宣传贯彻，大力推动标准实施。

强化知识产权运用。加强制造业重点领域关键核心技术知识产权储备，构建产业化导向的专利组合和战略布局。鼓励和支持企业运用知识产权参与市场竞争，培育一批具备知识产权综合实力的优势企业，支持组建知识产权联盟，推动市场主体开展知识产权协同运用。稳妥推进国防知识产权解密和市场化应用。建立健全知识产权评议机制，鼓励和支持行业骨干企业与专业机构在重点领域合作开展专利评估、收购、运营、风险预警与应对。构建知识产权综合运用公共服务平台。鼓励开展跨国知识产权许可。研究制定降低中小企业知识产权申请、保护及维权成本的政策措施。

(二)推进信息化与工业化深度融合

加快推动新一代信息技术与制造技术融合发展，把智能制造作为两化深度融合的主攻方向；着力发展智能装备和智能产品，推进生产过程智能化，培育新型生产方式，全面提升企业研发、生产、管理和服务的智能化水平。

研究制定智能制造发展战略。编制智能制造发展规划，明确发展目标、重点任务和重大布局。加快制定智能制造技术标准，建立完善智能制造和两化融合管理标准体系。强化应用牵引，建立智能制造产业联盟，协同推动智能装备和产品研发、系统集成创新与产业化。促进工业互联网、云计算、大数据在企业研发设计、生产制造、经营管理、销售服务等全流程和全产业链的综合集成应用。加强智能制造工业控制系统网络安全保障能力建设，健全综合保障体系。

加快发展智能制造装备和产品。组织研发具有深度感知、智慧决策、自动执行功能的高档数控机床、工业机器人、增材制造装备等智能制造装备以及智能化生产线，突破新型传感器、智能测量仪表、工业控制系统、伺服电机及驱动器和减速器等智能核心装置，推进工程化和产业化。加快机械、航空、船舶、汽车、轻工、纺织、食品、电子等行业生产设备的智能化改造，提高精准制造、敏捷制造能力。统筹布局和推动智能交通工具、智能工程机械、服务机器人、智能家电、智能照明电器、可穿戴设备等产品研发和产业化。

推进制造过程智能化。在重点领域试点建设智能工厂/数字化车间，加快人机智能交互、工业机器人、智能物流管理、增材制造等技术和装备在生产过程中的应用，促进制造工艺的仿真优化、数字化控制、状态信息实时监测和自适应控制。加快产品全生命周期管理、客户关系管理、供应链管理系统的推广应用，促进集团管控、设计与制造、产供销一体、业务和财务衔接等关键环节集成，实现智能管控。加快民用爆炸物品、危险化学品、食品、印染、稀土、农药等重点行业智能检测监管体系建设，提高智能化水平。

深化互联网在制造领域的应用。制定互联网与制造业融合发展的路线图，明确发展方向、目标和路径。

发展基于互联网的个性化定制、众包设计、云制造等新型制造模式，推动形成基于消费需求动态感知的研发、制造和产业组织方式。建立优势互补、合作共赢的开放型产业生态体系。加快开展物联网技术研发和应用示范，培育智能监测、远程诊断管理、全产业链追溯等工业互联网新应用。实施工业云及工业大数据创新应用试点，建设一批高质量的工业云服务和工业大数据平台，推动软件与服务、设计与制造资源、关键技术与标准的开放共享。

加强互联网基础设施建设。加强工业互联网基础设施建设规划与布局，建设低时延、高可靠、广覆盖的工业互联网。加快制造业集聚区光纤网、移动通信网和无线局域网的部署和建设，实现信息网络宽带升级，提高企业宽带接入能力。针对信息物理系统网络研发及应用需求，组织开发智能控制系统、工业应用软件、故障诊断软件和相关工具、传感和通信系统协议，实现人、设备与产品的实时联通、精确识别、有效交互与智能控制。

专栏 2　智能制造工程

紧密围绕重点制造领域关键环节，开展新一代信息技术与制造装备融合的集成创新和工程应用。支持政产学研用联合攻关，开发智能产品和自主可控的智能装置并实现产业化。依托优势企业，紧扣关键工序智能化、关键岗位机器人替代、生产过程智能优化控制、供应链优化，建设重点领域智能工厂/数字化车间。在基础条件好、需求迫切的重点地区、行业和企业中，分类实施流程制造、离散制造、智能装备和产品、新业态新模式、智能化管理、智能化服务等试点示范及应用推广。建立智能制造标准体系和信息安全保障系统，搭建智能制造网络系统平台。

到 2020 年，制造业重点领域智能化水平显著提升，试点示范项目运营成本降低 30%，产品生产周期缩短 30%，不良品率降低 30%。到 2025 年，制造业重点领域全面实现智能化，试点示范项目运营成本降低 50%，产品生产周期缩短 50%，不良品率降低 50%。

（三）强化工业基础能力

核心基础零部件（元器件）、先进基础工艺、关键基础材料和产业技术基础（以下统称“四基”）等工业基础能力薄弱，是制约我国制造业创新发展和质量提升的症结所在。要坚持问题导向、产需结合、协同创新、重点突破的原则，着力破解制约重点产业发展的瓶颈。

统筹推进“四基”发展。制定工业强基实施方案，明确重点方向、主要目标和实施路径。制定工业“四基”发展指导目录，发布工业强基发展报告，组织实施工业强基工程。统筹军民两方面资源，开展军民两用技术联合攻关，支持军民技术相互有效利用，促进基础领域融合发展。强化基础领域标准、计量体系建设，加快实施对标达标，提升基础产品的质量、可靠性和寿命。建立多部门协调推进机制，引导各类要素向基础领域集聚。

加强“四基”创新能力建设。强化前瞻性基础研究，着力解决影响核心基础零部件（元器件）产品性能和稳定性的关键共性技术。建立基础工艺创新体系，利用现有资源建立关键共性基础工艺研究机构，开展先进成型、加工等关键制造工艺联合攻关；支持企业开展工艺创新，培养工艺专业人才。加大基础专用材料研发力度，提高专用材料自给保障能力和制备技术水平。建立国家工业基础数据库，加强企业试验检测数据和计量数据的采集、管理、应用和积累。加大对“四基”领域技术研发的支持力度，引导产业投资基金和创业投资基金投向“四基”领域重点项目。

推动整机企业和“四基”企业协同发展。注重需求侧激励，产用结合，协同攻关。依托国家科技计划（专项、基金等）和相关工程等，在数控机床、轨道交通装备、航空航天、发电设备等重点领域，引导整机企业和“四基”企业、高校、科研院所产需对接，建立产业联盟，形成协同创新、产用结合、以市场促基础产业发展的新模式，提升重大装备自主可控水平。开展工业强基示范应用，完善首台（套）、首批次政策，支持核心基础零部件(元器件)、先进基础工艺、关键基础材料推广应用。

专栏 3 工业强基工程
开展示范应用，建立奖励和风险补偿机制，支持核心基础零部件(元器件)、先进基础工艺、关键基础材料的首批次或跨领域应用。组织重点突破，针对重大工程和重点装备的关键技术和产品急需，支持优势企业开展政产学研用联合攻关，突破关键基础材料、核心基础零部件的工程化、产业化瓶颈。强化平台支撑，布局和组建一批"四基"研究中心，创建一批公共服务平台，完善重点产业技术基础体系。 到 2020 年，40%的核心基础零部件、关键基础材料实现自主保障，受制于人的局面逐步缓解，航天装备、通信装备、发电与输变电设备、工程机械、轨道交通装备、家用电器等产业急需的核心基础零部件(元器件)和关键基础材料的先进制造工艺得到推广应用。到 2025 年，70%的核心基础零部件、关键基础材料实现自主保障，80 种标志性先进工艺得到推广应用，部分达到国际领先水平，建成较为完善的产业技术基础服务体系，逐步形成整机牵引和基础支撑协调互动的产业创新发展格局。

(四)加强质量品牌建设

提升质量控制技术，完善质量管理机制，夯实质量发展基础，优化质量发展环境，努力实现制造业质量大幅提升。鼓励企业追求卓越品质，形成具有自主知识产权的名牌产品，不断提升企业品牌价值和中国制造整体形象。

推广先进质量管理技术和方法。建设重点产品标准符合性认定平台，推动重点产品技术、安全标准全面达到国际先进水平。开展质量标杆和领先企业示范活动，普及卓越绩效、六西格玛、精益生产、质量诊断、质量持续改进等先进生产管理模式和方法。支持企业提高质量在线监测、在线控制和产品全生命周期质量追溯能力。组织开展重点行业工艺优化行动，提升关键工艺过程控制水平。开展质量管理小组、现场改进等群众性质量管理活动示范推广。加强中小企业质量管理，开展质量安全培训、诊断和辅导活动。

加快提升产品质量。实施工业产品质量提升行动计划，针对汽车、高档数控机床、轨道交通装备、大型成套技术装备、工程机械、特种设备、关键原材料、基础零部件、电子元器件等重点行业，组织攻克一批长期困扰产品质量提升的关键共性质量技术，加强可靠性设计、试验与验证技术开发应用，推广采用先进成型和加工方法、在线检测装置、智能化生产和物流系统及检测设备等，使重点实物产品的性能稳定性、质量可靠性、环境适应性、使用寿命等指标达到国际同类产品先进水平。在食品、药品、婴童用品、家电等领域实施覆盖产品全生命周期的质量管理、质量自我声明和质量追溯制度，保障重点消费品质量安全。大力提高国防装备质量可靠性，增强国防装备实战能力。

完善质量监管体系。健全产品质量标准体系、政策规划体系和质量管理法律法规。加强关系民生和安全等重点领域的行业准入与市场退出管理。建立消费品生产经营企业产品事故强制报告制度，健全质量信用信息收集和发布制度，强化企业质量主体责任。将质量违法违规记录作为企业诚信评级的重要内容，建立质量黑名单制度，加大对质量违法和假冒品牌行为的打击和惩处力度。建立区域和行业质量安全预警制度，防范化解产品质量安全风险。严格实施产品"三包"、产品召回等制度。强化监管检查和责任追究，切实保护消费者权益。

夯实质量发展基础。制定和实施与国际先进水平接轨的制造业质量、安全、卫生、环保及节能标准。加强计量科技基础及前沿技术研究，建立一批制造业发展急需的高准确度、高稳定性计量基标准，提升与制造业相关的国家量传溯源能力。加强国家产业计量测试中心建设，构建国家计量科技创新体系。完善检验检测技术保障体系，建设一批高水平的工业产品质量控制和技术评价实验室、产品质量监督检验中心，鼓励建立专业检测技术联盟。完善认证认可管理模式，提高强制性产品认证的有效性，推动自愿性产品认证健康发展，提升管理体系认证水平，稳步推进国际互认。支持行业组织发布自律规范或公约，开展质量信誉承诺活动。

推进制造业品牌建设。引导企业制定品牌管理体系，围绕研发创新、生产制造、质量管理和营销服务全过程，提升内在素质，夯实品牌发展基础。扶持一批品牌培育和运营专业服务机构，开展品牌管理咨询、市场推广等服务。健全集体商标、证明商标注册管理制度。打造一批特色鲜明、竞争力强、市场信誉好的产业集群区域品牌。建设品牌文化，引导企业增强以质量和信誉为核心的品牌意识，树立品牌消费理念，提升品牌附加值和软实力。加速我国品牌价值评价国际化进程，充分发挥各类媒体作用，加大中国品牌宣传推广力度，树立中国制造品牌良好形象。

(五)全面推行绿色制造

加大先进节能环保技术、工艺和装备的研发力度，加快制造业绿色改造升级；积极推行低碳化、循环化和集约化，提高制造业资源利用效率；强化产品全生命周期绿色管理，努力构建高效、清洁、低碳、循环的绿色制造体系。

加快制造业绿色改造升级。全面推进钢铁、有色、化工、建材、轻工、印染等传统制造业绿色改造，大力研发推广余热余压回收、水循环利用、重金属污染减量化、有毒有害原料替代、废渣资源化、脱硫脱硝除尘等绿色工艺技术装备，加快应用清洁高效铸造、锻压、焊接、表面处理、切削等加工工艺，实现绿色生产。加强绿色产品研发应用，推广轻量化、低功耗、易回收等技术工艺，持续提升电机、锅炉、内燃机及电器等终端用能产品能效水平，加快淘汰落后机电产品和技术。积极引领新兴产业高起点绿色发展，大幅降低电子信息产品生产、使用能耗及限用物质含量，建设绿色数据中心和绿色基站，大力促进新材料、新能源、高端装备、生物产业绿色低碳发展。

推进资源高效循环利用。支持企业强化技术创新和管理，增强绿色精益制造能力，大幅降低能耗、物耗和水耗水平。持续提高绿色低碳能源使用比率，开展工业园区和企业分布式绿色智能微电网建设，控制和削减化石能源消费量。全面推行循环生产方式，促进企业、园区、行业间链接共生、原料互供、资源共享。推进资源再生利用产业规范化、规模化发展，强化技术装备支撑，提高大宗工业固体废弃物、废旧金属、废弃电器电子产品等综合利用水平。大力发展再制造产业，实施高端再制造、智能再制造、在役再制造，推进产品认定，促进再制造产业持续健康发展。

积极构建绿色制造体系。支持企业开发绿色产品，推行生态设计，显著提升产品节能环保低碳水平，引导绿色生产和绿色消费。建设绿色工厂，实现厂房集约化、原料无害化、生产洁净化、废物资源化、能源低碳化。发展绿色园区，推进工业园区产业耦合，实现近零排放。打造绿色供应链，加快建立以资源节约、环境友好为导向的采购、生产、营销、回收及物流体系，落实生产者责任延伸制度。壮大绿色企业，支持企业实施绿色战略、绿色标准、绿色管理和绿色生产。强化绿色监管，健全节能环保法规、标准体系，加强节能环保监察，推行企业社会责任报告制度，开展绿色评价。

专栏4　绿色制造工程
组织实施传统制造业能效提升、清洁生产、节水治污、循环利用等专项技术改造。开展重大节能环保、资源综合利用、再制造、低碳技术产业化示范。实施重点区域、流域、行业清洁生产水平提升计划，扎实推进大气、水、土壤污染源头防治专项。制定绿色产品、绿色工厂、绿色园区、绿色企业标准体系，开展绿色评价。 到 2020 年，建成千家绿色示范工厂和百家绿色示范园区，部分重化工行业能源资源消耗出现拐点，重点行业主要污染物排放强度下降 20%。到 2025 年，制造业绿色发展和主要产品单耗达到世界先进水平，绿色制造体系基本建立。

(六)大力推动重点领域突破发展

瞄准新一代信息技术、高端装备、新材料、生物医药等战略重点，引导社会各类资源集聚，推动优势和战略产业快速发展。

1．新一代信息技术产业

集成电路及专用装备。着力提升集成电路设计水平，不断丰富知识产权(IP)核和设计工具，突破关系国家信息与网络安全及电子整机产业发展的核心通用芯片，提升国产芯片的应用适配能力。掌握高密度封装及三维(3D)微组装技术，提升封装产业和测试的自主发展能力。形成关键制造装备供货能力。

信息通信设备。掌握新型计算、高速互联、先进存储、体系化安全保障等核心技术，全面突破第五代移动通信(5G)技术、核心路由交换技术、超高速大容量智能光传输技术、“未来网络”核心技术和体系架构，积极推动量子计算、神经网络等发展。研发高端服务器、大容量存储、新型路由交换、新型智能终端、新一代基站、网络安全等设备，推动核心信息通信设备体系化发展与规模化应用。

操作系统及工业软件。开发安全领域操作系统等工业基础软件。突破智能设计与仿真及其工具、制造物联与服务、工业大数据处理等高端工业软件核心技术，开发自主可控的高端工业平台软件和重点领域应用软件，建立完善工业软件集成标准与安全测评体系。推进自主工业软件体系化发展和产业化应用。

2．高档数控机床和机器人

高档数控机床。开发一批精密、高速、高效、柔性数控机床与基础制造装备及集成制造系统。加快高档数控机床、增材制造等前沿技术和装备的研发。以提升可靠性、精度保持性为重点，开发高档数控系统、伺服电机、轴承、光栅等主要功能部件及关键应用软件，加快实现产业化。加强用户工艺验证能力建设。

机器人。围绕汽车、机械、电子、危险品制造、国防军工、化工、轻工等工业机器人、特种机器人，以及医疗健康、家庭服务、教育娱乐等服务机器人应用需求，积极研发新产品，促进机器人标准化、模块化发展，扩大市场应用。突破机器人本体、减速器、伺服电机、控制器、传感器与驱动器等关键零部件及系统集成设计制造等技术瓶颈。

3．航空航天装备

航空装备。加快大型飞机研制，适时启动宽体客机研制，鼓励国际合作研制重型直升机；推进干支线飞机、直升机、无人机和通用飞机产业化。突破高推重比、先进涡桨(轴)发动机及大涵道比涡扇发动机技术，建立发动机自主发展工业体系。开发先进机载设备及系统，形成自主完整的航空产业链。

航天装备。发展新一代运载火箭、重型运载器，提升进入空间能力。加快推进国家民用空间基础设施建设，发展新型卫星等空间平台与有效载荷、空天地宽带互联网系统，形成长期持续稳定的卫星遥感、通信、导航等空间信息服务能力。推动载人航天、月球探测工程，适度发展深空探测。推进航天技术转化与空间技术应用。

4．海洋工程装备及高技术船舶

大力发展深海探测、资源开发利用、海上作业保障装备及其关键系统和专用设备。推动深海空间站、大型浮式结构物的开发和工程化。形成海洋工程装备综合试验、检测与鉴定能力，提高海洋开发利用水平。突破豪华邮轮设计建造技术，全面提升液化天然气船等高技术船舶国际竞争力，掌握重点配套设备集成化、智能化、模块化设计制造核心技术。

5．先进轨道交通装备

加快新材料、新技术和新工艺的应用，重点突破体系化安全保障、节能环保、数字化智能化网络化技术，研制先进可靠适用的产品和轻量化、模块化、谱系化产品。研发新一代绿色智能、高速重载轨道交通装备系统，围绕系统全寿命周期，向用户提供整体解决方案，建立世界领先的现代轨道交通产业体系。

6．节能与新能源汽车

继续支持电动汽车、燃料电池汽车发展，掌握汽车低碳化、信息化、智能化核心技术，提升动力电池、驱动电机、高效内燃机、先进变速器、轻量化材料、智能控制等核心技术的工程化和产业化能力，形成从关键零部件到整车的完整工业体系和创新体系，推动自主品牌节能与新能源汽车同国际先进水平接轨。

7. 电力装备

推动大型高效超净排放煤电机组产业化和示范应用，进一步提高超大容量水电机组、核电机组、重型燃气轮机制造水平。推进新能源和可再生能源装备、先进储能装置、智能电网用输变电及用户端设备发展。突破大功率电力电子器件、高温超导材料等关键元器件和材料的制造及应用技术，形成产业化能力。

8. 农机装备

重点发展粮、棉、油、糖等大宗粮食和战略性经济作物育、耕、种、管、收、运、贮等主要生产过程使用的先进农机装备，加快发展大型拖拉机及其复式作业机具、大型高效联合收割机等高端农业装备及关键核心零部件。提高农机装备信息收集、智能决策和精准作业能力，推进形成面向农业生产的信息化整体解决方案。

9. 新材料

以特种金属功能材料、高性能结构材料、功能性高分子材料、特种无机非金属材料和先进复合材料为发展重点，加快研发先进熔炼、凝固成型、气相沉积、型材加工、高效合成等新材料制备关键技术和装备，加强基础研究和体系建设，突破产业化制备瓶颈。积极发展军民共用特种新材料，加快技术双向转移转化，促进新材料产业军民融合发展。高度关注颠覆性新材料对传统材料的影响，做好超导材料、纳米材料、石墨烯、生物基材料等战略前沿材料提前布局和研制。加快基础材料升级换代。

10. 生物医药及高性能医疗器械

发展针对重大疾病的化学药、中药、生物技术药物新产品，重点包括新机制和新靶点化学药、抗体药物、抗体偶联药物、全新结构蛋白及多肽药物、新型疫苗、临床优势突出的创新中药及个性化治疗药物。提高医疗器械的创新能力和产业化水平，重点发展影像设备、医用机器人等高性能诊疗设备，全降解血管支架等高值医用耗材，可穿戴、远程诊疗等移动医疗产品。实现生物 3D 打印、诱导多能干细胞等新技术的突破和应用。

专栏 5　高端装备创新工程
组织实施大型飞机、航空发动机及燃气轮机、民用航天、智能绿色列车、节能与新能源汽车、海洋工程装备及高技术船舶、智能电网成套装备、高档数控机床、核电装备、高端诊疗设备等一批创新和产业化专项、重大工程。开发一批标志性、带动性强的重点产品和重大装备，提升自主设计水平和系统集成能力，突破共性关键技术与工程化、产业化瓶颈，组织开展应用试点和示范，提高创新发展能力和国际竞争力，抢占竞争制高点。 到 2020 年，上述领域实现自主研制及应用。到 2025 年，自主知识产权高端装备市场占有率大幅提升，核心技术对外依存度明显下降，基础配套能力显著增强，重要领域装备达到国际领先水平。

（七）深入推进制造业结构调整

推动传统产业向中高端迈进，逐步化解过剩产能，促进大企业与中小企业协调发展，进一步优化制造业布局。

持续推进企业技术改造。明确支持战略性重大项目和高端装备实施技术改造的政策方向，稳定中央技术改造引导资金规模，通过贴息等方式，建立支持企业技术改造的长效机制。推动技术改造相关立法，强化激励约束机制，完善促进企业技术改造的政策体系。支持重点行业、高端产品、关键环节进行技术改造，引导企业采用先进适用技术，优化产品结构，全面提升设计、制造、工艺、管理水平，促进钢铁、石化、工程机械、轻工、纺织等产业向价值链高端发展。研究制定重点产业技术改造投资指南和重点项目导向计划，吸引社会资金参与，优化工业投资结构。围绕两化融合、节能降耗、质量提升、安全生产等传统领域改造，推广应用新技术、新工艺、新装备、新材料，提高企业生产技术水平和效益。

稳步化解产能过剩矛盾。加强和改善宏观调控，按照“消化一批、转移一批、整合一批、淘汰一批”的原则，分业分类施策，有效化解产能过剩矛盾。加强行业规范和准入管理，推动企业提升技术装备水平，优化存量产能。加强对产能严重过剩行业的动态监测分析，建立完善预警机制，引导企业主动退出过剩行业。切实发挥市场机制作用，综合运用法律、经济、技术及必要的行政手段，加快淘汰落后产能。

促进大中小企业协调发展。强化企业市场主体地位，支持企业间战略合作和跨行业、跨区域兼并重组，提高规模化、集约化经营水平，培育一批核心竞争力强的企业集团。激发中小企业创业创新活力，发展一批主营业务突出、竞争力强、成长性好、专注于细分市场的专业化“小巨人”企业。发挥中外中小企业合作园区示范作用，利用双边、多边中小企业合作机制，支持中小企业走出去和引进来。引导大企业与中小企业通过专业分工、服务外包、订单生产等多种方式，建立协同创新、合作共赢的协作关系。推动建设一批高水平的中小企业集群。

优化制造业发展布局。落实国家区域发展总体战略和主体功能区规划，综合考虑资源能源、环境容量、市场空间等因素，制定和实施重点行业布局规划，调整优化重大生产力布局。完善产业转移指导目录，建设国家产业转移信息服务平台，创建一批承接产业转移示范园区，引导产业合理有序转移，推动东中西部制造业协调发展。积极推动京津冀和长江经济带产业协同发展。按照新型工业化的要求，改造提升现有制造业集聚区，推动产业集聚向产业集群转型升级。建设一批特色和优势突出、产业链协同高效、核心竞争力强、公共服务体系健全的新型工业化示范基地。

(八)积极发展服务型制造和生产性服务业

加快制造与服务的协同发展，推动商业模式创新和业态创新，促进生产型制造向服务型制造转变。大力发展与制造业紧密相关的生产性服务业，推动服务功能区和服务平台建设。

推动发展服务型制造。研究制定促进服务型制造发展的指导意见，实施服务型制造行动计划。开展试点示范，引导和支持制造业企业延伸服务链条，从主要提供产品制造向提供产品和服务转变。鼓励制造业企业增加服务环节投入，发展个性化定制服务、全生命周期管理、网络精准营销和在线支持服务等。支持有条件的企业由提供设备向提供系统集成总承包服务转变，由提供产品向提供整体解决方案转变。鼓励优势制造业企业“裂变”专业优势，通过业务流程再造，面向行业提供社会化、专业化服务。支持符合条件的制造业企业建立企业财务公司、金融租赁公司等金融机构，推广大型制造设备、生产线等融资租赁服务。

加快生产性服务业发展。大力发展面向制造业的信息技术服务，提高重点行业信息应用系统的方案设计、开发、综合集成能力。鼓励互联网等企业发展移动电子商务、在线定制、线上到线下等创新模式，积极发展对产品、市场的动态监控和预测预警等业务，实现与制造业企业的无缝对接，创新业务协作流程和价值创造模式。加快发展研发设计、技术转移、创业孵化、知识产权、科技咨询等科技服务业，发展壮大第三方物流、节能环保、检验检测认证、电子商务、服务外包、融资租赁、人力资源服务、售后服务、品牌建设等生产性服务业，提高对制造业转型升级的支撑能力。

强化服务功能区和公共服务平台建设。建设和提升生产性服务业功能区，重点发展研发设计、信息、物流、商务、金融等现代服务业，增强辐射能力。依托制造业集聚区，建设一批生产性服务业公共服务平台。鼓励东部地区企业加快制造业服务化转型，建立生产服务基地。支持中西部地区发展具有特色和竞争力的生产性服务业，加快产业转移承接地服务配套设施和能力建设，实现制造业和服务业协同发展。

(九)提高制造业国际化发展水平

统筹利用两种资源、两个市场，实行更加积极的开放战略，将引进来与走出去更好结合，拓展新的开放领域和空间，提升国际合作的水平和层次，推动重点产业国际化布局，引导企业提高国际竞争力。

提高利用外资与国际合作水平。进一步放开一般制造业，优化开放结构，提高开放水平。引导外资投向新一代信息技术、高端装备、新材料、生物医药等高端制造领域，鼓励境外企业和科研机构在我国设立全球研发机构。支持符合条件的企业在境外发行股票、债券，鼓励与境外企业开展多种形式的技术合作。

提升跨国经营能力和国际竞争力。支持发展一批跨国公司，通过全球资源利用、业务流程再造、产业链整合、资本市场运作等方式，加快提升核心竞争力。支持企业在境外开展并购和股权投资、创业投资，建立研发中心、实验基地和全球营销及服务体系；依托互联网开展网络协同设计、精准营销、增值服务创新、媒体品牌推广等，建立全球产业链体系，提高国际化经营能力和服务水平。鼓励优势企业加快发展国际总承包、总集成。引导企业融入当地文化，增强社会责任意识，加强投资和经营风险管理，提高企业境外本土化能力。

深化产业国际合作，加快企业走出去。加强顶层设计，制定制造业走出去发展总体战略，建立完善统筹协调机制。积极参与和推动国际产业合作，贯彻落实丝绸之路经济带和 21 世纪海上丝绸之路等重大战略部署，加快推进与周边国家互联互通基础设施建设，深化产业合作。发挥沿边开放优势，在有条件的国家和地区建设一批境外制造业合作园区。坚持政府推动、企业主导，创新商业模式，鼓励高端装备、先进技术、优势产能向境外转移。加强政策引导，推动产业合作由加工制造环节为主向合作研发、联合设计、市场营销、品牌培育等高端环节延伸，提高国际合作水平。创新加工贸易模式，延长加工贸易国内增值链条，推动加工贸易转型升级。

四、战略支撑与保障

建设制造强国，必须发挥制度优势，动员各方面力量，进一步深化改革，完善政策措施，建立灵活高效的实施机制，营造良好环境；必须培育创新文化和中国特色制造文化，推动制造业由大变强。

(一)深化体制机制改革

全面推进依法行政，加快转变政府职能，创新政府管理方式，加强制造业发展战略、规划、政策、标准等制定和实施，强化行业自律和公共服务能力建设，提高产业治理水平。简政放权，深化行政审批制度改革，规范审批事项，简化程序，明确时限；适时修订政府核准的投资项目目录，落实企业投资主体地位。完善政产学研用协同创新机制，改革技术创新管理体制机制和项目经费分配、成果评价和转化机制，促进科技成果资本化、产业化，激发制造业创新活力。加快生产要素价格市场化改革，完善主要由市场决定价格的机制，合理配置公共资源；推行节能量、碳排放权、排污权、水权交易制度改革，加快资源税从价计征，推动环境保护费改税。深化国有企业改革，完善公司治理结构，有序发展混合所有制经济，进一步破除各种形式的行业垄断，取消对非公有制经济的不合理限制。稳步推进国防科技工业改革，推动军民融合深度发展。健全产业安全审查机制和法规体系，加强关系国民经济命脉和国家安全的制造业重要领域投融资、并购重组、招标采购等方面的安全审查。

(二)营造公平竞争市场环境

深化市场准入制度改革，实施负面清单管理，加强事中事后监管，全面清理和废止不利于全国统一市场建设的政策措施。实施科学规范的行业准入制度，制定和完善制造业节能节地节水、环保、技术、安全等准入标准，加强对国家强制性标准实施的监督检查，统一执法，以市场化手段引导企业进行结构调整和转型升级。切实加强监管，打击制售假冒伪劣行为，严厉惩处市场垄断和不正当竞争行为，为企业创造良好生产经营环境。加快发展技术市场，健全知识产权创造、运用、管理、保护机制。完善淘汰落后产能工作涉及的职工安置、债务清偿、企业转产等政策措施，健全市场退出机制。进一步减轻企业负担，实施涉企收费清单制度，建立全国涉企收费项目库，取缔各种不合理收费和摊派，加强监督检查和问责。推进制造业企业信用体系建设，建设中国制造信用数据库，建立健全企业信用动态评价、守信激励和失信惩戒机制。强化企业社会责任建设，推行企业产品标准、质量、安全自我声明和监督制度。

(三)完善金融扶持政策

深化金融领域改革，拓宽制造业融资渠道，降低融资成本。积极发挥政策性金融、开发性金融和商业金融的优势，加大对新一代信息技术、高端装备、新材料等重点领域的支持力度。支持中国进出口银行在业务范围内加大对制造业走出去的服务力度，鼓励国家开发银行增加对制造业企业的贷款投放，引导金融机构创新符合制造业企业特点的产品和业务。健全多层次资本市场，推动区域性股权市场规范发展，支持符合条件的制造业企业在境内外上市融资、发行各类债务融资工具。引导风险投资、私募股权投资等支持制造业企业创新发展。鼓励符合条件的制造业贷款和租赁资产开展证券化试点。支持重点领域大型制造业企业集团开展产融结合试点，通过融资租赁方式促进制造业转型升级。探索开发适合制造业发展的保险产品和服务，鼓励发展贷款保证保险和信用保险业务。在风险可控和商业可持续的前提下，通过内保外贷、外汇及人民币贷款、债权融资、股权融资等方式，加大对制造业企业在境外开展资源勘探开发、设立研发中心和高技术企业以及收购兼并等的支持力度。

(四)加大财税政策支持力度

充分利用现有渠道，加强财政资金对制造业的支持，重点投向智能制造、“四基”发展、高端装备等制造业转型升级的关键领域，为制造业发展创造良好政策环境。运用政府和社会资本合作(PPP)模式，引导社会资本参与制造业重大项目建设、企业技术改造和关键基础设施建设。创新财政资金支持方式，逐步从“补建设”向“补运营”转变，提高财政资金使用效益。深化科技计划(专项、基金等)管理改革，支持制造业重点领域科技研发和示范应用，促进制造业技术创新、转型升级和结构布局调整。完善和落实支持创新的政府采购政策，推动制造业创新产品的研发和规模化应用。落实和完善使用首台(套)重大技术装备等鼓励政策，健全研制、使用单位在产品创新、增值服务和示范应用等环节的激励约束机制。实施有利于制造业转型升级的税收政策，推进增值税改革，完善企业研发费用计核方法，切实减轻制造业企业税收负担。

(五)健全多层次人才培养体系

加强制造业人才发展统筹规划和分类指导，组织实施制造业人才培养计划，加大专业技术人才、经营管理人才和技能人才的培养力度，完善从研发、转化、生产到管理的人才培养体系。以提高现代经营管理水平和企业竞争力为核心，实施企业经营管理人才素质提升工程和国家中小企业银河培训工程，培养造就一批优秀企业家和高水平经营管理人才。以高层次、急需紧缺专业技术人才和创新型人才为重点，实施专业技术人才知识更新工程和先进制造卓越工程师培养计划，在高等学校建设一批工程创新训练中心，打造高素质专业技术人才队伍。强化职业教育和技能培训，引导一批普通本科高等学校向应用技术类高等学校转型，建立一批实训基地，开展现代学徒制试点示范，形成一支门类齐全、技艺精湛的技术技能人才队伍。鼓励企业与学校合作，培养制造业急需的科研人员、技术技能人才与复合型人才，深化相关领域工程博士、硕士专业学位研究生招生和培养模式改革，积极推进产学研结合。加强产业人才需求预测，完善各类人才信息库，构建产业人才水平评价制度和信息发布平台。建立人才激励机制，加大对优秀人才的表彰和奖励力度。建立完善制造业人才服务机构，健全人才流动和使用的体制机制。采取多种形式选拔各类优秀人才重点是专业技术人才到国外学习培训，探索建立国际培训基地。加大制造业引智力度，引进领军人才和紧缺人才。

(六)完善中小微企业政策

落实和完善支持小微企业发展的财税优惠政策，优化中小企业发展专项资金使用重点和方式。发挥财政资金杠杆撬动作用，吸引社会资本，加快设立国家中小企业发展基金。支持符合条件的民营资本依法设立中小型银行等金融机构，鼓励商业银行加大小微企业金融服务专营机构建设力度，建立完善小微企业融资担保体系，创新产品和服务。加快构建中小微企业征信体系，积极发展面向小微企业的融资租赁、知识产权质押贷款、信用保险保单质押贷款等。建设完善中小企业创业基地，引导各类创业投资基金投资小微企业。鼓励大学、科研院所、工程中心等对中小企业开放共享各种实(试)验设施。加强中小微企业综合服务体系建设，完善中小微企业公共服务平台网络，建立信息互联互通机制，为中小微企业提供创业、创新、融资、咨询、培训、人才等专业化服务。

(七)进一步扩大制造业对外开放

深化外商投资管理体制改革，建立外商投资准入前国民待遇加负面清单管理机制，落实备案为主、核准为辅的管理模式，营造稳定、透明、可预期的营商环境。全面深化外汇管理、海关监管、检验检疫管理改革，提高贸易投资便利化水平。进一步放宽市场准入，修订钢铁、化工、船舶等产业政策，支持制造业企业通过委托开发、专利授权、众包众创等方式引进先进技术和高端人才，推动利用外资由重点引进技术、资金、设备向合资合作开发、对外并购及引进领军人才转变。加强对外投资立法，强化制造业企业走出去法律保障，规范企业境外经营行为，维护企业合法权益。探索利用产业基金、国有资本收益等渠道支持高铁、电力装备、汽车、工程施工等装备和优势产能走出去，实施海外投资并购。加快制造业走出去支撑服务机构建设和水平提升，建立制造业对外投资公共服务平台和出口产品技术性贸易服务平台，完善应对贸易摩擦和境外投资重大事项预警协调机制。

(八)健全组织实施机制

成立国家制造强国建设领导小组，由国务院领导同志担任组长，成员由国务院相关部门和单位负责同志担任。领导小组主要职责是：统筹协调制造强国建设全局性工作，审议重大规划、重大政策、重大工程专项、重大问题和重要工作安排，加强战略谋划，指导部门、地方开展工作。领导小组办公室设在工业和信息化部，承担领导小组日常工作。设立制造强国建设战略咨询委员会，研究制造业发展的前瞻性、战略性重大问题，对制造业重大决策提供咨询评估。支持包括社会智库、企业智库在内的多层次、多领域、多形态的中国特色新型智库建设，为制造强国建设提供强大智力支持。建立《中国制造 2025》任务落实情况督促检查和第三方评价机制，完善统计监测、绩效评估、动态调整和监督考核机制。建立《中国制造 2025》中期评估机制，适时对目标任务进行必要调整。

参 考 文 献

柴邦衡，陈卫．2001．设计控制．北京：机械工业出版社．

柴邦衡，吴江全．2000．ISO9000-2000 质量体系文件．北京：机械工业出版社．

董惠良．2013．企业会计制度设计．上海：立信会计出版社．

干旭．2007．高职大学生就业指导．北京：科学出版社．

黄继昌．2010．机械工人必备手册．北京：机械工业出版社．

黄群慧．2002．国有企业管理现状分析．北京：经济管理出版社．

刘俊彦．2002．财务管理机制论．北京：中国财政经济出版社．

迈克尔·J．贝克．1998．市场营销百科．李桓，译．沈阳：辽宁教育出版社．

上海市质量协会，上海质量教育培训中心．2014．质量管理 150 题．北京：中国标准出版社．

孙静．2001．接近零不合格过程的质量控制．北京：清华大学出版社．

孙郡锴．2015．销售是个技术活．沈阳：沈阳出版社．

王方华，张向．1998．绿色营销．山西：山西出版社．

吴联生．2001．上市公司会计报告研究．大连：东北财经大学出版社．

杨肃昌．2003．国有企业财务监督机制研究．北京：中国财政经济出版社．

姚小风．2015．生产现场精细化管理全案．北京：人民邮电出版社．

张根保，何桢，刘英．2005．质量管理与可靠性．北京：中国科学技术出版社．

张学惠，张晶．2014．企业财务管理．北京：清华大学出版社．

郑宏．1998．销售业务管理．北京：企业管理出版社．

周文根．2015．市场营销学．2 版．北京：中国人民大学出版社．